反贪侦查能力建设

FANTAN ZHENCHA NENGLI JIANSHE

陈连福　主编

中国检察出版社

图书在版编目（CIP）数据

反贪侦查能力建设/陈连福主编. —北京：中国检察出版社，2013.2
ISBN 978-7-5102-0785-3

Ⅰ.①反… Ⅱ.①陈… Ⅲ.①贪污贿赂罪-刑事侦查-研究-中国
Ⅳ.①D924.392.4

中国版本图书馆CIP数据核字（2012）第277448号

反贪侦查能力建设

陈连福　主编

出版发行	：中国检察出版社
社　　址	：北京市石景山区鲁谷东街5号（100040）
网　　址	：中国检察出版社　www.zgjccbs.com
电　　话	：(010)68682164（编辑）　68650015（发行）　68636518（门市）
经　　销	：新华书店
印　　刷	：河北省三河市燕山印刷有限公司
开　　本	：720 mm×960 mm　16开
印　　张	：15.5印张
字　　数	：215千字
版　　次	：2013年2月第一版　2013年2月第一次印刷
书　　号	：ISBN 978-7-5102-0785-3
定　　价	：30.00元

检察版图书，版权所有，侵权必究
如遇图书印装质量问题本社负责调换

在新的起点上提升职务犯罪侦查能力
（代　序）

邱学强[*]

党的十八大对反腐败斗争作出了新部署、提出了新举措、明确了新要求，将党和国家反腐倡廉建设推向一个新的历史阶段。党的十八大报告深刻指出，"反对腐败、建设廉洁政治，是党一贯坚持的鲜明立场，是人民关注的重大政治问题。这个问题解决不好，就会对党造成致命伤害，甚至亡党亡国"；"始终保持惩治腐败高压态势，坚决查处大案要案，着力解决发生在群众身边的腐败问题。不管涉及到什么人，不论权力大小、职位高低，只要触犯党纪国法，都要严惩不贷"。从目前看，腐败现象在一些地方和领域仍然严峻，反腐败任务依然艰巨。检察机关作为反腐败职能部门，要全面适应党的十八大以来反腐败斗争的新形势、新要求，必须加强研究反腐败的措施、策略和方法，关键是提升侦查能力。加强反贪侦查能力建设，是一项系统工程，涉及众多方面，并且侦查能力将随着贪污贿赂等职务犯罪活动的变化而进行适应性调整，因此不可能一蹴而就。要增强反贪侦查能力，当前最根本的是着重把握以下环节和方面：

一、深刻认识反贪侦查工作面临的新形势、新任务、新挑战

形势决定任务。反贪侦查能力建设的任务，取决于贪污贿赂等职务犯罪情势，取决于反腐败斗争的新任务新要求，更取决于国家经济

---

[*] 邱学强：中央纪委常委，最高人民检察院党组副书记、副检察长。

社会建设和发展大势。

第一，深刻认识保障经济持续健康发展、维护社会和谐稳定对反贪侦查工作提出的新要求，提高服务党和国家工作大局的自觉性。当前，经济形势严峻复杂，转型发展中的不平衡、不协调、不可持续问题仍然突出，由此引发大量社会矛盾和不稳定因素，群体性事件、信访总量都在高位运行，社会潜藏着诸多风险隐患。境内外敌对势力加紧对我进行渗透、颠覆、分裂、破坏活动，打着所谓"人权"、"民主"等旗号极力插手、利用我人民内部矛盾，煽动并企图制造事端，挑起社会动乱。意识形态领域的噪音、杂音明显增多，近期围绕一些敏感事件和敏感话题，各种恶性政治谣言通过网络论坛、微博、短信传播扩散，维护国家意识形态安全和社会政治稳定的任务十分繁重。面对错综复杂的形势，检察机关必须始终保持清醒和冷静，不断增强政治意识、大局意识、忧患意识和责任意识，认真履行侦查职责，切实担负起维护国家政权安全、维护人民群众合法权益、维护社会和谐稳定的历史使命。

第二，深刻认识反腐败斗争严峻形势对反贪侦查工作提出的新任务，提高坚持以办案为中心、加大查办案件工作力度的自觉性。从检察机关反贪侦查工作情况看，贪污贿赂等职务犯罪易发多发、案件数量居高不下的趋势在短期内难以改变；犯罪的多发部位随着资源配置的需求、经济产业政策的导向和国家投资重点的变化而变化，不断向新的领域渗透、蔓延；犯罪手段、方式日趋复杂多样，而且不断翻新，新情况、新问题层出不穷。贪污贿赂等职务犯罪不仅更加隐蔽化、智能化、复杂化，而且日趋高端化、关联化、国际化甚至期权化，侦查的难度进一步加大；非公经济组织为追逐利益向国家工作人员行贿，社会组织、中介组织和行业协会从业人员居中斡旋，贿赂犯罪仍然呈现增多态势；一些犯罪直接损害民生民利，与多种社会问题相互交织、相互发酵，社会危害性严重，使职务犯罪与社会问题相伴而生，查办和预防贪污贿赂等职务犯罪的任务更加艰巨繁重。党的十八大报告告诫全党，要防止"四个危险"，经受"四大考验"，增强

"四个意识"。这要求我们，必须深刻认识反腐败斗争的长期性、复杂性、艰巨性和重要性、紧迫性，始终坚持以执法办案为中心，进一步加大反腐败斗争力度，尽最大努力遏制和减少贪污贿赂等职务犯罪。

第三，深刻认识更加开放、透明、信息化的社会环境对反贪侦查工作提出的新挑战，提高维护检察机关公信力的自觉性。我国社会环境日益开放、高度透明，反腐败和司法公正的社会关注度不断提高、关注点日益扩大，一些案件经媒体和互联网曝光后，迅速形成社会热点，有的还酿成群体性事件。与此同时，人民群众的民主意识、法治意识、权利意识、监督意识不断增强，侦查预防工作的敏感度更加凸显。检察机关要充分认识人民群众对反腐败的殷切期盼，充分认识自身执法水平和形象对检察机关执法公信力乃至党和国家形象的重要意义，牢固树立正确的执法理念，全面提高执法能力，积极应对新形势的挑战，努力把反贪侦查工作提高到一个新的水平。

第四，清醒认识反贪侦查工作的现状与问题，提高加强和改进自身工作的自觉性。面对新形势、新任务、新要求和新挑战，我们既要充分肯定成绩，认真总结经验，坚定必胜信心，同时更要清醒地看到，反贪侦查工作所取得的成绩同党中央的要求和人民群众的期望还有一定差距，侦查队伍的能力水平还不能很好地适应新形势的要求和工作发展的需要，一些影响和制约侦查工作发展的体制性、机制性、保障性障碍仍未得到根本解决，特别是刑事诉讼法的修改实施对侦查工作影响重大而深远，而我们在执法理念、执法机制、执法方式、执法能力、执法保障等方面还有许多不符合、不适应的地方，重实体轻程序、违法违规办案、侵犯犯罪嫌疑人诉讼权利等问题在一些地方还比较突出。检察机关及广大侦查干警要清醒认识侦查工作的现状，特别是存在的问题和差距，切实增强加强和改进自身工作的责任感和紧迫感，以奋发进取的精神状态迎接新的挑战和考验，不断把反贪侦查工作推向前进。

二、主动适应修改后的刑事诉讼法的生效实施，努力提升侦查水平

刑事诉讼法修改给反贪侦查工作带来了前所未有的机遇和挑战，侦查理念、侦查模式、侦查机制、侦查能力等都面临更高的要求和全面考验。我们既要看到难得的机遇，又要看到严峻的挑战，既不能盲目乐观，又要迎难而上，牢牢把握住解放思想、实事求是这把开启发展进步大门的钥匙，辩证、清醒地看待历史经验，辩证、清醒地看待历史成就，辩证、清醒地看待我们正在做的工作，切实克服所谓马列经典的本本主义、西方法治先进的拿来主义和固步自封、停滞不前的新教条主义，以极大的理论勇气和实践勇气，冲破束缚发展的观念、条条框框，对侦查理念、侦查模式、侦查机制、侦查能力等进行深刻变革和全面提升，努力推动反贪侦查工作实现历史性的跨越发展。

第一，树立正确的执法观和业绩观，坚持惩治犯罪与保障人权并重，实现办案数量、质量、效率、效果、安全的有机统一。在理论和实践上，确立正确的执法观和业绩观，妥善处理好惩治犯罪与保障人权的关系，有效破解办案数量与质量、效率、效果、安全的矛盾，并将其统一于理性、平和、文明、规范执法办案的全过程，这是贯彻执行修改后的刑事诉讼法必须解决的首要问题。当前，反贪侦查工作总体是健康的，但仍然存在一些执法偏颇，比如一讲打击犯罪，往往就忽视保障人权，突破程序规定违法办案；一讲加大办案力度，就过分强调办案数量，忽视办案质量、效率、效果和安全，这是非常有害的。实践中发生刑讯逼供等违法办案现象，也主要是由于片面追求办案数量，有的同志抱着朴素的工作热情想多办案、急于破案。在这种思想的支配下，提高办案质量等必然受到这样那样的局限。而要解决好这些矛盾和问题，关键要树立正确的执法观和业绩观，处理好办案数量、质量、效率、效果、安全的关系，下决心转变侦查工作的指导思想，调整、完善考核评价体系。总的考虑是：在稳定现有办案数量规模、不发生大幅下滑的前提下，适度调整办案数量考核指标权重比例，提升大要案率、侦结率、起诉率、有罪判决率等反映打击重点和

办案质量、效率、效果等要素的考核权重比例。这里要特别强调，作这样的调整转变，是为了更加全面、辩证地处理好办案数量和质量、效率、效果、安全的关系，而不能理解为放松了对办案数量的要求，稳定办案规模这个基本前提不能动摇。前些年有些地方办案数量持续下滑，经过调整刚刚企稳回升，稳定现有办案规模不仅是必要的，也是可行的。我们必须清醒地认识到，保持一定的办案规模是深入推进反腐败斗争的现实需要，加大办案力度、保持反腐败高压态势是党中央的一贯要求，决不能纠正了片面追求数量，又从一个极端走向另一个极端而片面追求办案质量，这同样会影响办案工作全局，造成打击不力。我们必须坚持理性、平和、文明、规范的执法观和数量、质量、效率、效果、安全相统一的业绩观，把稳定规模、调整结构、提升质量、提高效率、注重效果、保证安全作为总体要求，努力走出一条办案力度大、质量高、效果好的良性循环的新路子，实现侦查工作科学发展。

第二，摒弃封闭神秘的传统思维和办案习惯，着力提高开放、透明条件下开展侦查工作的能力。修改后的刑事诉讼法允许辩护律师在侦查阶段介入，持"三证"即可会见犯罪嫌疑人并不被监听，这将使侦查机关凭借空间隔离、信息阻断、时间独占突破犯罪嫌疑人口供、开展外围取证的优势不复存在，侦查工作趋于公开化、透明化、复杂化。同时，为了防止刑讯逼供、证明犯罪嫌疑人供述的合法性，修改后的刑事诉讼法对讯问同步录音录像作出了明确规定，"镜头下"开展讯问对办案人员提出了更高要求。律师侦查阶段介入和讯问同步录音录像既是我国司法文明的重要标志，又是对侦查工作影响最大的两个问题，着力提高开放、透明条件下侦查破案的能力可以说已经势在必行、刻不容缓。对此，一要树立正确的态度，切实保障律师依法行使法律赋予的各项权利，按照"全面、全部、全程"的要求严格执行讯问录音录像制度。由于法律规定讯问主要在看守所进行，而目前全国仅有1100多个检察院在看守所建有录音录像讯问室，最高人民检察院正在与公安部、财政部协调解决看守所录音录像讯问室建设问题。对于在指定监视居住的居所讯问的，要通过使用便携式录音录像设备等措施，做好同步录音录像工作。自2013年1月1日起，对贪污贿赂等职务犯罪案件提请批捕、移送起诉必须同时移送全程录音录像资料。二要在强化初查和秘密侦查上下功夫。在当前查办案件的难度越来越大、法定时限过短过紧、使用侦查措施要求更高更严的情况下，必须加强初查工作，实现办案工作重心前移，在立案前广泛收集涉案信息，提前固定相关证据，牢牢把握办案的主动权。对于符合立案条件的要及时立案，依法使用侦查手段和措施。要注意改变立案后马上接触犯罪嫌疑人的习惯做法，采取秘密侦查的方式最大化地收集固定证据，做好充分准备后再与犯罪嫌疑人正面交锋。三要探索实行讯问专业化分工，提高"镜头下"依法审讯的能力水平，准确区分政策攻心、运用谋略与威胁、引诱、欺骗等非法方法的界限，针对犯罪嫌疑人的个性特点，灵活运用审讯技巧突破其心理防线。要加强讯问工作与外围侦查取证的配合互动，对犯罪嫌疑人供述的犯罪事实，要迅速查证、固证，防止翻供、串供。四要加强与辩护律师的沟通，认真听取律师意见，必要时可以通过律师做犯罪嫌疑人的工作，促其如实交代罪行，争取宽大处理。五要健全完善舆情监测、研判、预警和处置机制，密切关注对重大敏感案件的舆情反应，发现舆情及时妥善应对，防止因不良炒作影响办案工作正常开展，损害司法机关的执法公信力。

  第三，适应证据制度的修改完善，把侦查的主要精力从获取口供转移到全面收集运用证据揭露证实犯罪上来。证据是刑事诉讼的核心和基石，侦查工作主要围绕证据而展开。修改后的刑事诉讼法对证据制度作了全面修改完善，对侦查取证、证明犯罪提出了更高要求。特别是确立"不得强迫任何人证实自己有罪"原则和非法证据排除规则，使得依赖口供突破案件的传统办案模式已经行不通了。这要求我们，必须把侦查的主要精力从获取口供转移到全面收集证据上来，实现从"由供到证、以证印供"向"以证促供、证供互动"的转变。要牢固树立以证据为中心的侦查理念，紧紧围绕犯罪构成要件和证明标准，严格遵循法律程序和证据规则，依法全面收集、固定和运用证据，更加重视物证、书证、视听资料、电子数据等客观证据的收集，采取多种方式固定和补强言词证据，构建完整、稳固、多层次的证明犯罪证据体系，靠扎实的证据把案件办成经得起历史检验的"铁案"。要完善非法证据排除机制，把审查证据合法性作为侦查终结前的必经程序，重大复杂案件商请侦监、公诉部门提前介入，发现非法证据及时排除、瑕疵证据及时补正，防止因非法证据排除而动摇整个案件。

第四，提高办案的侦查含量，提升综合有效运用侦查手段和强制措施的能力。修改后的刑事诉讼法根据惩治犯罪的需要，进一步完善了侦查手段和强制措施，为侦查办案提供了有力的法律武器。我们必须强化侦查意识，有效运用法律赋予的措施和手段，着力在提高侦查含量上下功夫。一要遵循侦查规律，依法用好法律赋予的措施和手段。侦查规律是一门科学，贪污贿赂等职务犯罪侦查是一种由表及里的从不确定到确定的动态认知过程，本质上是对已经发生的犯罪事实的一种复原，是运用证据恢复其本来历史面目的高智能和对抗性复杂的实践活动，需要执法主体在主动、灵活、机动条件下，综合运用侦查资源和侦查手段、强制措施获取证据、揭露犯罪、证实犯罪、惩治犯罪，具有区别于一般审查审核工作的特点和规律。因此，必须按照侦查规律领导、指导侦查工作。当前制约办案工作依法开展的一个突出问题，是人为拔高或者"前移"法定标准，以逮捕标准作为立案标准，以起诉、判决标准作为逮捕标准。这种做法违背了侦查规律，在实践中产生了很多弊端。由于符合立案条件的不能及时立案、符合逮捕条件的难以逮捕，法律赋予的措施和手段不能及时有效运用，办案人员为了破案只好另寻他途、违法办案，采取各种方式变相限制办案对象的人身自由。必须强调指出的是，侦查工作不接受监督制约是极为错误的，会导致侦查权滥用，无视腐败的严重性和侦查的复杂性而要求不出一点问题，甚至给办案附加很多人为不理性的要求，不给依法惩治腐败提供出路，那就是走向另一个极端了，这不是辩证唯物主义，也不是真正意义上的实事求是。从这个角度讲，这也是敢不敢、善不善、会不会严格执法的问题。我多次讲过，立案只是侦查工作的起点，撤案是正常的，只要按照法定程序，查清问题，证明犯罪是成绩；证明不构成犯罪，使无罪的人不受追究，这也是成绩。要把侦查工作完全纳入法治轨道，就要切实改变标准"前移"、"不破不立"等做法，当立则立、该捕就捕。二是要善于使用强制措施和侦查手段，将其与侦查谋略有机结合起来，根据不同对象、不同阶段、不同目的、不同情况，依法、机动、灵活、综合运用各种强制措施和侦查手段来侦破案件。修改后的刑事诉讼法赋予了检察机关技术侦查权，各地要依法有效运用好技侦手段追逃、破案。需要特别强调的是，技侦手段是一把"双刃剑"，必须依法使用，严格审批，并由公安机关或国家安全机关执行，这是法律的明确规定，更是一条政治纪律。三是既要坚持慎用、少用羁押性强制措施，又要提高风险决策能力，敢于依法使用侦查手段和强制措施。对于过失犯罪、轻微犯罪，犯罪嫌疑人能够配合侦查、不至于发生社会危险性的案件，要采用相对轻缓的方式办案；但是对符合法定条件，需要拘留、逮捕、指定居所监视居住的，关键时刻也要果断拍板决策，依法采取相应的强制措施，不能手软。侦查部门要严格执行审查逮捕上提一级的规定，不能采取"立案下沉"的方式规避这项制度；办理要案需要在立案的同时一并采取逮捕措施的，要完善相关程序，事先将相关证据材料移送侦监部门审查。侦监部门也要依法支持侦查部门，既要加强监督制约，又要相互协作配合，切实形成查办案件合力。

三、深化侦查体制机制改革，为侦查办案注入新的活力

司法实践证明，反贪侦查工作要全面适应修改后的刑事诉讼法的新要求，不仅要着力提升研究、适用法律的能力和水平，而且还要注重采用改革的途径进一步转变侦查方式、增强侦查能力。

第一，适应修改后的刑事诉讼法的实施，进一步健全完善侦查工作机制。贯彻实施修改后的刑事诉讼法，不仅要求我们转变执法理念和办案方式，而且要配套健全完善侦查工作机制和制度。一方面，对现有的符合修改后的刑事诉讼法要求的机制和制度，包括行政执法与刑事司法衔接机制、侦查一体化机制、内部监督制约和配合协作机制、办案风险评估预警机制等，要进一步抓好贯彻落实。目前制度执行不严格、落实不到位的问题在一些地方比较突出，有的制度规定被束之高阁，或者有选择性地执行，搞"上有政策，下有对策"。我们要以贯彻实施新法为契机，切实强化制度的执行力，加强督促检查，落实责任追究，保证各项机制和制度的贯彻落实。另一方面，对于与修改后的刑事诉讼法不相适应的机制和制度，要抓紧清理、修改、完善，并根据修改后的刑事诉讼法的新要求，抓紧建立非法证据调查和排除、行政调查证据材料移送等新机制，保障修改后的刑事诉讼法的顺利实施。尤其是要适应修改后的刑事诉讼法的新规定，从侦查部门孤军作战向有效整合资源、加强内外部协作转变，进一步完善检察机关内部特别是侦查部门与侦查监督、公诉部门的协作配合与监督制约机制；加强与行政执法机关、纪检监察机关的协调配合，加快信息共享平台建设，建立健全案件移送和证据转换机制；充分运用上海合作组织、国际反贪局联合会等平台，加强反腐败的国际交流与合作，更加有效地打击跨国境腐败犯罪。

第二，加快推进侦查信息化和装备现代化建设，在办案方式上实现由传统人力型向手段现代化的转型。加强侦查信息化和装备现代化建设，是事关反贪侦查工作科学发展的基础性、战略性工作，是推动科技强侦战略、实现侦查方式转变、加强侦查能力建设的必由之路。更加开放透明的新刑事诉讼制度和信息化的社会情势，与贪污贿赂等职务犯罪日益隐蔽化、智能化、复杂化的演变趋势，要求侦查工作必须与时俱进，改变"审讯靠嘴、查证靠腿"的传统方式，大力推进"两化"建设。我们要把"两化"建设摆在优先发展的战略位置，检察院党组要高度重视，检察长要亲自抓，相关部门要密切配合，加快推进"两化"建设进程。要树立"信息引导侦查"的理念，加强对犯罪信息的收集、研判和利用，拓宽侦查信息联网的覆盖范围，完善涉案信息快速查询机制，实现信息网上查询，提高信息收集的范围、效率和保密性。要强化"两化"实战应用、以用促建,提高侦查工作的科技含量,尤其是要加强对调取电子数据、话单分析、数据恢复、心理测试等侦查技术的推广应用,为侦查工作提供强有力的科技支撑。这里需要明确一点:科技手段在侦查工作中的应用与技侦手段是两个不同的概念,对于不属于技侦手段范畴的现代科技方法,检察机关在办案中都可以积极探索、大胆使用。

第三,规范执法行为,强化监督制约,着力解决执法办案中存在的突出问题。修改后的刑事诉讼法对侦查权的行使作出了严格规范,提出了更高要求。客观审视侦查工作的现状,我们必须承认还存在不小差距,违法违规办案、侵犯犯罪嫌疑人合法权益等问题在一些地方还比较突出。2008年以来,全国检察机关因违法违规办案受到党政纪处分和刑事追究的干警有140余人,大部分发生在查办贪污贿赂等职务犯罪案件的过程中,代价和教训十分惨痛。这些违法违规办案问题的发生,直接危害修改后的刑事诉讼法的贯彻实施。要进一步加强执法规范化建设,着力解决好当前办案工作中存在的突出问题,特别是刑讯逼供、违法取证的问题,违法限制涉案人员人身自由的问题,阻碍辩护律师依法行使会见在押犯罪嫌疑人等诉讼权利问题,涉案人员死亡等办案安全事故问题,以及违法查封扣押冻结处置涉案款物问题,决不能任由这些问题长期存在。这些问题之所以三令五申、屡禁不止,很重要的一个原因是缺乏有效的监督制约。修改后的刑事诉讼法全面强化了检察机关对刑事诉讼活动的法律监督,而要把这些监督首先落实到侦查工作之中,侦监、公诉、监所、控申、案件管理等部门必须按照"强化法律监督与强化自身监督并重"的要求,像监督其他机关一样加强对职务犯罪侦查工作的监督,决不能两套标准、外严内松;侦查部门必须切实增强接受监督制约的意识,自觉接受内外部监督制约,在监督制约中增强自我约束,保证检察机关侦查权依法正确行使,提高执法的公信力。

第四,加强侦查队伍专业化建设,提高侦查能力和执法水平。开创反贪侦查工作新局面,人是第一要素。要适应修改后的刑事诉讼法的新要求，必须大力开展专项培训、岗位练兵和技能竞赛，着力提高发现案件线索的能力，获取、固定、鉴别使用证据的能力，科学使用侦查策略、强制措施、侦查手段的能力，侦查决策、指挥、协调的能力，分析掌握犯罪特点和规律的能力，准确应用法律和政策的能力，依法办案和服务大局的能力，秉公执法与公正办案的能力。这其中，包含了信息化侦查能力、预警化研判能力、精细化初查能力、规范化讯问能力、组合化证明能力、扁平化指挥能力、一体化支撑能力和科技化应用能力等。要坚持人才强侦，健全完善侦查人才引进、选拔、培养、使用和评价、管理机制，努力造就一支知识结构、专业结构、年龄结构合理，能力水平经得起办案实践检验，人才数量基本满足工作需要的侦查人才队伍，为侦查工作长远发展奠定人才保障，带动侦查队伍专业化整体水平的提高。

2013 年 1 月 8 日

目 录

在新的起点上提升职务犯罪侦查能力（代序） ……… 邱学强（ 1 ）

第一章 概述 ……………………………………………………（ 1 ）
一、加强反贪侦查能力建设具有重要意义 ……………（ 1 ）
二、加强反贪侦查能力建设的基本内容和要求 ………（ 5 ）
三、加强反贪侦查能力建设的措施和途径 ……………（ 11 ）

第二章 发现案件线索的能力 …………………………………（ 16 ）
一、贪污贿赂犯罪案件线索概述 ………………………（ 16 ）
二、案件线索的发现与发现案件线索的能力 …………（ 20 ）
三、发现案件线索能力建设的内容与途径 ……………（ 25 ）

第三章 获取、固定、鉴别使用证据的能力 …………………（ 35 ）
一、获取、固定、鉴别使用证据的基本范畴 …………（ 35 ）
二、贪污贿赂犯罪案件证据的获取、固定 ……………（ 40 ）
三、贪污贿赂犯罪案件证据的鉴别使用 ………………（ 63 ）
四、贪污贿赂犯罪证据的主要内容及证据体系 ………（ 71 ）

第四章 科学使用侦查策略、强制措施、侦查手段的能力 …（ 77 ）
一、科学使用侦查策略的能力 …………………………（ 77 ）
二、科学使用强制措施的能力 …………………………（ 92 ）
三、科学使用侦查手段的能力 …………………………（ 98 ）

第五章 侦查决策、指挥、协调的能力 ………………………（115）
一、侦查决策 ……………………………………………（115）
二、侦查指挥 ……………………………………………（123）

三、侦查协调 …………………………………………………… (134)

第六章　分析、掌握犯罪特点和规律的能力 ……………… (142)
　　一、分析、掌握犯罪特点和规律概述 …………………………… (142)
　　二、分析、掌握犯罪特点和规律的基本要求 …………………… (145)
　　三、分析、掌握犯罪特点和规律的主要方法 …………………… (147)
　　四、分析、掌握犯罪特点和规律应处理好的关系 ……………… (158)
　　五、当前一些重点领域、环节贪污贿赂犯罪的特点和规律
　　　　研究 …………………………………………………………… (162)

第七章　准确应用法律和政策的能力 …………………………… (168)
　　一、准确应用法律和政策能力的内涵 …………………………… (168)
　　二、准确应用法律和政策能力建设的意义 ……………………… (170)
　　三、准确应用法律和政策能力建设中存在的问题 ……………… (174)
　　四、提高准确应用法律和政策能力的措施 ……………………… (176)

第八章　依法办案和服务大局的能力 …………………………… (189)
　　一、依法办案和服务大局概述 …………………………………… (189)
　　二、依法办案和服务大局的基本原则 …………………………… (195)
　　三、加强依法办案和服务大局能力建设 ………………………… (200)
　　四、新时期依法办案和服务大局的主要措施 …………………… (204)

第九章　秉公执法与公正办案的能力 …………………………… (209)
　　一、秉公执法、公正办案的内涵 ………………………………… (209)
　　二、秉公执法、公正办案中存在的问题及原因 ………………… (215)
　　三、秉公执法、公正办案对反贪侦查工作的具体要求 ………… (221)
　　四、增强秉公执法、公正办案能力的措施和途径 ……………… (224)

后记 ………………………………………………………………… (231)

第一章 概　　述

反贪侦查能力是检察机关查办贪污贿赂犯罪案件工作必须具备的基本素质和要求，也是进一步加大查办案件工作力度、提高执法水平和办案质量，推动查办贪污贿赂犯罪工作健康深入、科学发展的重要基础。党的十八大对新时期的反腐败斗争作出了新部署，提出了新举措，明确了新要求。要全面适应反腐败斗争的新形势新要求，检察机关必须围绕加强和改进反贪侦查工作，加大能力建设力度，进一步提高侦查能力和执法水平，有力推动反贪侦查工作，为深入推进党风廉政建设和反腐败斗争作出应有的贡献。加强反贪侦查能力建设，需要深入研究和把握反贪侦查能力建设的意义、内容和措施等问题。

一、加强反贪侦查能力建设具有重要意义

反贪侦查工作是一项专业性、实战性极强的工作。要及时发现贪污贿赂犯罪，依法侦破、揭露犯罪和证实犯罪，没有过硬的侦查能力是难以实现的。实践表明，加强反贪侦查能力建设，是深入推进反腐败斗争的迫切需要，是深入推进反贪侦查工作健康科学发展的必然要求，也是建设高素质专业化反贪侦查队伍的必由之路。因此，各级检察机关要高度重视反贪侦查能力建设。

（一）加强反贪侦查能力建设，是深入推进反腐败斗争的迫切需要

党的十八大报告指出，"反对腐败、建设廉洁政治，是党一贯坚持的鲜明立场，是人民关注的重大政治问题。这个问题解决不好，就会对党造成致命伤害，甚至亡党亡国。"要"始终保持惩治腐败高压

态势，坚决查处大案要案，着力解决发生在群众身边的腐败问题。不管涉及到什么人，不论权力大小、职位高低，只要触犯党纪国法，都要严惩不贷"。检察机关作为反腐败的一支重要力量，肩负着侦查贪污贿赂犯罪，查办大案要案，促进反腐败斗争深入开展，清除腐败分子的政治责任，必须按照党中央关于反腐败工作的统一部署，全力以赴加大办案力度，切实提高贪污贿赂犯罪的查处率，有效减少漏网率，增强反贪工作的惩治力、遏制力、威慑力，始终保持惩治腐败的高压态势。

检察机关反贪部门肩负侦查贪污贿赂犯罪、清除腐败分子，以查办贪污贿赂犯罪大案要案的实际成果推进反腐败斗争深入开展的重大责任。从实践看，当前反腐败工作呈现出成效明显和问题突出并存、防治力度加大和腐败现象易发多发并存、群众对反腐败期望值不断上升和腐败现象短期内难以根治并存的总体态势，反腐败斗争形势依然严峻，任务依然艰巨，反贪侦查工作难度也不断加大。要依法及时发现和查处贪污贿赂犯罪，充分发挥检察机关在惩治和预防腐败中的职能作用，必然要求检察机关反贪队伍具有必备的侦查能力，否则难当其任。

目前，反贪队伍的执法水平还不能完全适应反腐败斗争形势的需要，有的犯罪已经发生，而我们还不能及时发现；有的已经发现犯罪，但不能及时突破；有的案件已经突破，却不能依法取证固证，侦查能力没有得到充分发挥，减弱了打击腐败犯罪的力度。所以必须从反腐败的高度，充分认识加强侦查信息化和装备现代化建设以及提高侦查手段的现代化水平对推动和加强反贪队伍专业化建设的极端重要性，队伍专业化建设对推动反贪工作科学发展的极端重要性，反贪工作科学发展对不让任何腐败分子逃脱党纪国法惩处的极端重要性，从而把提高侦查手段的现代化水平作为队伍专业化的根本途径，切实抓实、抓好、抓出成效。

(二) 加强反贪侦查能力建设，是深入推进反贪侦查工作健康科学发展的必然要求

查办贪污贿赂犯罪案件，是宪法和法律赋予检察机关的神圣职责，也是强化法律监督职能的重要手段和保障。要深入开展查办贪污贿赂犯罪案件工作，做到不辱职责和使命，关键是反贪队伍必须具备克敌制胜的真本领。

从实践看，近些年虽然反贪部门查办了一大批案件，取得了很大成绩，但与贪污贿赂犯罪发生的实际相比、离中央的要求和人民群众的期待都还有不小的差距。当前反贪工作中主要存在以下一些突出问题：一是反贪队伍专业化程度比较低。部分侦查人员的执法观念、业务素质和侦查水平还不能适应新形势、新要求。二是办案结构不合理。有的地方对办案结构的调整还不够到位，办案重点还不突出，办案力度还不够大，人民群众反映仍然比较强烈，影响了办案的实际效果。三是执法手段落后。有的地方仍然采用传统办案模式，侦查方式比较简单、粗放、落后，反贪侦查手段现代化程度还比较低。四是执法办案规范化、管理科学化等方面仍然存在一些问题。办案安全事故仍然时有发生，实践中有的地方在办案中发生涉案人员自杀死亡重大办案安全事故；极个别地方发生刑讯逼供或者被告人在庭审中指控侦查人员刑讯逼供，造成出庭公诉被动，有的证据甚至在庭审中被排除，进而影响案件认定处理，给反贪工作也带来负面影响；有的地方不能正确处理办案数量、质量、效率、效果、安全的关系，工作上左右摇摆，发展不平稳，等等。

这些问题的存在，影响和制约了反贪工作健康深入发展，有的在短时间内还难以得到根本解决，而新情况新问题却接踵而来。反贪工作面临新的形势、新的任务、新的要求和新的压力，反腐败的责任越来越大，办案的难度越来越大，办案的风险越来越大。特别是修改后的刑事诉讼法对执法办案规范化的要求进一步提高，对反贪工作提出了严峻挑战。同时，社会各界对反贪办案越来越关注，任何一个环节衔接不当、出了问题，都将会招致质疑甚至指责，尤其是随着我国进

入信息社会和全媒体时代,办案中一旦违法违规或者发生办案安全事故,就可能引发网络媒体炒作,把问题无限放大,甚至出现从网上到网下持续发酵现象,最终酿成群体性事件,严重影响检察机关的执法公信力和社会和谐稳定。

所有这些问题的发生,其中一个重要原因是侦查水平和能力不高,尚不能适应查办案件的实际需要,以致对有的案件发现不了、突破不了、处理不了,极个别地方甚至为快速突破案件而违法违规办案。实践证明,要从根本上解决实践中的突出问题,一个重要的措施和途径就是加强侦查能力建设,提升反贪侦查能力。

(三)加强反贪侦查能力建设,是提高反贪侦查队伍整体素质、推动队伍专业化建设的必由之路

造就一支高素质专业化的反贪队伍,是反贪侦查工作健康科学发展的组织保障。第十三次全国检察工作会议强调,要加强检察人员的素质能力建设,大力加强检察队伍专业化建设,加快培养检察业务专家、各类专门业务尖子和办案能手。反贪侦查工作对业务专门化要求的特殊性,决定了反贪队伍既要政治坚定、作风优良、执法公正,确保自身不变质,更要走专业化的发展道路,不断提高自身的业务素质,练就过硬的侦查本领,保证在办案工作的重要环节和关键时刻能够"打得赢"、及时把案件"拿得下"。

从实践看,当前反贪队伍中学刑事侦查以及学经济的人不多,综合知识的储备更是先天不足。虽然这些年曾经培养了一些优秀侦查人才,但由于各种原因,已有不少人离开了反贪队伍,现有队伍中有的懂办案但不会总结,有的懂侦查理论但不会办案,具有较高侦查能力、既懂侦查理论又能办案的少,真正精通侦查业务、在办案中善于攻克难关、能在全国检察系统叫得响的专家型人才更是寥寥无几。这充分表明,加强反贪侦查能力建设,是深入推进反贪队伍专业化建设、提高侦查能力的一项重要而紧迫的任务。

二、加强反贪侦查能力建设的基本内容和要求

明确反贪侦查能力建设的基本内容和要求，是深入推进侦查能力建设的重要基础和前提。从实践看，反贪侦查工作涉及查办贪污贿赂犯罪案件工作各个环节，而不同的侦查办案环节对侦查能力有不同的要求，并且各种侦查能力的内容和要求也将随着执法办案形势和侦查环境的变化而发生变化。按照反贪侦查规律和要求，当前急需加强反贪侦查八项能力建设，具体内容和要求如下：

（一）切实增强发现和经营案件线索能力

从实践看，贪污贿赂犯罪隐蔽性强、发现难、反侦查水平高。查办这类案件，不仅要求紧紧依靠群众举报，而且要求反贪部门自身具备较强的发现案件线索能力。当前，由于发现和掌握贪污贿赂犯罪案件线索的能动性不够，等靠、依赖纪检监察机关等部门移送思想严重，深挖细查意识不强，导致发现案件线索的渠道和途径单一、能力不足，最终影响侦查办案工作深入发展。

针对上述问题，提高发现和经营案件线索能力，要从以下方面入手：一是要坚持专门工作与群众路线相结合，提高群众工作水平。要进一步完善举报制度，并通过检察机关法律监督触角延伸到厂矿、企业、学校及城市街道社区、乡镇农村等途径和渠道，加强工作宣传和与群众的联系，进一步拓宽案源渠道。二是要坚持主动出击。加强主动性，积极灵活运用各种方法途径，广泛收集和科学经营网络、通信、社会生活和行政执法活动中与贪污贿赂犯罪相关联的各种信息，建立案件信息资料库和案件信息共享机制。三是要坚决克服坐等举报的陈旧观念。坚持既要依靠纪检监察部门的协作配合又要实行依法独立办案，努力提高自行发现犯罪和运用信息引导服务侦查的水平。

（二）切实增强获取、固定、鉴别使用证据能力

证据是整个刑事诉讼活动的灵魂，是揭露和证实贪污贿赂犯罪、保证案件质量的基础。反贪侦查工作中，要使犯罪人受到刑事追究，关键取决于侦查人员收集和固定证据的能力。特别是随着修改后的刑

事诉讼法的实施，对于证据的获取、收集、固定、鉴别使用等提出了新的要求，也对反贪侦查工作提出新的挑战。

从实践看，当前获取、固定、鉴别使用证据方面，主要存在以下问题：有的不善于围绕犯罪构成收集和固定证据，尤其对影响案件定性的关键证据，收集和固定的工作不细致、不扎实，造成言词证据反复等被动局面；有的收集证据不全面，不善于收集和运用间接证据制服犯罪分子，在口供突破不了时无计可施；有的固定证据特别是对付翻供、翻证的办法不多；有的在收集、固定、鉴别使用证据时忽视甚至违反程序，使已经收集的证据不能发挥证明作用等。

针对上述问题，提高获取、固定、鉴别使用证据能力，要从以下方面入手：一是要严格按照犯罪构成要件，有针对性地合理设计侦查取证方案，全面客观地收集获取证据，确保侦查取证及所收集的证据符合法律规定；二是要充分运用先进科技手段固定证据。善于利用侦查信息化和侦查装备现代化的措施和途径，不断提升侦查手段现代化水平，特别是对容易反复的犯罪嫌疑人、被告人及证人的言词证据，要充分利用录音录像等各种技术手段进行固定，防止翻供翻证问题发生；三是要准确区分有罪证据和无罪证据、主要证据和次要证据、可采信证据和有瑕疵证据，全面收集定罪证据、量刑证据、证明违法所得证据、证明证据合法性和侦查程序合法性证据、羁押必要性证据等各种证据，不断提高运用证据揭露、证实和追诉贪污贿赂犯罪的水平。

（三）切实增强科学使用侦查策略、强制措施和侦查手段能力

贪污贿赂犯罪主体是国家工作人员，他们的文化层次和职业水平相对较高，往往利用自己手中的行政管理权或社会事务管理权实施犯罪。由于犯罪人身份特殊，犯罪活动的智能性和反侦查能力强，掩盖罪行、逃避惩罚的伎俩高，作案行为的隐蔽性和狡猾性远高于其他类型的犯罪。同时，由于这些犯罪人拥有一定的公共权力和社会地位，关系网密、保护层厚，查处的难度相当大。与这种犯罪作斗争，采取简单的强攻硬取方法往往难以奏效，客观上需要巧妙灵活运用侦查策略，并与强制措施、侦查手段有机结合，善于施计用谋，以智取胜，

方能取得事半功倍的效果。

从实践看,当前科学使用侦查策略、强制措施和侦查手段能力方面,主要存在以下问题:一是谋略意识缺乏或者不强;二是不懂谋略也不会用谋或者简单机械用谋的为数不少;三是缺乏从理论与实践上的系统研究和总结。

针对这些问题,增强科学使用侦查策略、强制措施和侦查手段能力,要从以下方面入手:一是要强化侦查谋略意识,紧紧围绕贪污贿赂等职务犯罪规律特点,遵循侦查活动规律,按照规律侦查办案;二是要善于掌握和运用谋略措施、手段方法侦查破案的技巧,不断提高侦查破案的能力和水平;三是要加强追逃追赃工作,一方面使犯罪分子得不到任何经济上的利益和好处,另一方面强化伸手必被捉的实际效应,进一步增强对贪污贿赂犯罪的威慑力;四是要促进快速有效突破案件,科学整合侦查策略、强制措施和侦查手段的侦查破案效用,切实提高侦查效率和侦查水平。

(四) 切实增强侦查决策、指挥和协调能力

侦查决策、指挥和协调能力是一种综合能力,不仅要求反贪部门领导和侦查组织、指挥、协调人员懂得反贪业务、懂得侦查,还要求具备全面的综合素养,正确掌握和运用决策、指挥和协调艺术,既要敢于、善于决策、指挥和协调,还要在关键时刻勇于承担办案的风险和责任,果断进行决策、指挥和协调。实践表明,侦查决策、指挥和协调十分重要,一旦决策、指挥和协调失误,就有可能因一着不慎而全盘皆输,甚至酿成错案,因此必须提高侦查决策、侦查指挥和侦查协调能力。

从实践看,当前侦查决策、指挥和协调方面,主要存在以下问题:一是不敢决策和指挥。对于一些该立的案件不敢立、该采取的侦查手段和措施不敢用,以致可能突破的案件破不了,甚至有的成了"夹生案"。二是盲目决策和指挥。对于一些不该立的案件立了,不该采取的手段和措施用了,结果是事与愿违,不仅难以保证案件的质量,还带来一些负面影响。三是协调不力。对于有需要协调或者明显

违反侦查办案的法律规定或者规章制度、纪律要求的问题，不敢提出明确的意见或者协调措施等。

针对这些问题，提高侦查决策、指挥和协调能力，要从以下方面入手：一是要坚持从侦查实际出发，科学驾驭侦查工作全局，使反贪侦查工作始终不偏离正确方向。二是要实行依法决策、民主决策、科学决策，不断提高侦查决策、指挥和协调的科学化水平，增强侦查决策、侦查指挥、侦查协调的质量和效果。三是要加强对办案工作的动态管理和调度，实行区域联动办案，形成纵向指挥有力、横向协作紧密、运转灵活高效的侦查一体化机制，推动办案工作整体协调发展。

（五）切实增强分析掌握犯罪规律特点能力

当前，随着经济社会深入发展，科学技术迅猛发展以及反腐败力度不断加大，贪污贿赂犯罪的形态、特点和发案规律等都发生了许多新变化。2007年5月30日中共中央纪委对外发布了《中共中央纪委关于严格禁止利用职务上的便利谋取不正当利益的若干规定》，明确禁止八类行为。[①] 这说明，一方面犯罪形式发生了很大的变化，对这类犯罪案件的查处势必采用相应的方法；另一方面应当对成功查处这类犯罪案件的经验进行总结，便于更好地提升查办案件水平。

从实践看，当前最主要的问题是缺乏总结的意识，重查处轻总结。针对这些问题，提高分析掌握犯罪规律特点能力，要从以下方面入手：一是要重视侦查经验的总结，尤其是对一些新型犯罪案件，更需要加强总结；二是要对所有查办的案件，实行一案一分析、一案一评估、一案一总结，进一步提升查办水平；三是要针对每一个案件和每一类案件的特点和规律，提炼出及时突破案件的策略方法和侦查模

[①] 具体包括：一是严格禁止以交易形式收受请托人财物；二是严格禁止收受干股；三是严格禁止由请托人出资，"合作"开办公司或者进行其他"合作"投资；四是严格禁止以委托请托人投资证券、期货或者其他委托理财的名义获取"收益"；五是严格禁止通过赌博方式收受请托人财物；六是严格禁止特定关系人不实际工作却获取所谓薪酬；七是严格禁止授意请托人以本规定所列形式，将有关财物给予特定关系人；八是严格禁止在职时为请托人牟利，离职后收受财物。参见詹复亮：《反贪侦查热点与战略》，人民出版社2010年版，第63页。

式，不断提高侦查破案水平。

（六）切实增强准确运用法律和政策能力

法律与政策关系密切，相辅相成。法律是政策的工具，也是政策的界限；政策是法律的依据，也是法律的灵魂。反贪侦查工作具有很强的专业性，需要具备较高的法律、政策理解和运用能力。正确运用刑事政策，是做好反贪侦查工作所必备的，不仅有利于分化瓦解嫌疑人心理防线，感化犯罪嫌疑人，成功突破案件，而且有利于实现办案的法律效果、政治效果和社会效果的有机统一。

从实践看，当前最主要的问题是没有把政策与法律很好地统一，以致实践中往往顾此失彼。对此，提高准确运用法律和政策能力，要从以下方面入手：一是要认真贯彻宽严相济刑事政策，全面落实到立案侦查和案件处理各个环节；二是要找准法律和政策的结合点，不断提高运用政策和法律的水平；三是要正确处理带有计划经济特征的立法和市场经济条件下司法之间的矛盾、法律相对稳定性与政策变动性之间的矛盾，努力实现办案工作良好综合效果。

（七）切实增强依法办案和服务大局的能力

依法办案是反贪侦查工作的职责所在，服务大局是反贪侦查部门所肩负的重大政治责任。当前，我国反腐败斗争的形势依然严峻，继续加大查办案件力度、严格依法办案，保持惩治腐败的高压态势，是党和国家对反贪侦查工作提出的新要求，也是人民群众的新期待。反贪侦查工作只有紧贴党和国家工作大局，围绕促进经济社会发展这个中心来谋划、来开展，才能有效化解社会发展过程中遇到的各种矛盾与不和谐因素，切实维护人民群众的合法权益，为推动经济社会科学发展作出积极贡献。

从实践看，依法办案和服务大局中存在的突出问题，主要体现在不能正确处理两者的关系，割裂依法办案与服务大局的有机统一，有的片面理解或割裂反贪工作与大局的关系，缺乏大局观念和围绕大局、服务大局的意识，存在单纯业务观点，认为依法办案与大局无关，或者关系不大，导致机械办案，机械追求法律效果，不重视社会效果、政治效果；有的把服务大局单纯理解成只讲服从，忽视反贪工作和法治实践自身规律、原则及发展创新，消极被动，无所作为，不敢理直气壮地依法办案，不能全面正确发挥职能作用，甚至恶意规避法律，放弃职责履行，该管的不管，该查的不查，该受理的不受理，该立案的不立案，导致牺牲法治权威，损害反贪队伍的形象，损害党和政府的威信，最终影响、妨碍大局。

切实增强依法办案和服务大局的能力，要从以下方面入手：一是着力查办利用公权力谋取私利的贪污贿赂犯罪，营造廉洁高效的政务环境；二是着力查办破坏市场经济秩序的贪污贿赂犯罪，营造诚信有序的市场环境；三是着力查办危害民生领域贪污贿赂犯罪，营造和谐稳定的社会环境；四是着力查办执法不严、司法不公背后的贪污贿赂犯罪，营造公平正义的法治环境。

（八）切实增强秉公执法、公正办案能力

秉公执法、公正办案是反贪侦查工作必须遵循的一项重要原则。从实践看，当前秉公执法、公正办案方面的问题，主要有以下方面：一是有的超管辖立案或者受利益驱动越权办案，违法插手经济纠纷；二是有的占用涉案单位交通、通信工具，到涉案单位报销费用；三是有的办关系案、人情案、金钱案，私自接受当事人、辩护人、代理人甚至请托人或其亲友宴请、钱物，吃拿卡要，泄露案情，甚至执法犯法、贪赃枉法等，有的严重影响案件认定处理甚至被判无罪，在社会上造成了恶劣影响。由于反贪侦查工作的特殊性，在开放、透明、信息化条件下，如果反贪干警以权谋私、以案谋私，搞司法腐败，很容易引起民怨甚至激起民愤、引发新的矛盾纠纷，很难让党放心、让人民满意。

针对这些问题，提高秉公执法、公正办案能力，要从以下方面入手：一是及时转变执法观念，改进办案方式方法，提高按照侦查规律和司法工作规律开展办案工作的水平；二是坚持严格规范公正文明执法，确保侦查权正确行使；三是严格依法侦查取证，依法认定处理案件，努力把每一起案件办成铁案，经得起法律的检验和历史的检验。

三、加强反贪侦查能力建设的措施和途径

实践表明,反贪侦查能力的提高并不是一件一蹴而就的事,需要一个过程和不断的实践。这表明,加强反贪侦查能力建设是一项经常性、长期性的任务。各级检察机关反贪部门要着力在真抓实干、勤学苦练和灵活运用上下功夫,采取切实可行的措施,争取用两三年的时间努力把反贪侦查能力提高到一个新水平。要实现这样的目的,需要着重做好以下几个方面的工作。[①]

(一)加强反贪侦查理论研究,提高反贪侦查理论化水平

没有理论的指导,反贪侦查实践就会迷失方向。从目前情况看,反贪侦查理论研究比较薄弱,主要是创新和发展不足,广度和深度不够,基础理论研究亟待加强。加强反贪侦查能力建设,具体要求各级检察机关及反贪部门的领导高度重视加强反贪侦查理论建设,一方面反贪局长要带头钻研侦查理论,努力成为侦查专家和指挥专家,成为侦查能力最过硬、对侦查破案最有发言权的明白人和最善于总结推广侦查经验的带头人;另一方面要营造研究氛围,认真组织广大反贪干警结合侦查办案总结实践经验,钻研侦查理论,苦练侦查技能和本领,争当侦查能手。

(二)采取各种有效途径和方式,加强侦查能力培训和建设

1. 开展专项业务培训

改变以往"普及式"的培训思路和方式,针对反贪办案工作的实际需要,开展正规化、系统化、分层次、分专题的反贪业务培训。一是要积极开展侦查实务培训。反贪总局正在组织编写反贪实务培训的基础教材,目的是对基层反贪干警特别是对新进反贪部门人员,组织进行系统培训,使其掌握反贪侦查基本技能。为了调动广大干警学习侦查实务、提高侦查能力的积极性、主动性,以考促学,各地可以

---

① 据陈连福局长2011年11月22日在全国检察机关反贪侦查技术与信息化应用培训班上的讲话。

以本省为单位组织开展一次侦查实务统一考试；在条件成熟时，反贪总局也可以组织全国统考。二是要开展分层次培训。针对反贪局长、侦查处（科）长、侦查员和书记员等不同层次人员的需求，分层次组织业务培训，增强培训的针对性和实效性。三是要开展专题培训。为适应当前反贪侦查工作面临的新形势、新任务、新挑战，针对侦查工作重点、难点问题和薄弱环节，组织开展专题培训，有效解决专门问题，提高专项能力。

2. 开展岗位练兵

侦查能力的实战性非常强，必须经过岗位磨砺、亲自参与，才能真正锻炼提高。应当说，岗位练兵是提高侦查能力的最直接、最有效方式，也是必由之路。开展岗位练兵要坚持着眼于办案实战，在干中学、学中干，边办案边提高。要注重优秀侦查人员侦查经验的总结整理和交流推广，立足侦查岗位，充分发挥优秀侦查人员的传、帮、带作用，努力丰富年轻干警的侦查经验，提高侦查水平。要通过办案指导、观摩审讯、旁听庭审等有效方式，发现侦查中存在的问题，总结经验、吸取教训，提高执法能力。

3. 开展技能竞赛

组织开展侦查技能竞赛，能够充分调动广大干警提高侦查能力的积极性、自觉性，达到以赛促训、以赛促练的目的。侦查技能竞赛的内容，一定要贴近侦查实战，贴近侦查业务，紧紧围绕提高专项业务技能来开展，特别是要突出初查、审讯、取证、固证、采取强制措施、追逃追赃等办案关键环节的侦查技能，增强技能竞赛的针对性和实效性。技能竞赛的形式要不拘一格，可以采取模拟讯问、文书制作、专题答辩、分组对抗等多种方式，关键是要实战性强，吸引干警积极参与，切实提高水平。为此，反贪总局将组织开展全国反贪侦查技能竞赛活动，以此激发干警学习侦查业务、提高侦查能力的热情，在全国反贪部门掀起学业务、练技能、比水平的高潮。

（三）积极通过实战锻炼，提高侦查能力

侦查能力的实战性非常强，与法学理论知识不同。实践表明，多办案、多历练，在办案实践中增长侦查本领是提高侦查技能的必由之路。许多侦查能力只有亲历亲为才能感悟得到、体会得深，也只有在办案实践中反复磨炼才能运用自如。需要注意的是，强调多办案、多实践，并不是说多办几个案件，侦查能力就自然能提高。实际是有了实践的机会，只是为提升侦查能力打下基础，重要的是结合办案实践，加强学习，善于思考，勤于钻研，不断增长社会经验和阅历。总之，各级检察机关反贪部门要着眼实战，本着干什么学什么的原则，提倡干中学、学中干，边办案边提高。

（四）着重培养四类侦查人才，大力优化队伍结构

人才是开拓创新、事业发展的根本保证。反贪侦查人才，既要有通才，更要有专才。特别是随着经济发展，社会分工越来越细，贪污贿赂犯罪的手法也越来越专业，反贪部门亟须培养各类侦查专门人才。

1. 要培养侦查专家型人才

专家型人才，是指具备八种侦查能力或在某个侦查领域、某类犯罪案件或某个侦查环节，具有丰富的侦查经验和较高的侦查能力的侦查人才。从侦查环节上看，要着力培养一批初查、预审、查账、追逃、追赃等重要办案环节的专家型人才；从发案领域上看，要着力培养一批擅于查办工程建设、国土资源、医疗卫生、文化教育、金融证券等领域犯罪的专家型人才；从案件性质上看，要着力培养一批精于侦办贪污案、贿赂案、巨额财产来源不明案等不同性质案件的专家型人才。专家型人才的标准设置要科学，只要在某一个方面具有专才，就可以成为这个方面的专家。专家型人才的条件设置要合理，不应拘泥于年龄、职务、级别等外在因素，而要着重考虑其是否能够攻坚克难。每个地区、每个部门都要努力培养一批不同类型的专家型侦查人才，优化队伍结构，带动整体侦查能力的提升。

2. 要培养组织指挥人才

组织指挥人才，应该具备较高政治素质、较强指挥决策能力和队伍管理水平，能够驾驭全局、较好地组织指挥侦查办案工作。组织指

挥人才往往是各级反贪部门负责人，决定着一个地区或部门反贪工作的优劣，决定着某个案件的侦查方向和顺利查办。各级反贪部门一定要高度重视组织指挥人才的培养，通过采取领导素能培训等有效方式，切实培养一批具有较高威望、善于掌控和处理疑难复杂问题的组织指挥人才。

3. 要培养侦查技术人才

侦查技术人才，是指具备一定专业知识，擅于运用专业技能为侦查办案服务的专业技术人才。当前，侦查技术人才比较缺乏，特别是熟练掌握信息化技术、现代科技装备、侦查技术手段的技术人才严重不足，已经影响和制约了工作开展。我们既要立足自身培养技术人才，也要充分借助检察技术部门力量为我所用，还要协助政工部门积极引进一批急需的侦查技术人才，解决燃眉之急，切实推进办案工作开展。

4. 要培养理论研究人才

反贪理论研究人才非常重要，但往往容易被忽视。应当说，反贪理论研究人才能够引领反贪工作的未来发展方向，能够研究解决侦查工作中的重点、难点、焦点问题，对指导工作开展、指导办案实践具有重要作用。今后，要从系统内具有深厚反贪理论功底、丰富侦查实践经验的人员中，选拔培养一批反贪理论研究人才。同时，要加强与法学界的联系配合，联合开展一些重点反贪课题的研究，联合组织培养理论研究人才。

（五）及时总结经验，加强交流推广

长期以来，检察机关反贪部门在查办贪污贿赂犯罪案件中积累了不少成功的侦查经验，提高了侦查能力。但总的来说，往往因忙于侦查事务，疏于总结，以致一些很好的经验没有条理化、系统化，上升不到理论高度，发挥不出更好的作用，某种程度上还可能成为影响和制约侦查能力提高的因素。实践中侦查骨干走了、侦查经验也带走了等问题比较突出，新来的反贪干警不得不从头探索，以致进入低水平、低层次的重复状态。对此，既要吸取教训，更要重视加强对侦查经验的总结、交流，特别是要高度重视侦查人才队伍的培养和建设。要充分发挥侦查人才的引领作用，同时要进一步加强反贪侦查理论研究，将多年来办案实践中积累的成功经验，从理论上加以整理、提炼和升华，使实战经验系统化、规律化，形成具有一定指导性和可操作性的理论体系，有力指导反贪侦查实践。

第二章　发现案件线索的能力

案件线索是开展反贪侦查工作的重要基础和前提。从某种意义上讲，没有案件线索就没有案件，更没有反贪侦查活动。加强案件线索研究，提高发现案件线索的能力，是检察机关反贪部门和广大反贪干警的一项重要基本功，对于提高反贪侦查工作水平具有重要的现实意义。

一、贪污贿赂犯罪案件线索概述

（一）贪污贿赂犯罪案件线索界定

对反贪侦查工作来说，查办贪污贿赂犯罪案件就是一个查找、发现贪污贿赂犯罪案件线索并加以论证的过程。司法实践中，各地对贪污贿赂犯罪案件线索（以下简称案件线索）存在不同的理解和解释。

一是注重从案件信息的角度加以理解和解释。如认为案件线索是侦查机关通过多种渠道获取的有关自然人、法人以及其他组织涉嫌违法犯罪的行为或事实的各种信息的总称；二是注重从线索表现形式上加以理解和解释。如认为案件线索是反映一定的特定事实，该事实是可能应受到刑事追究的，属于检察机关反贪污贿赂、反渎职侵权部门管辖的书面材料；三是注重从犯罪显露程度上加以理解和解释。如认为案件线索是未经有关专门机关调查证实的、通过报案、控告、举报、自首等方式反映的涉嫌犯罪的状态；四是注重从对侦查工作的指引上加以理解和解释。如认为案件线索是侦查机关发现和掌握的与案件事实或犯罪嫌疑人有联系的迹象，或者其他可供确定侦查方向的事实材料。①

就"线索"一词而言,其本身也具有多层含义。《现代汉语词典》中,线索有四种含义:一是指针线之类,犹说针头线脑;二是指头绪、因由;三是指情况、消息;四是指眼线、间谍。而在《应用汉语词典》中,线索主要有两层意思,一是比喻事情的头绪、端倪或探求问题的门径;二是指文艺作品中情节发展的脉络。我们平常所说的线索多指头绪、端倪或探求问题的门径。就反贪侦查而言,这里的案件线索作为线索的一种分类,它既具有线索的基本特征,也具有自身的内涵和外延。内涵方面,案件线索包括了案件的头绪、端倪或发现案件的门径;外延方面,必须与贪污贿赂犯罪案件相关联的线索才属于案件线索,其他的如普通刑事案件、经济案件、民事纠纷等其他类别的线索都不在此列。

由此推导,贪污贿赂犯罪案件线索可以界定为与贪污贿赂犯罪案件相关的头绪、端倪或有助于发现犯罪问题的门径。

需要强调的是,案件线索并不等同于案件信息,信息是"事物存在方式或运动状态,以及这种方式、状态的直接或间接表述"②,也是"事物反映出来的属性"③。严格意义上讲,案件信息的外延远大于案件线索,案件信息囊括案件线索。在侦查工作中,案件信息与案件线索往往相互交织在一起,部分案件信息本身就是线索,部分案件信息不属于案件线索,但对于发现、佐证犯罪事实又有着举足轻重的作用,如犯罪嫌疑人的家庭情况文化程度、某个行业的"潜规则"等,这些都属于案件信息,但不属于案件线索,但又有助于查办案件。

(二) 贪污贿赂犯罪案件线索的特点

总体上讲,贪污贿赂犯罪案件线索具有以下特点:

---

① 参见《检察大辞典》,上海辞书出版社1996年版,第488页。
② 钟义信:《信息科学》,载《自然辩证法》1979年第3期。
③ 黎鸣:《试论唯物辩证法的拟化形式》,载《中国社会科学》1981年第3期。

1. 客观性

客观性是贪污贿赂犯罪案件线索最基本的特征，一切离开客观事实所反映的、杜撰的、想象的、猜疑的疑点都不是反贪侦查意义上的线索。案件线索与犯罪事实相伴随，贪污贿赂犯罪发生后，必然会产生、遗留相应的线索，不以当事人的意志为转移。如贪污犯罪案件的犯罪线索可能表现为贪污犯经济利益的增长、公共财物的受损、相关账目的变化，受贿犯罪可能表现为受贿人的经济收益、行贿人财物的支出以及公共关联利益的获取等，这就使得案件线索的内容具有客观性，不因发现主体不同而变化。

2. 关联性

贪污贿赂犯罪案件线索必须与犯罪事实密切相关，也即案件线索必须针对一定的犯罪（贪污贿赂犯罪）、一定的人物（具体职务的公职人员，即使是单位犯罪，最终的刑事责任也应落实到具体的自然人）、一定的行为（实施具体事实或客观迹象），否则，不能成为反贪侦查意义上的线索。如行贿人 A 向检察机关举报其曾向国家工作人员 B 行贿的事实，检察机关据此查办了 B 受贿案，并通过 B 受贿案深挖其与国家工作人员 C 共同贪污的案件，在上述案件中，A 的举报是与 B 受贿案件直接相关联的，因此 A 的举报是 B 受贿案的线索；但 A 的举报与 C 贪污案并没有直接关联，因此 A 的举报不能算是 C 贪污案的案件线索，B 受贿案的查办算是 C 贪污案的线索。

3. 价值性

贪污贿赂犯罪案件线索对反贪侦查人员揭露犯罪、证实犯罪等方面发挥着较大程度的指引、引导作用。换言之，案件线索要具有经过调查、初查、侦查可以达到获取证据、查清结果、得以刑事追究的可行性。如受贿人个人账户内与其正常收入不相符的巨额财产，能够反映该受贿人存在受贿的可能性，为侦查人员锁定目标提供帮助；如受贿人的通话与短信记录，能够反映该受贿人的交往情况和社会背景，为侦查人员锁定行贿人提供指引；如行受贿人之间的账户往来明细，能够反映行受贿人之间的经济交往情况，为侦查人员深挖其权钱交易提供佐证，等等。

4. 多样性

贪污贿赂犯罪案件线索的多样性是该类犯罪手段方法多样化、复杂化的具体反映，在案件线索的表现形式和内容等方面呈现出多样化的特征。在表现形式上，可以通过书面材料、物证信息、语言交谈、视频资料、电子数据等多种载体为反贪部门所掌握；在表现内容上，可以反映为相应事实状态或者具有明确指向的特定信息等。并且贪污贿赂犯罪案件及其线索也会随着社会结构的变化而变化。如20世纪八九十年代，贪污贿赂主要表现为"官倒、贪污"等形式，案件线索则可能表现为某种重要物资在某地短时间内的急剧变化。如在厦门远华特大走私、腐败窝案中，因为官员的腐败，赖昌星大肆走私原油等物资，引起福建乃至全国原油供应量急剧变化，甚至导致了国家相关税收的巨大损失，等等。当前，商业贿赂中往往以"回扣、点数"等潜规则形式出现，案件线索则可能表现为某个行业某类产品价格虚高、产品或工程出现质量问题，等等。

5. 局限性

贪污贿赂犯罪案件线索的局限性是与价值性相对应的特征。虽然有些案件线索可以作为证据甚至直接证实犯罪，但大部分案件线索只是最终发现犯罪事实的头绪、端倪或门径，其反映的案件事实有限，依据案件线索开展的初查、侦查等工作的最终结果也具有不确定性。特别是随着新型贪污贿赂犯罪的日趋增多，贪污贿赂犯罪由以前的吃拿卡要、直接侵吞、直接收受贿赂等单一手段犯罪形式，逐渐演变成利益关系人受贿、收受干股、退休后受贿、旅游受贿等新型手段，加之犯罪分子反侦查能力的提高，使得案件线索越来越呈现分散、零散的表现形式，其局限性也更加明显。此外，与原始犯罪事实相比，案件线索由于提供者感知程度及自身过滤、侦查人员认知能力的高低等因素影响，其对犯罪事实的反映程度也呈现出局限、片面的特征。

（三）贪污贿赂犯罪案件线索的分类

在侦查范畴中，对案件线索从不同的角度进行分类，有助于准确界定各类案件线索,并根据其自身特点采取有针对性的措施,以实现线索利用效率的最大化,更充分地发挥线索的各种功能。主要有以下几种常见线索分类:

1. 以案件线索来源为标准,可分为举报线索、移送线索、自首线索、自行发现线索。

2. 以案件线索范围为标准,可分为窝案线索、串案线索、单罪线索、多罪线索。

3. 以案件线索性质为标准,可分为贪污线索、挪用公款线索、贿赂线索、巨额财产来源不明线索、私分国有资产线索、多罪交织综合线索。

4. 以案件线索处理过程为标准,可分为待查线索、缓查线索、初查线索、再查线索、复查线索、直接立案线索。

5. 以案件线索反映主体为标准,可分为一般线索、县处级要案线索、省部级要案线索、特定身份人或知名人士等线索。

6. 以案件线索发展趋势为标准,可分为最终有价值线索、最终无价值线索、当前价值线索、将来价值线索、一般价值线索、重大价值线索、特别重大价值线索。

7. 以案件线索的作用为标准,可分为单一线索、可拓展线索、不可拓展线索、需进一步甄别的线索、需排除疑点的线索。

8. 以案件线索处理结果为标准,可分为成案线索、最终不成案线索、无罪线索、有罪可不予追究线索、无罪有错线索。

9. 以案件线索的掌控为标准,可分为一般秘密线索、相对秘密线索、绝对秘密线索、半公开线索、公开线索。

10. 以案件线索的侦查特征为标准,可分为由人而事的线索、由事而人的线索。

二、案件线索的发现与发现案件线索的能力

(一) 发现案件线索在反贪侦查工作中的意义

贪污贿赂犯罪侵害的是国家工作人员的职务廉洁性,一般没有具

体的被害人，也不像普通刑事案件那样有较为明显的犯罪现场、犯罪痕迹或者可被直接感知获得的危害结果，犯罪行为、犯罪事实一般不会自行暴露，更多地需要侦查人员积极主动地去发现和揭露犯罪。故此，能否发现案件线索、充分利用案件线索对反贪工作具有特别重要的意义。具体而言，发现案件线索对于反贪侦查工作具有以下意义：

1. 发现案件线索是反贪侦查的基础工作

案件线索直接关系到反贪工作的总体状态，反映反贪工作的力度和质量，是反贪工作的泉之源、林之木、炊之粮。研究和重视案件线索的发现利用，提高反贪干警的发现案件线索能力是反贪工作的基石。

2. 发现案件线索是贪污贿赂犯罪案件暴露、被揭露的渠道

绝大部分贪污贿赂犯罪案件都必须经过案件线索这个侦查过程的第一环节，这也是其固定的形式和程序，是案件被揭露的渠道，其意义十分重大。

3. 发现案件线索决定着反贪侦查工作的行进脉络

案件的初查和侦查必须根据线索反映出来的脉络逐步深入、循序渐进，是一个由小到大、由点到面、由偏到全的必然过程，除此之外没有捷径，也无法回避。

4. 发现案件线索是获取贪污贿赂犯罪证据的具体指向

案件事实的方位、确定事实真相的各种证据必须依据线索来确定方向，线索相当于"路标"，为侦查工作指引方向。

5. 发现案件线索是贪污贿赂犯罪案件质量的源头保证

线索的内在质量如何，对线索的重视程度和运作质量如何，对线索的科学分析、判断、甄别工作做得如何，往往直接关系到案件侦查工作的总体质量。

（二）发现案件线索的渠道

根据修改后的刑事诉讼法规定，人民检察院受案来源主要有以下四种：一是人民检察院直接发现；二是有关单位和群众个人主动报案或举报；三是被害人报案或者控告；四是犯罪嫌疑人自首。在实践

中，发现案件线索的常规渠道主要有举报、控告、自首、自行发现和其他部门移送线索等。

1. 举报

举报是查处贪污贿赂犯罪案件最重要的线索来源之一。早在1988年3月8日，深圳市人民检察院就创建了我国第一个举报中心，之后，最高人民检察院先后出台了一系列关于举报工作的规范制度，进一步拓宽了举报途径、规范了举报渠道，充分发挥调动了人民群众、社会团体举报的积极性，举报线索成为反贪部门查办贪污贿赂案件的主要线索来源。

根据举报主体不同，举报可以分为群众举报和社会团体举报。其中群众举报是案件线索的主要来源，但随着犯罪嫌疑人反侦查能力的增强，群众举报的线索往往情况比较笼统、范围比较散乱，其可查性和成案率在逐年下降；从举报的方式方法看，举报可以分为匿名举报和具名举报。具名举报相对于匿名举报，提供的信息更可靠，针对性更强，更有助于提高办案效率。但当前，由于我国法治环境尚不完善，各地的举报以匿名举报居多，其可查性、成案率不高。

2. 控告

控告是指被害人直接向检察机关指控犯罪嫌疑人实施贪污贿赂犯罪的过程。与普通刑事犯罪不同的是，贪污贿赂犯罪的客体多为公共利益，很少有具体的被害人存在，如行贿罪和受贿罪相互依存，贪污罪和私分国有资产罪的犯罪对象是公共财物等，贪污贿赂犯罪的被害人通常比较虚拟。但是受贿人主动索贿以及国有企业管理人员实施的贪污行为中，受索贿的对象和国有企业法人是潜在的控告主体。实践中，控告并不是案件线索的主要来源。

3. 自首

自首是指犯罪嫌疑人主动向检察机关自行坦白曾实施的贪污贿赂等犯罪行为的过程。犯罪嫌疑人自首的原因是多种多样的，或是犯罪嫌疑人自身的幡然悔悟，或是迫于社会环境的压力和法律的震慑，或是由于家人朋友的劝导，或是犯罪嫌疑人穷途末路的最终选择，等等。由犯罪嫌疑人自首而产生的案件线索，多具有直观性、真实性和易查性等特点，具有较大的利用价值，成案率较高，是检察机关可遇不可求的线索来源之一。

4. 自行发现

随着时代的发展与社会的进步，贪污贿赂犯罪也在与时俱进，犯罪手法日趋隐蔽，犯罪嫌疑人反侦查能力日益提高。当前，通过举报、控告、自首而发现的案件线索呈现出减少、可查性降低等趋势，检察机关通过自行发现的案件线索正成为案件线索发现的主要渠道。

5. 外部移送

随着社会的发展与分工的细化，政府职能日趋复杂和多元，一项行政审批或一个行政事项往往涉及多个机构、多个部门。贪污贿赂犯罪作为最典型的权力寻租行为，与权力的行使密切相关，在权力寻租的过程中往往会留下各种印记，而这些印记多掌握在不同的行政机关或执法机关手中。检察机关通过加强与行政机关、执法机关的合作，能够有效地发现权力寻租的印记，从中发现案件线索。

(三) 发现案件线索工作中存在的主要问题

当前，贪污贿赂犯罪案源匮乏、质量不高、可查性不强，已经成为制约反贪工作的"瓶颈"问题，主要表现为：

1. 发现案件线索渠道单一

经过多年的实践，检察机关对于不断拓展发现案件线索渠道已经做了许多有益的探索和尝试，而且取得了很好的效果，如深挖窝案串案、强化协调配合、调查分析行业潜规则、依靠网络反腐，等等。但从整体上看，相当一部分办案单位仍然沿袭传统的坐等举报、依赖移送的案件线索发现机制，一旦没有了举报、移送线索就束手无策，工作陷于被动、观望状态。实践中，线索发现的渠道并不是一成不变的，会随着时间、社会环境与政府工作重心的变化不断变化，仅靠单一渠道可能在某一时段能解决案件线索来源问题，但时过境迁，该渠道可能失效。建立多元化的线索发现渠道，同时从多个渠道着手发现线索，能够有效保障发现线索的质量与数量。

2. 举报案件线索数量呈下降趋势且成案率不高

当前,由于贪污贿赂犯罪隐蔽性增强、举报制度不完善、宣传力度不够等因素的影响,举报者不知情、知情者不举报的现象突出,举报线索呈下降趋势并且多数内容模糊,成案率极低。如有的举报问题表面化,举报内容缺乏具体客观的事实、证据和情节;有的举报的言辞情绪化,夸大其词,把一般违规套上犯罪进行举报;有的举报的途径呈多头化,举报信件、材料一信多投、多信多投、上访和写信并举,造成信件、材料多渠道批转,内容失去了一定的保密意义,有价值的内容也产生难以查处的局面,等等。

3. 发现案件线索的方式方法落后

随着社会的发展进步,案件线索的载体与表现方式日趋复杂多样,发现案件线索工作不断面临新的挑战与发展机遇。但是,一些反贪侦查部门及反贪侦查干警不能主动适应,面对新情况、新问题应对乏力。如随着信息社会的发展与沟通方式的变化,网络逐渐成为人们获取外界信息、开展日常交流的主要方式,每时每刻都有大量的各类信息涌现在网络,这其中就包括潜在的贪污贿赂犯罪案件线索。但是,有的反贪干警面对浩如烟海的网络信息,不懂得获取网络举报线索的方式方法,让大量案件线索流失。

4. 发现案件线索主观能动性不足、侦查意识淡薄

人永远是发展中最重要的因素,人的主观能动性往往决定了事情的走向。实践中,部分反贪侦查干警查找发现案件线索的积极性、主动性不高,侦查意识淡薄,对于同样的线索、同样的迹象,有的能够从中挖出窝案串案和大量案件线索,有的只是就案办案,办案规模效应较差。有的干警知识储备不足,社会触角狭窄,把握社会动态不准,难以合理利用各种社会资源帮助发现新的案件线索。还有的干警对案件线索分析判断不准,无法准确区分案件线索的价值大小、轻重缓急,对案件线索的最终处理出现失误,不能有效发挥案件线索的综合效能,等等。

上述问题的存在,有社会经济发展水平、机制体制建设、反贪工作投入等方面限制的原因，但是，更主要的是反贪干警发现案件线索的能力问题。因此，反贪侦查人员必须看清这一趋势，强化发现案件线索能力建设，增强主动发现线索和案中深挖案件线索的意识，不断提高发现案件线索的能力和水平，为反贪工作发展做出积极贡献。

三、发现案件线索能力建设的内容与途径

只有解决制约反贪侦查工作顺利开展的案件线索匮乏问题，才能有效应对贪污贿赂犯罪智能化、科技化和犯罪手段日趋隐蔽化、多样化的挑战。强化发现案件线索能力建设，主要应包括以下内容：

（一）敏锐的线索觉察能力

由于贪污贿赂等职务犯罪具有高度的隐蔽性，而举报的线索又大都比较模糊，成案率不高，这就要求侦查人员要有较强的职业意识，对线索具有敏锐的线索察觉能力。敏锐的线索觉察能力主要可以通过以下几个方面来培养：

1. 教育反贪侦查干警树立高度的使命感和强烈的责任感

贪污贿赂犯罪案件既不能像公安机关管辖的案件那样"报警—出警"，也不能像法院的自诉案件那样"不告不理"，这就要求反贪侦查干警要有强烈的责任感和使命感，主动出击寻找贪污贿赂犯罪案件线索，这是反贪侦查工作的客观要求和重要职责。通过社会交往、酒肆茶楼、街谈巷议、舆论媒体等各种渠道都有可能发现有关贪污贿赂犯罪案件的线索或信息，侦查人员对此应有一定的职业敏感性。这既是反贪侦查工作职责的要求，也是提高发现贪污贿赂犯罪案件线索能力的根本所在。一名合格的反贪侦查干警，要善于将各种社会现象和社会信息与有关贪污贿赂犯罪案件线索有机结合起来，从中发现贪污贿赂犯罪。

2. 丰富反贪侦查干警的社会知识和社会经验

贪污贿赂犯罪案件都是有规律可循的，规律是隐藏在事物背后的内在的必然联系，这种联系需要人们积极思考与研究。只有具有较为丰富社会常识和社会经验的人，才能及时发现和捕捉有关贪污贿赂犯

罪案件线索及信息。例如，国有企业改革中存在产权不清、市场不健全等问题，导致国企改革中滥用职权、违规操作、贪污、挪用、私分国有资产等职务犯罪比较突出，国有资产流失严重，国有企业改革过程中的贪污贿赂犯罪案件处于易发高发态势。如果不了解这些特点和规律，就很难发现这类贪污贿赂犯罪案件线索。

3. 培养反贪侦查干警察微析疑、重视细节的习惯

俗话说，"天下难事，必做于易；天下大事，必做于细。"反贪侦查重在细节，尽管当前贪污贿赂犯罪案件的犯罪手段呈现多样化、隐蔽化，但"再狡猾的狐狸也会露出尾巴"。侦查人员无论是查账还是询问，都要精查细查，善于从一字一句、一丝一痕等细微之处发现蛛丝马迹，寻找贪污贿赂犯罪案件线索。例如，某市检察院反贪侦查干警在协助外地检察院查询时，发现某身份为公务员的被查询人近亲属名下有一台进口宝马汽车，职业的敏感性使他意识到可能有贪污贿赂犯罪问题。在回单位向领导汇报、取得领导支持后展开该线索的深挖，一举查实了一起挪用公款犯罪，为国家挽回近千万元的经济损失。因此，侦查人员必须处处要做有心人，不能忽视任何细节，只有这样，才能在调查相关案件中发现新的案件线索，逐步提高发现案件线索的能力。

4. 训练反贪侦查干警缜密逻辑思维的能力

实践证明，贪污贿赂犯罪本身的特点，决定了这类犯罪案件不易被一般人了解知晓，客观上限制了线索的成案率。这就要求侦查人员在办案过程中要养成善于运用逻辑思维的方式去观察与思考问题的良好习惯，善于深入贪污贿赂犯罪案件易发、多发的领域和人民群众反映强烈的重点行业、热点部门，掌握作案手段、特点规律和重点人员等信息资源，实行挖窝查串、行业治理的办案模式，大大提升查处窝案串案的规模效应。

（二）及时的线索获取能力

及时的线索获取能力是发现案件线索能力建设的中心，增强觉察案件线索的敏锐性，最终就是要获得案件线索。及时获取案件线索是

线索觉察能力的具体体现。从当前反贪侦查工作实践来讲，及时的线索获取能力主要包括以下三个方面：

1. 主动出击获取案件线索能力

一是通过深挖案中案提高获取案件线索能力。随着反贪工作形势的发展，通过在查案件或已办案件来挖掘新的案件线索必将成为检察机关发现案件线索的主要来源。该渠道强调的是从行贿人中查受贿人，从受贿人中带出新的行贿人，再从新的行贿人中挖出新的受贿人，步步深挖，环环相扣。需要强调的是，通过该方法自行发现案件线索的关键点有两个：第一，初始行贿人的选择。通常一个案件中，会有潜在的多个行贿人存在，但这些行贿人的特征各异，有的业务范围广、有的审讯突破难度大、有的社会经历浅等，选好一个具有深挖延伸价值、易于突破的行贿人，有助于打开工作局面，为后续深挖奠定基础；第二，初始受贿人的选择。贿赂犯罪具有多头行贿、多头受贿的特点，往往一个行贿人可能向多个受贿人行贿，而受贿人又可能收受多个行贿人的贿赂。不同的受贿人，其社会阅历、反侦查能力、查处难度都各不相同，初始受贿人选择得好，则可能起到"突破一个，带动一片，深挖一串"的效果。

二是通过总结类案规律提高获取案件线索能力。该方式强调的是从自行或他院查办的案件出发，及时总结乡镇、学校、各个系统部门等可以互相类比的贪污贿赂犯罪案件的特点与发案规律，从线索或案件事实所涉及的权力链的各个环节中去分析其他单位是否存在贪污贿赂犯罪。如乡镇层级易发生贪污贿赂案件的部分，重点在村镇建设、土地征迁、批租、赔偿、农田水利基本建设、违章建筑、农业政策扶持等方面；学校贪污贿赂犯罪的易发部位主要体现在基建、弱电、招生招师、书扣、印刷回扣等环节。通过类案分析总结行业、系统发案规律，再与同类单位进行比对，往往会发现价值很高的线索。

三是通过剖析行业规律提高获取案件线索能力。当前由于法律法规的不完善，潜规则在一些行业和部门不同程度存在，一定程度上甚至代替法律法规影响行业的发展。现实中这些潜规则往往也是贪污贿赂等腐败案件所遵循、采用的方式方法；深入了解各行各业的行业规律、权力运行模式、行业潜规则与发案规律，有助于发现和查找案件线索。

总之，不定期地进行行业规律剖析，有针对性地对社会公共信息透露出来的群众反映强烈的重点行业进行汇总，不仅能够开阔干警的侦查视野，增强干警对同类案件的发现与查处能力，还能够在查处某一个案时，起到举一反三、增点扩面的办案效果。

2. 协调配合获取案件线索能力

一是通过检察机关内部协调配合提高获取案件线索能力。检察机关作为法律监督机关，负责对刑事法律、民商法律、行政法规等法律法规的实施进行过程与结果监督，其内设机构侦查监督、公诉、民行检察和监所检察等部门在履行监督职能中，往往能够发现各类案件线索。比如，侦监、公诉部门在对刑事案件进行监督时可能发现公安、法院、司法等各个过程中存在的干警滥用职权、徇私枉法的案件信息，而这背后多隐藏着贪污贿赂犯罪的案件线索；民行检察在对民事案件审判监督时则有可能发现律师、法官乃至国资管理部门等相关环节的贪污贿赂犯罪线索；监所检察在看守所、监狱等单位进行监督时，有可能从犯罪分子口中获悉社会腐败的线索，等等。这些部门发现的线索或来源于其他刑事案件，或来源于犯罪分子，可查性较强，便于成案，是案件线索的重要来源渠道。

二是通过与纪检监察部门协调配合提高获取案件线索能力。在我国的反腐败构架中，纪检监察机关是反腐败的组织协调机构，他们既是各类案件线索的汇集地与发散地，也是检察机关推进反腐工作的强大支撑。与检察机关相比，纪检监察机关具有社会触角多、来源渠道广、处置手段灵活等特点，纪委在每个行政部门都有派出机构或派出人员，这些人员能够深入掌握部门的权力运行轨迹，从中发现案件线索。如纪委每年会组织开展各种专项检查，通过专项检查能够查找某项工作、某个项目中权力运行的潜在漏洞，从中发现案件线索；再如纪委组织对某地、某单位的巡视，能够全面审视该地、该部门的权力运行状况，从中发现易发、多发腐败案件的部位。这些线索多经过纪检监察部门的初步核实，其成案性和可查性较强，是实践中检察机关外部线索来源的主要渠道。

三是通过与审计监督部门协调配合提高获取案件线索能力。审计监督部门是政府对各项行政事务进行监督的窗口，其手中掌握着大量政府部门的相关信息，而这些信息背后往往隐藏着腐败。如审计部门每年对政府各部门的常规审计可能包含着单位"小金库"、违规报销账等信息，通过对信息的分析可以找出案件线索；从审计部门对某个重点工程的专项审计中，能够发现该重点工程实施中可能存在的权力寻租、权钱交易的印记，从这些印记中能够发现案件线索。需要指出的是，实践中，审计部门发现的这些线索并不会主动地传递到侦查人员手中，尤其是审计报告的初稿等信息来源的内部资料，没有良好的沟通联系，根本无法轻易获知。这就需要各级反贪部门主动加强与这些部门的沟通联系，通过建立定期联系、通气、合作等方式强化协作配合。反贪部门要逐步建立健全与审计监督部门的协作配合机制，为拓宽案件来源奠定坚实基础。

四是通过公安、法院等政法机关协调配合提高获取案件线索能力。法院与公安、安全、司法等部门承担着大量的刑事司法职能，在其司法与执法过程中，往往能发现各类案件线索。如公安机关在查处非国家工作人员实施的侵占犯罪案件时，可能发现国家工作人员共同参与实施贪污贿赂犯罪的相关线索；法院在审判刑事、民事案件中，可能发现潜在的如公安干警因受贿而实施的违规、违法办案等线索；司法机关在对律师进行管理时，可能发现律师违规违法执业乃至与国家工作人员共同实施贪污贿赂犯罪案件的线索，等等。通过加强与其他政法机关的协作和信息互通，检察机关可以获得有价值的案件线索。

五是通过行政执法、银行及其他社会机构协调配合提高获取案件线索能力。除纪检监察、审计、公安、法院等专门机构外，行政执法部门、银行反洗钱中心以及社会机构等也是发现案件线索的重要渠道。如行政执法属于程序性执法，每一个执法环节并不是孤立的、都相应地要受制于本机构内的其他部门，而权力寻租往往带有明显权钱交易色彩，单一的某个环节的贪污贿赂犯罪很容易在其他环节被发现。

3. 通过信息网络获取案件线索能力

一是通过开展网络举报提高获取案件线索能力。网络举报是指网民通过在网络上发帖、发博客、发微博等方式，向有关机关检举和揭发贪污贿赂犯罪案件。与传统的举报方式相比，网络举报具有举报接收单位不确定、举报信息不易发现等新特点。这就需要检察机关必须具备一定的敏感性，善于从浩如烟海的网络信息中查询并发现案件线索。值得注意的是，随着网络的发展，网络举报已成为新时期群众举报的新形式。有鉴于此，2010年，中纪委、最高人民检察院分别成立了网上举报中心，在网上统一受理网民的检举控告。在开通当日，网上举报中心就由于点击量过多而陷入瘫痪。可以预见，网上举报将日益替代信件举报等传统举报方式，成为检察机关新时期获取案件线索的主要来源。

二是通过开展网民互动提高获取案件线索能力。网民互动主要通过论坛（BBS）、博客、新闻跟帖、QQ聊天以及微博、微信等形式来开展。其中，网络论坛是用户进行信息交换的主要场所，其最显著的功能就是为用户提供针对各类主题发表言论的平台，也是网络舆论的主要生成与集散地。有效地利用网络舆论的生成和集散地，从中可以发现潜在的案件线索。

三是通过关注网络媒体报道提高获取案件线索能力。随着政务公开与信息时代的发展，舆论媒体越来越成为反腐败的先锋，它们凭借庞大的信息网络与人脉资源获取社会各个行业、各个方面的信息。网络的发展使得媒体获取信息的渠道更广、更及时。如近年来"周久耕天价香烟事件"、"武汉六连号事件"、陕西"表哥"、重庆"雷政富"、四川"李春城"等网络反腐事件，通过网络媒体的报道，直接推动了案件的查办。在实践中，检察机关通过关注网络媒体报道，及时跟进并有效地获取案件线索已成为检察机关查办贪污贿赂犯罪案件的重要方式。通过网络媒体报道发现案件线索，一方面需要建立良好的舆论媒体合作互动机制，充分利用舆论媒体信息来源广的特点，为反贪办案营造良好社会氛围；另一方面需要侦查人员具有足够的敏感性，能通过媒体发现反常现象或者存在的问题，以寻找报道背后可能发生的贪污贿赂犯罪，从而掌握更多的案件线索。

四是通过实现网络信息共享提高获取案件线索能力。随着网络时代的发展和无纸化办公的推进，网上办公、网上执法在各地不断兴起，各类执法信息也更多地以网络信息形式表现出来。如重大工程项目招投标信息、行政执法部门网络办公等。这些浩如烟海的执法信息中往往隐藏着各类案件线索，加强与行政执法部门的网络信息共享，有助于检察机关监督行政执法，从中发现并惩处腐败。

（三）科学的线索筛选能力

举报是贪污贿赂案件线索的主要来源，但是举报线索也存在质量不高的实际情况，这就需要反贪侦查人员具备较强的线索筛选能力，去伪存真，去粗取精。线索的筛选，就是侦查人员面对举报线索，运用法律及有关业务知识，进行认真科学地分析、鉴别，从中选出有立案价值的线索的过程。具体来说可从以下几个方面着手：

1. 审查举报线索的客观真实性

由于举报人本身的文化、法律知识和举报目的等方面的原因，举报材料反映问题的深度、广度及真实程度差别很大。有的举报材料真实性强，有的举报材料真实性差，有的举报材料真伪相杂，需要对所举报的问题和事实进行认真仔细的分析鉴别。即对举报内容的时间、地点、方法、手段、证据等具体方面加以综合分析，判断是否真实，有无使用价值，从而确定是否立案。

为了获取真实可靠的线索，应注意分析这几方面的内容：一是充分利用署名举报线索。因为署名人往往有正义感，有同腐败分子作斗争的信心、决心和胆量，有真凭实据，举报真实性高，这部分线索成案的可能性较高。二是涉及会计账目单据等具体内容的举报应认真分析。如举报中涉及利用冲销账目，套开发票，开具假发票报销以及收款不入账等问题时，应利用财会知识结合犯罪的手段加以分析，鉴别真伪。三是涉及业务人员回扣、提成等内容的举报，应根据当时当地及同行业之间、购销双方之间的实际情况分析举报事实是否合理，鉴别线索真伪。四是在企业改制中发现国有企业公司中贪污贿赂、挪用公款和私分国有资产等危害改革发展的贪污贿赂犯罪案件线索。五是在重点行业如交通、建筑工程等基础设施建设中，分析发现贪污贿赂犯罪案件线索。六是对乡镇基层人员乃至村社干部的贪污贿赂案件线索的审查，这类案件涉及面广、群众反映问题比较多，但真实性差。总之，通过对举报线索多方面的分析判断，审查鉴别，可以减少初查工作的盲目性，提高办案效率。

2. 审查举报线索构成犯罪要点是否突出

检察机关收到举报材料后，不但要审查举报材料的犯罪事实是否存在，而且还要审查举报事实是否构成犯罪，是否需要追究刑事责任。如贪污贿赂、挪用公款金额是否达到最高人民检察院规定的立案标准，是否具备法定需要追究的条件。

筛选举报线索，应从以下几个方面进行分析：一是无论举报材料反映的问题多少，只需抓住构成犯罪的某一方面、某一笔犯罪数额进行分析审查，通过以后的必要调查来深挖、顺藤摸瓜；二是以金融、工程建设领域、贫困企业以及企业改制过程中群众反映强烈的问题作为审查重点，这类举报一般数额比较大，群众反映强烈，成案率高，社会效果极好，对于威慑和警醒社会上的一些人有重要作用，有利于预防腐败犯罪和提高打击腐败的积极性；三是根据举报材料反映问题所发生的时间、地点、手段、金额等情况进行综合分析，找准构成犯罪的突出点；四是与被举报人的特殊身份、单位、职务结合起来，分析是否有贪污贿赂行为，是否构成犯罪。

3. 审查分析举报人的动机和目的，发掘有价值的案件线索，同时保护无辜的人免受不良影响

凡是向检察机关举报的人，都有一定的动机和目的，审查分析举

报人的动机和目的，对鉴别线索真伪起着至关重要的作用。

举报人的动机和目的主要有以下几种情况：第一类是出于打击犯罪的动机。这样的举报人富有正义感，对违法犯罪行为深恶痛绝，敢于挺身而出，把了解的罪案线索向检察机关举报，目的是维护国家和人民的利益，使犯罪分子受到应有的惩处，这类举报一般真实可靠；第二类是出于怀疑猜测的动机。这类举报人很多都没有具体确实的证据，只是怀疑被举报人有经济问题，因而举报的真实性值得商榷；第三类是出于报复陷害的动机。这类举报人因与被举报人之间在工作或生活中有矛盾，关系紧张，想通过举报捏造、扩大或歪曲事实，以达到整治被举报人的目的。这类举报危害性大，真实性极差，应认真分析审查，慎重对待和处理。

综上，增强审查、筛选举报线索的能力，需要有浓厚的侦查意识，站在侦查破案的角度，用侦查的眼光，结合有关资料和积累的经验，运用科学的思维方法，进行去粗取精、去伪存真、由此及彼、由表及里的综合分析，从而准确判断举报线索的价值。

（四）娴熟的线索经营能力

线索经营能力是发现案件线索能力中最重要的能力之一。线索经营遵循"一个线索可以挖出一批案件，一个案件可以带出一批线索"的工作思路，通过以初查为起点，纵向深挖为经线，横向拓展为纬线，进而编织起一张疏而不漏的网。线索的经营不仅开拓了办案渠道，增强了侦查信心，也为反贪工作注入了新的生机和活力。具体可从以下几个方面着手：

1. 对线索进行"掩护性经营"

案件线索是贪污贿赂犯罪侦查工作的基础。在受理的线索中，由于举报人文化水平、法律知识和客观知情条件等方面的限制，不一定能提供更多的具体情况，而反映的问题也有的真实、有的失实、有的真伪相杂。线索的掩护性初查首要之义就是要珍惜案源，抓好初查。反贪部门在初查中，在侦查目标和侦查方向的选择上要注意审时度势、声东击西，有目的地掩盖真实的办案意图，有效地获取证据，保证初查工作顺利进行。

2. 对线索进行纵向经营

任何事物都存在一定的客观联系。窝案串案相互之间均有一条主线相连，有着特定的规律，案件往往就像多米诺骨牌一样，只要抓住并突破其中一个，就会形成连锁反应，一带一大串。反贪侦查人员应当在办案中牢固树立"深挖"意识，准确把握主线，利用案件网状辐射特点，坚持纵向深挖犯罪。纵向挖案的关键就是善于运用发散思维，针对发现的疑点，多方向、多角度地思考，大胆设想、推断可能存在的犯罪情况，从而实现发现线索、查证犯罪的目的。

3. 对线索进行横向经营

在一个地区、某一领域、某一环节上的犯罪行为往往在另一地区相同或相似部位也有同样的情况。以案找案，不仅要注重案件的纵向深挖，还要注重类推排查的横向拓展。这一做法在挖窝查串、行业治理工作中效果尤其明显。

4. 对线索进行时间性经营

有些线索经过初查不具备进一步侦查的条件，但一时又确定不了是否具有犯罪的嫌疑，只能先存放一段时间，密切关注，等待有更具体的举报材料或本地区有类似案件情况的出现再启动初查。有的案件往往经过前后几次历时几年的苦心经营才终究成案。

第三章　获取、固定、鉴别使用证据的能力

证据是整个刑事诉讼活动的灵魂，是揭露和证实贪污贿赂等犯罪、保证案件质量的基础。反贪侦查过程中，要使贪污贿赂犯罪人受到刑事处罚，关键取决于侦查人员获取、固定、鉴别使用证据的能力。因此，提高反贪侦查干警获取、固定、鉴别使用证据的能力非常重要。

一、获取、固定、鉴别使用证据的基本范畴

（一）获取、固定贪污贿赂犯罪案件证据概述

1. 获取、固定贪污贿赂犯罪案件证据的概念

获取、固定贪污贿赂犯罪案件证据是指检察机关反贪部门依照法定程序和方法发现、提取并固定、保全能够证明犯罪嫌疑人是否具有贪污贿赂犯罪事实及情节轻重材料的相关活动。获取、固定证据的行为主体是检察机关的反贪侦查部门，其目的是证明犯罪嫌疑人是否具有贪污贿赂犯罪事实及其情节轻重。

在反贪污贿赂犯罪侦查中，获取、固定证据是查明案件事实、正确处理案件的前提和基础。所有侦查工作都要围绕获取和固定证据进行，并且所获取证据的多少及质量好坏，直接影响着反贪侦查工作的质量。[①]修改后的刑事诉讼法生效实施后，对于贪污贿赂犯罪案件证据的获取，要注意整体性，构建完整的证据体系，着力获取定性证据、量刑证据、证明违法所得证据、证明侦查程序合法性证据、证明

---

① 参见詹复亮：《职务犯罪侦查热点问题研究》，中国检察出版社2005年版，第120页。

取证合法性证据以及证明羁押必要性证据等,从而发挥案件证据应有的证明功能和作用。

2. 获取、固定贪污贿赂犯罪案件证据的要求

获取、固定贪污贿赂犯罪案件证据除要遵守所有刑事案件收集证据的共同要求外,还要遵守一些特殊要求。

一是主动性和及时性。获取、固定贪污贿赂犯罪案件证据具有较强的时限性,如果不主动、及时地收集相关证据,这些证据就有灭失、损毁的危险,就有可能导致犯罪嫌疑人与关键证人串供、灭供,给侦查取证工作带来很大困难,甚至出现假证,造成证据不足的被动局面。

二是目的性和计划性。获取、固定证据,侦查人员首先要在对案情有一定了解和分析的基础上制订获取和固定证据的目标和计划。不能仅凭主观想象来确定目标,要对已有什么证据,还需要哪些证据,这些证据能证明什么,达到什么目的等做到心中有数。此外,制订的侦查取证计划要尽可能详尽,如先取哪些证据,后取哪些证据,以什么方式获取、固定证据等,都要尽可能予以明确。

三是客观性和真实性。客观真实是收集证据的核心要求,侦查人员要客观全面地调查收集与案件有关的各种证据,不能损毁、伪造、变造证据,更不能引诱、胁迫证人作伪证。

四是细致深入。侦查人员搜查、询问证人、讯问犯罪嫌疑人都要深入细致,要提取、固定与案件有关的一切书证和物证。在收集言词证据时,一定要问得深、问得细。讯问犯罪嫌疑人,既要对与犯罪有关的时间、地点、手段、后果、赃物去向等进行详细讯问,也要耐心认真地听取犯罪嫌疑人的无罪辩解。

3. 获取、固定贪污贿赂犯罪案件证据的步骤

一是明确任务。首先要明确本案调查的总任务,即所要查清的究竟是什么问题,如有无贪污贿赂事实等;其次要明确反贪侦查人员所应完成的一系列具体任务,如查找证人、提取书证、委托鉴定等;最后要明确上述任务的轻重缓急并做好相应的准备。

二是分析已知材料。在明确任务之后,侦查人员应全面客观地分

析所有已知证据材料，既要从己方立场分析，也要从对方立场分析。

三是提出证据调查假设。在分析已知证据材料之后，侦查人员应提出证据假设，即根据具体调查任务和已知事实推测未知事实及可能潜在的证据，以便采取措施去发现和获取这些证据。

四是获取、固定证据。侦查人员在制订证据调查计划后应运用恰当的技术、方法和手段去发现、获取证据材料。同时还要将获取的证据加以固定，妥善保管，防止受到损毁。

4. 获取、固定贪污贿赂犯罪案件证据的要点

在实践中，犯罪嫌疑人翻供、证人翻证现象多发，而且还有所谓"一对一"证据难以印证的问题。侦查人员在调查取证时应特别注意以下几点：

一是利用技术手段固定证据。要做到每一次讯问都要实行全程同步录音录像，甚至在初查阶段就可以进行全程同步录音录像。

二是重视再生证据。再生证据的作用不可忽视，有时甚至可以制造机会如利用说情人、关系人传递信息以发现再生证据并及时固定。例如，某省人民检察院侦办的某市委宣传部原部长高某受贿案。高某到案后趾高气扬，拒绝承认其受贿事实。为此，干警决定从高某的表弟入手，通过询问，其表弟供述了案发前如何与高某订立攻守同盟的事实。在证明力强大的再生证据面前，高某的心理防线彻底垮了，承认了受贿的犯罪事实。

三是努力查找赃款、赃物的下落。赃款、赃物是案件非常关键的证据之一，有了赃款、赃物的下落，再利用间接证据形成证据锁链，犯罪嫌疑人再怎么狡辩也无济于事。

四是固定细节。在制作讯问笔录、询问笔录时，在细节上要下功夫，关键的数字、人名、地点等要特别留意。

五是让犯罪嫌疑人亲笔书写供词。包括悔过书、犯罪过程、家庭财产及家庭支出等。

六是稳定证据。将稳定性差的证人证言及犯罪嫌疑人口供及时同稳定性强的证据结合起来，如让他们辨认物证、书证。

七是以数量取胜。对同一事情，根据实际情况可以多取几份笔录加以巩固；或者有几个知情人的，尽量取到所有知情人证言。

(二) 鉴别使用贪污贿赂犯罪案件证据概述

1. 鉴别使用贪污贿赂犯罪案件证据的概念

贪污贿赂犯罪案件证据的鉴别，是指反贪侦查人员对已经收集到的所有证据进行分析研究，鉴别其真伪，确定证据的客观性、真实性及其对案件事实证明作用的活动。鉴别使用证据是运用证据查明案件事实的重要活动，已经收集到的证据可能是真实虚假混杂在一起，只有通过鉴别其真伪，去伪存真，才能确定证据的证明力，对案件事实作出正确的认定。鉴别使用证据与获取、固定证据是相辅相成的，获取、固定证据的过程中往往要对证据进行鉴别，在鉴别的过程中往往又需要进一步去获取、固定证据。

2. 鉴别使用贪污贿赂犯罪案件证据的内容

一是鉴别证据的客观性。客观性是证据的本质特征，是指贪污贿赂犯罪案件证据是不以人的意志为转移的客观存在的事实，而非人的主观臆断或猜测。对证据客观性的鉴别包括：证据来源的客观性和证据内容的客观性。

二是鉴别证据的合法性。证据的合法性是指证据材料的收集程序、来源等必须合法，相关材料还必须符合法定形式。对证据合法性的鉴别主要包括：收集证据的主体合法；收集证据的程序合法；证据的表现形式合法。

三是鉴别证据的关联性。证据的关联性是指证据必须同案件事实存在某种联系，并对证明案情具有实质性作用。一个证据对案件事实是否具有证明力，不但取决于该证据是否客观真实、合理合法，而且取决于该证据是否与本案有关联，是否能对证明本案有实质性的作用。一个客观存在但与案件毫无联系的事实是不能作为定案根据的。

四是鉴别证据的一致性。实践中证据出现矛盾主要有三种情况：某个证据自身的矛盾；各个证据之间的矛盾；证据与案件事实之间的矛盾。如果某个证据本身存在的矛盾未能解决，就不能作为定案的根据而被采用；如果证据之间存在矛盾，无法判明哪个证据可靠或不可靠，也就不能作为定案的根据；如果证据与事实之间的矛盾没有解决，则无法对案件作出"唯一"的正确结论。因此，在鉴别使用证据时，不但要注意发现矛盾，而且要善于找出产生矛盾的根源，通过深入的研究协调，使矛盾得到合理的解决，达到证据与证据之间、证据与案件事实之间的统一。特别是要注意抓住并解决那些影响案件基本事实和主要情节的实质性矛盾。

五是鉴别全案证据是否符合"案件事实清楚，证据确实、充分"的法律规定要求。要准确分析全案证据犯罪主体、犯罪客体、犯罪主观方面、犯罪客观方面四个要件是否齐备，并判断证据是否严格按照修改后的《刑事诉讼法》第53条规定，达到以下要求：其一，定罪量刑的事实都有证据证明；其二，据以定案的证据均经法定程序查证属实；其三，综合全案证据，对所认定事实已排除合理怀疑。

六是鉴别全案证据是否形成了证明体系。鉴别全案证据与证据之间、直接证据与间接证据之间、全案证据与案件事实之间、证据与案件的每个主要情节之间是否完整、统一。如果得出的结论既是统一的，又是唯一的，就可以认定和使用证据，对案件作出的结论即是正确的。

3. 鉴别使用贪污贿赂犯罪案件证据的方法

一是本源分析法。本源分析法是通过分析单个证据的内容、形式及内容与形式的关系，判断单个证据可靠程度的基本方法。其审查要点是审查单个证据的内容是否协调一致，是否存在不可解释的矛盾，内容与形式是否相符。

二是来源分析法。来源分析法是指通过分析证据的来源是否明确来判断证据是否可靠的方法，其审查要点是审查证据是原始证据或传来证据，排除所有来源不明的证据。

三是形成分析法。形成分析法是指通过审查证据形成条件对证据的影响，判断证据是否可靠的方法。首先要审查证据产生的客观环境。如审查物证、书证是否因客观环境的作用而发生质变或量变；审查证人、犯罪嫌疑人是否因环境使感知失实或产生错觉而导致证言、口供失实；审查勘验、检查人员、鉴定人员是否因环境影响而得出不正确的勘验、检查笔录或鉴定意见；其次要审查提供证据人的动机、目的。如审查提供证据的人与案件及案件当事人、被害人有无利害关系，有利害关系的情况下则可能提供假证以及审查提供证据的人自身品质是否良好等；再次要审查侦查人员的能力、素质、工作态度及与案件的关系；最后要审查证据获取、固定的方法是否合法、科学等。

四是对比分析法。对比分析法是指将某一证据与案件事实和其他证据及科学常识对比，从而判断证据是否确实的方法。其审查要点包括：审查证据与案件事实是否一致；审查证据与证据之间是否存在矛盾，如不一致且得不到合理解释，则可能有假证；审查证据与其他有关事实是否一致等。

五是系统分析法。系统分析法是指运用系统原理，对全案证据进行分析，确定证据是否充分的方法。审查要点包括：从犯罪进程看，有证明犯罪预备、犯罪实施、犯罪完成等犯罪过程的证据；从犯罪构成看，符合犯罪主体、犯罪客体、犯罪的主观方面、犯罪的客观方面等构成要件；从犯罪事实构成要素看，犯罪事实都是由时间、地点、手法、情节、目的、动机、后果七要素组成，其中每个要素都必须有两个以上能够相互印证的证据共同证明。[①]

二、贪污贿赂犯罪案件证据的获取、固定

（一）物证、书证的获取、固定

1. 物证的概念、特征及种类

根据修改后的刑事诉讼法的规定，所谓物证是指以其内在属性、外部形态、空间方位等客观存在的特征证明案件事实的物体和痕迹。广义的物证包括书证、视听资料等一切以实物形式表现出来的证据，狭义的物证则不包括书证和视听资料。作为我国法定证据形式之一的

[①] 参见张亮：《反贪侦查百问百答——讯问篇、证据篇》，中国检察出版社2010年版，第127—132页。

物证专指狭义的物证。

物证的证明功能是通过其客观存在的特征实现的，而物证的特征表现在多个方面，包括内在属性、外部形态、空间方位等。所谓内在属性，是指物证的物理属性、化学成分、内部结构、质量功能等特征；所谓外部形态，是指物证的大小、形状、颜色、光泽、图文等特征；所谓空间方位，是指物证所处的位置、环境、状态与其他物体的相互关系等特征。在司法活动中，有些物证只能依据一个方面的特征证明案件事实，有些物证则可以同时依据多个方面的特征实现其证明功能。物证具有以下主要特点：

一是较强的客观性。物证是以物质存在形式证明案件事实的，因此，与其他证据相比，特别是与各种言词证据相比，物证具有较强的客观性。物证中储存着各种各样与案件事实有关的信息，可以为查明和证明案件事实提供重要的依据。虽然物证也可以造假，但是相对来说伪造的难度比较大，所以物证往往比其他证据更为可靠，具有较高的证明价值。

二是证明的间接性。物证与案件事实的关联性一般表现为连接两个事实要素的桥梁，一方面连接已知案件事实；另一方面连接未知事实。因此，物证所反映的案件事实是不完整的片段，不能直接向法庭证明案件事实，必须与其他证明手段结合起来。例如，侦查人员在一起贿赂案件中发现一只名表，但是手表本身并不能证明贿赂案件的事实，其证明价值需要人的解读，和其他证据配合运用。行贿人通过辨认，确定这只表是自己购买后送给受贿人的，这只手表才能发挥证明案件事实的作用。当然，上述证据还不足以证明受贿人收受贿赂的事实，还必须有其他证据。由此可见，在贪污贿赂案件中，物证一般都属于间接证据。

三是不可替代性。物证的证明价值通常都专属于特定的物体和痕迹。如侦查人员在挪用公款案中提取的嫌疑人用公款购买的一条项链。在该案中，只有这条项链本身具有证明价值，侦查人员不能用其他同类或相似的项链来代替。明确物证这个特点，就必须强调物证的保全。任何物证在现场提取后，必须按照法律要求的程序和方式进行保管，形成完整的物证保全链条，以确保在法庭上出示的物体，就是在现场提取的物体，就是与案件事实具有某种关联性的物体。

四是物证的使用通常要借助一定的科技手段。物证不能开口说话，其证明价值往往要借助一定的科技手段才能实现。一方面，许多物证的发现和提取都需要借助专门的科技手段，如某些痕迹的显现和提取；另一方面，很多物证中储存的与案件事实有关的信息也需要一定的科技手段来解读，如血迹、毛发中遗传基因的检验等。

在司法实践中，物证是多种多样的。为了更好地把握物证概念的内涵和外延，可以从不同角度对其进行分类：

其一，根据物体的形态，可以将物证分为固体物证、液体物证和气体物证。固体物证是司法实践中最常见的物证，几乎存在于各种案件之中。如贪污的赃款、受贿的财物等，都是固体形态的物证。液体物证在许多案件中也是多见的证据。如涂改账目的药水、纵火的汽油等，都属于液态的物证。气体物证在司法活动中虽然比较少见，但是也很重要。将物证划分为固体物证、液体物证和气体物证，有助于准确认识不同物证的特点，以便在司法活动中采用恰当的取证措施和手段。

其二，根据体积和质量大小不同，可以把物证分为巨体物证、常体物证和微体物证。巨体物证指体积较大、不便于直接提取原物并在法庭上出示的物证，如房屋、桥梁等。常体物证指体积一般、可以直接提取原物并在法庭上出示的物证，如衣物、钱币等。微体物证又称为微量物证，指体积微小，人的感官难以直接感知，往往需要借助一定的工具或仪器才能发现和提取的物证，如附着在足迹上的金属粉末、散落在现场的衣物纤维等。这种划分的意义在于明确不同物证的特点，以选择相应的取证方法和手段。

其三，根据检验的科学方法不同，可以把物证分为物理物证、化学物证和生物物证。物理物证即主要以其物理学特征证明案件事实，因此主要使用物理学方法进行检验的物证，如各种痕迹物证。化学物证即主要以其化学特征证明案件事实，因此主要使用化学方法进行检验的物证，如与案件有关的各种微体微量的有机物质和无机物质。生物物证即主要以生物学特征证明案件事实，因此主要使用生物学方法进行检验的物证，包括来源于人体、动植物的组织、分泌物等。由于有的物证往往同时具有物理、化学、生物学等多方面特征，因此这种划分是相对的。

2. 书证的概念、特征及种类

根据修改后的刑事诉讼法的规定，所谓书证是指以文字、符号、图形等方式记载的内容来证明案件事实的文件或其他物品。书证具有书面形式，这是书证在形式上的基本特征。书面多种多样，如手写、打印、印刷的文件、标语、传单、信件和日记，证明身份的各种证件或介绍信，经济活动中使用的合同、账本、票据，以及各种图形、图标等。以记载的内容来证明案件事实是书证的内在特征，也是书证与物证的主要区别。具有书面形式的材料可能是书证，也可能是物证。如果一份书面材料以其记载的内容证明案件事实，它就是书证，例如记载着多次行贿时间、地点、对象、金额等内容的日记；如果一份书面材料不是以其记载的内容证明案件事实，而是以其内在属性、外部形态、空间方位等客观存在的特征证明案件事实，它就是物证。在有些情况下，一份书面材料可以同时具有书证和物证两种属性。例如贪污案件中的账本，其记载的内容可以证明贪污手段和金额等案件事实，这是书证的属性；而账本中的涂改、添加字迹又可以证明改写的事实，这又是物证的属性。

书证中记载的内容可以证明诉讼案件中争议或待证的事实，但书证一般都不是为特定案件的诉讼活动制作的，而是在诉讼活动开始之前制作的，或者是在与诉讼活动没有联系的情况下制作的。这是书证与当事人、证人、鉴定人等诉讼参与人提供的书面证明材料之间的主要区别。当事人陈述、证人证言和鉴定意见也可以是书面形式，其内容也可以证明案件事实，但是它们不属于书证的范畴。在有些案件中，上述书面证言或陈述与书证有很多相似之处，司法人员要根据具体书面材料的制作情况来判断其是否属于书证。归纳起来，书证有以下特征：

一是证明的直接性。与物证不同，书证的内容一般都可以直接证明待证的案件事实。只有在特殊情况下，侦查人员才需要专家的协助来解读书证的内容。至于具体案件中的书证究竟属于直接证据还是间接证据，则要分析该书证与案件主要事实的关系。

二是内容的明确性。书证的证明价值是通过文字、符号、图形等直观形式来实现的，而且这些文字、符号、图形一般都在一定社会中有着通行而且固定的含义，因此书证所能证明的事实内容往往是比较明确的。例如，一份房产证中的文字和图形可以明确地说明该房产的位置、面积和所有权关系。另外，书证的明确性还表现在书证一般能比较全面也比较详细地证明相关的案件事实。例如，一本账簿在正常情况下能够比较详细地反映一个公司在一定时期内的经营活动情况。当然，书证的明确性并不等于说书证中就没有虚假的内容，即明确性并不等于真实性。

三是较强的稳定性。书证的内容一经用文字、符号、图形等方式固定下来，就具有了较强的稳定性，而不像证人证言和当事人陈述等证据那样容易发生变化。即使书证的内容被人以某种方式改变，一般也可以查到改变的蛛丝马迹。此外，这些改变的内容在形成之后，也具有稳定性，也可以从另外的角度证明相应的案件事实。因此，稳定性或固定性是书证作为证据的优点之一。

根据不同的标准，也可以将书证分成不同的种类：

其一，根据内容的表现形式不同，可以把书证分为文字书证、符号书证和图形书证。文字书证就是以文字形式记载与案件有关联之内容的书证，常见的有合同、账簿、票据等。符号书证就是以符号形式记载与案件有关联之内容的书证，如标记、标识、路标等。图形书证就是以图案、图画等形式记载与案件有关联之内容的书证，如作案人自制的现场地形图、建设规划图等。

其二，根据是否由国家机关或公共职能机构依职权而制作，可以把书证分为公文书证和私文书证。公文书证指国家机关或公共职能机构在其职权范围内制作的证书、通告、决议、命令等文书，如组织部门制作的职务任免文件。私文书证是指公民、企业、社会团体等非公共职能主体在社会生活和交往中制作的各种文书，以及国家机关或公共职能机构制作的与其职能无关的文书，如私人出具的借据、公司之间签订的合同、国家机关发出的与其职能无关的信函等。由于公文书证是依据有关的法律授权、由享有相应职权的特定工作人员按照法定程序或方式制作的，具有较强的规范性，所以其证明价值一般高于私文书证。

其三，根据形式、格式、制作程序等要件是否必须符合法律的专门规定，可以把书证分为一般书证和特别书证。凡是法律没有就其形式、规格、制作程序等要件作出专门规定的书证，就是一般书证，如公民之间的借据、收条等。特别书证是必须按照法律规定的形式、格式、程序制作的文书，如工商行政管理机关颁发的营业执照、法律规定必须经过公证或鉴证的合同书等。一般书证的审查要点在于其意思表示是否真实，而特别书证的审查要点则在于其是否具备法律规定的形式要件。

其四，根据制作方法和内容来源不同，可以把书证分为原生书证和派生书证。原生书证就是制作人以书写、描绘、打印等方法直接把相关内容记录到纸张等载体上而形成的书证。这种书证是制作人就文书内容所制作的初始文本，反映的是文书内容的原始状态，因此又称为原始书证，包括文书的原件、原本、底本与正本。派生书证是制作人在原生书证的基础上以复印、描写、抄录、誊写等方法制作的文书，包括文书的副本、抄本、节录本、复印件、影印件等。区分原生书证和派生书证时不能只看制作的方法，还要看书证内容与案件事实的形成关系。如商店售货员用复写纸开具发票的第二联和第三联，虽然是以复写方式制作的，但仍属原生书证。

3. 物证、书证的获取、固定

物证、书证的获取、固定是指侦查人员或律师发现、提取、保管和保全物证、书证的专门活动。根据修改后的刑事诉讼法的规定，获取物证、书证的途径有以下几种：

一是勘验、检查。勘验是侦查人员对与案件有关的场所、物品等进行查看和检验，以发现、收集、核实证据的活动。修改后的《刑事诉讼法》第126条至第133条规定了侦查人员勘验现场的程序和方法。检查是侦查人员检查人身或在特定场所进行的专门调查活动。

二是搜查。根据修改后的《刑事诉讼法》第134条的规定，"为了收集犯罪证据、查获犯罪人，侦查人员可以对犯罪嫌疑人以及可能隐藏罪犯或者犯罪证据的人的身体、物品、住处和其他有关的地方进行搜查"。搜查关系到公民的人身权利和财产利益，涉及人权保障问题，应严格依照法律规定进行。

三是查封、扣押。查封、扣押通常结合勘验、检查和搜查同时进行，是侦查人员依法暂时扣留与案件有关物品的一种专门调查活动。修改后的《刑事诉讼法》第139条规定，"在侦查活动中发现的可用以证明犯罪嫌疑人有罪或无罪的各种财物、文件，应当查封、扣押；与案件无关的财物、文件，不得查封、扣押"。第140条规定，"对查封、扣押的财物、文件，应当会同在场见证人和被查封、扣押财物、文件持有人查点清楚，当场开列清单一式二份，由侦查人员、见证人和持有人签名或盖章，一份交给持有人，另一份附卷备查"。第141条还规定，"侦查人员认为需要扣押犯罪嫌疑人的邮件、电报的时候，经公安机关或者人民检察院批准，即可通知邮电机关将有关的邮件、电报检交扣押"。

四是提供与调取。根据修改后的《刑事诉讼法》第52条的规定，侦查机关有权向有关单位和个人收集、调取证据。有关单位和个人也应当如实提供证据，凡是伪造证据、隐匿证据或者毁灭证据的，应当受法律追究。

（二）言词证据（证人证言、被害人陈述、犯罪嫌疑人供述和辩解）的获取、固定

1. 证人证言的概念、特征及种类

根据修改后的刑事诉讼法的规定，所谓证人证言是指证人就自己

所知道的案件事实情况向司法机关所作的陈述。证人证言有口头和书面两种形式。口头证言即证人以口头叙述的方式向司法机关提供的证言，书面证言即证人以书面陈述的方式向司法机关提供的证言。书面证言一般都应由证人自己书写。司法机关在询问证人时应该制作笔录，或者进行录音、录像。证言笔录虽然具有书面形式，但从性质上说仍然属于口头证言。记录证人陈述的录音、录像不属于视听资料，而是证人证言。

证人资格是证人证言的基本构成要件。根据修改后的《刑事诉讼法》第60条规定，证人资格有两个方面：第一，证人必须是知道案件情况的人；第二，证人必须是能够辨别是非、能够正确表达意思的人。证人必须同时符合这两个条件，才能作证。对那些在生理上、精神上有缺陷或者年幼，但仍能辨别是非、正确表达的人，仍然可以作证。如盲人可以提供关于听闻事实的证言，年幼的人如果对某些事实具备了辨识能力并能正确表达，也可以提供证言。证人必须是自然人，单位或法人不属于证人的范畴。自然人可以代表单位或法人提供证言，但作为证人的是单位或法人的代表，不是单位或法人。如果以单位或法人的名义出具证明文件，那些证明文件属于书证，不属于书面证言。证人证言有如下特点：

一是较强的主观性。与物证、书证相比，证人证言比较容易受人的主观因素的影响。证人证言的形成过程包括感知、记忆、表述三个阶段。在这三个阶段中，证人的主观因素都会对证言的内容产生一定的影响。如证人在具体案件中的主观倾向会影响证言的内容，甚至会故意提供虚假证言；再如证人的主观能力会影响证言的内容，使其形成某种认知误差，包括感知误差、记忆误差和表述误差等。明确证人证言的这个特点，有助于司法人员对证言的真实可靠性进行评判。

二是容易发生变化。证人证言的另一个特点是变化性或不稳定性。这主要是由证人的记忆能力和机能所决定的。证人在感知了特定案件事实之后，有关信号便经过一定的分类组合储存在大脑内。随着时间的推移，这些信号会淡化、模糊，甚至完全消失。在其他感知信号的干扰下,原来的信号也会发生变异。于是,证人证言的内容就出现了变化,甚至被彻底地遗忘。理解证人证言的易变性,可以更科学地认识证言的证明功能,以便更准确地把握证言的证明价值。

根据不同的标准,可以将证人分成以下种类:

其一,根据证人的身份、职业等情况,可以把证人分成普通证人和特殊证人。普通证人是相对于具有特殊身份、职业的证人而言的。所谓特殊证人,即因为身份或职业特殊而需要享受特殊待遇或使用特殊规定的证人。前者如有些国家法律规定,国家元首或政府首脑享受出庭豁免权的,或者可以用特殊方式提供证言;后者如律师、心理咨询人员等从事特殊职业的人,有些国家的法律对这些人的作证问题适用特殊规定。这种分类主要是证据立法中应该考虑的问题。

其二,根据证人的身体健康状况,可以把证人分为健康证人和残障证人。健康证人是指没有影响其正常作证的生理、心理缺陷或疾患的证人。残障证人是指有影响其正常作证的生理、心理缺陷或疾患的证人,包括聋哑人、盲人、间歇性精神病人等。这种分类的主要目的在于明确对不同证人应该采取不同的询问方法和手段。

其三,根据证人与案件或诉讼当事人的关系,可以把证人分为关系证人和"无关"证人。关系证人是指与案件有某种利害关系或者与当事人有某种亲友关系的证人,如贿赂案件中受贿人的配偶、子女。"无关"证人是指与案件没有利害关系、与当事人也没有亲友关系的证人。这种分类有助于司法人员对不同证人证言的审查判断。

其四,根据证人本身有无罪错或犯罪嫌疑,可以把证人分为清白证人和污点证人。清白证人是指本身没有罪错,也没有违法犯罪嫌疑的证人。污点证人是指本身有罪错或违法犯罪嫌疑的证人,如贿赂案件中的行贿人。这种分类有助于司法人员对不同证人的使用和保护。

其五,根据证人了解案件事实的信息来源或途径不同,可以把证人分为目击证人和传闻证人。目击证人是指自己直接或亲身感知案件事实的证人。传闻证人是指通过他人的陈述了解案件事实的证人。这种分类有助于侦查人员对不同证人证言的审查判断。

2. 被害人陈述的概念、特征

根据修改后的刑事诉讼法的规定，所谓被害人陈述是指刑事案件的被害人就自己所知道的案件情况向司法机关所做的陈述。修改后的《刑事诉讼法》第 125 条规定，"询问被害人，适用本节（询问证人）各条规定"。这是因为被害人陈述在内容、形式、功能等方面都与证人证言有相似之处，但是由于被害人在刑事诉讼中具有特殊的身份和地位，所以我国法律将其单独规定为证据形式的一种。被害人陈述多采用口头陈述的方式，但也可以采用书面陈述的方式。对于被害人的口头陈述，侦查人员应当制作笔录，必要时可以用录音、录像的方式记录。书面陈述一般应当由被害人亲笔书写。只有在被害人不具备书写能力，且无法或不宜口头陈述的特殊情况下，才可以由他人代笔。被害人陈述具有以下特征：

一是不可替代性。在任何刑事案件中，被害人都是特定的，都是不能由他人代替的。因此，向侦查人员提供被害人陈述的必须是被害人本人，不能由其亲属或家长来代替。即使被害人是法人，虽然代表法人进行陈述的个人是不特定的，但他们都是代表法人陈述，也具有不可替代性。

二是直接证明案件事实。被害人是直接遭受犯罪行为侵害的人，他们一般都清楚犯罪行为侵害的后果乃至侵害过程和作案人的情况，因此其陈述往往可以直接证明有关的案件事实。在有些案件中，被害人与作案人有过正面接触，或者亲身遭受、经历了犯罪的侵害过程，因此其陈述就是证明案件事实的直接证据。在有些案件中，虽然被害人没有与作案人正面接触，也不知道作案人的身份，但是其了解的犯罪侵害事实仍然对案件具有重要的证明作用。

三是通常带有倾向性。被害人对案件事实的认识是直接的，其陈述是查明和证明案件事实的重要依据。但是，由于被害人是直接受犯罪行为侵害的人，与诉讼结果有着直接的利害关系，因此其陈述往往容易受情感、情绪等主观因素的影响，带有较强的倾向性。例如，有些被害人可能夸大犯罪行为的侵害程度或侵害后果的严重程度，有些被害人可能隐瞒犯罪侵害过程的某些情节，还有些被害人可能提供部分编造甚至全部编造的"案件事实"。侦查人员在审查和运用被害人陈述的时候，必须考虑到这一特点。

四是综合性。被害人陈述的内容不仅是对犯罪侵害事实的叙述与说明，还可能包括对作案人的指责、对犯罪的控诉、对社会或有关人员的抱怨、对司法机关的要求等。这些内容很可能交织在一起，侦查人员应注意综合识别和评判。

3. 犯罪嫌疑人供述和辩解的概念、特征及种类

根据修改后的刑事诉讼法的规定，所谓犯罪嫌疑人的供述和辩解，是指犯罪嫌疑人就有关案件的事实情况向司法机关所作的陈述，通常简称为"口供"。口供的内容主要有三种：第一种是承认自己有犯罪行为或罪行较重的陈述，即供述；第二种是否认自己有犯罪行为或说明自己罪行较轻的陈述，即辩解；第三种是检举揭发他人犯罪行为的陈述，即攀供。攀供究竟是口供，还是证人证言，不可一概而论。如果攀供是检举揭发同案犯在本案中的共同犯罪行为，应当属于口供；如果攀供是检举揭发同案犯或其他人在其他案件中的犯罪行为，而且攀供者本人不是那起案件的犯罪嫌疑人，则应当属于证人证言。口供具有以下特点：

一是口供可以直接证明案件事实。犯罪嫌疑人是最了解案件情况的人，他是否实施了被指控的犯罪行为，如何实施的犯罪行为，只有他自己最清楚。因此，无论是犯罪嫌疑人的供述还是辩解，对于查明案件事实往往都具有直接的证明意义。换言之，口供一般都属于直接证据的范畴。

二是口供中多有虚假成分。犯罪嫌疑人的供述和辩解是一种虚假可能性很大的证据。为了逃避法律的制裁，有的犯罪嫌疑人极力掩盖犯罪事实，避实就虚，避重就轻，作虚假陈述；也有的出于江湖义气或其他动机，把不是自己的罪行揽到自己身上。因此，真假掺杂、虚虚实实，这是口供的一个重要特征。侦查人员对口供必须采取正确的态度，既要看到其证据价值，又不能盲目轻信，应在结合其他证据认

真审查的基础上使用。

三是口供很容易出现反复。犯罪嫌疑人在面对侦查部门的调查和讯问时，心理活动非常复杂，而且经常随着讯问人员和环境的变化而发生变化，可能会在不同情境、阶段出现恐慌、侥幸、抗拒、悔过等心理。受这些心理活动和状态的影响，翻供就成为办案实践中一种常见的现象，往往会出现供了又翻、翻了又供的情况，多次反复。

根据不同形式，可以把口供分为口头供词和书面供词；根据内容不同，可以把口供分为供述和辩解；根据主体不同，可以把口供分为嫌疑人口供和被告人口供。这些分类对于研究和认识不同口供的性质和特点，都有一定意义。尤其是最后一种分类，有助于明确两种口供在证明作用和价值上的差异。一般来说，嫌疑人口供只能作为侦查机关、公诉机关审查犯罪嫌疑和查明案件事实的依据，其价值主要表现为收集获取其他证据的线索和审查印证其他证据的依据。被告人口供则是审判中的证据，是法院认定被告人是否有罪的依据之一。简言之，嫌疑人口供是侦查阶段、公诉阶段查明案件事实的依据，被告人口供是审判阶段证明案件事实的根据。就整个刑事诉讼过程来说，嫌疑人的口供当然具有证据的性质，但是就审判阶段而言，嫌疑人口供必须转化为被告人口供才能作为定案的根据。因此，侦查人员应认真收集能够支持嫌疑人有罪供述的其他证据，不唯口供，避免嫌疑人在审判阶段翻供后没有其他证据证明犯罪事实，或其他证据不足以证明案件事实。

4. 言词证据的获取、固定

对证人证言和被害人陈述的收集，主要是通过询问的方式，制作询问笔录或者在必要时可录音录像，加以固定和保全。在司法实践中，询问不仅可以为查明案件事实提供证人证言、被害人陈述，而且可以为收集其他证据提供线索和依据。根据修改后的刑事诉讼法的相关规定，询问证人、被害人要注意以下方面：

一是对证人、被害人的询问应由侦查机关指定的办案人员进行。为了保证证言的客观性，询问证人时不能少于两名办案人员。二是询问证人前应做好充分的准备工作，拟定询问提纲，认真分析案件，尤其是对询问的重点要明确，还要对证人与本案和本案当事人的关系了解清楚，做到心中有数。三是询问证人必须个别进行，在询问之前或询问过程中避免让证人相互接触或交流。多名证人的询问顺序应当根据案件情况和询问对象的情况来确定。四是询问人员在进行正式询问前，应当向询问对象出示有关的证明文件，并告知询问对象在参与诉讼过程中依法享有的各项权利和承担的义务，以及有意提供伪证或者隐匿罪证所要承担的法律责任。五是询问证人的方法必须合法。询问人员不得以羁押、暴力、威胁、引诱、欺骗等非法手段进行询问。询问人员在实施询问的过程中，应当尊重询问对象的人格尊严与合法权利。六是询问人员在询问过程中要严守工作秘密，不得向询问对象泄露其不应知晓的案件情况和侦查工作的情况。对于询问中涉及的个人隐私，询问人员也应当保守秘密。七是询问证人应当制作笔录。询问笔录应当客观、准确、全面、清晰地反映询问对象的陈述。在必要且条件允许的情况下，可以同时进行录音录像。询问人员和询问对象都应当在笔录上签名或盖章。

对犯罪嫌疑人供述与辩解的获取，主要是通过讯问的方式，制作讯问笔录和录音录像，加以固定和保全。修改后的《刑事诉讼法》第50条规定："审判人员、检察人员、侦查人员必须依照法定程序，收集能够证实犯罪嫌疑人、被告人有罪或者无罪、犯罪情节轻重的各种证据。严禁刑讯逼供和以威胁、引诱、欺骗以及其他非法方法收集证据，不得强迫任何人证实自己有罪。"这是对于获取口供的限制性规定，也是对于犯罪嫌疑人基本权利的法律保障。同时，修改后的《刑事诉讼法》第118条也规定："犯罪嫌疑人对侦查人员的提问，应当如实回答。"这说明了侦查人员对于案件相关问题的讯问，犯罪嫌疑人有如实回答的义务，不得隐瞒、推诿或作虚假回答，这是对侦查人员获取犯罪嫌疑人供述与辩解的法律保障。

讯问贪污贿赂犯罪嫌疑人，除了严格依照相关法律规定进行，执行全程同步录音录像等工作制度以外，还应注意以下问题：

一是根据案件性质、复杂程度及犯罪嫌疑人的情况确定讯问人员。在审讯人员的确定上，一般情况下可以根据案件性质选派合适的侦查人员担任主审人员，尽量发挥侦查人员的特长。对于那些案情比较复杂、讯问难度大的案件，则应考虑选派经验丰富、有一定攻坚克难能力的侦查人员担任主审。同时，贪贿犯罪嫌疑人涉及不同职业、年龄、成长经历、性格特点，应结合犯罪嫌疑人的具体情况，有针对性地选派侦查人员。

二是在审讯前认真研究案件材料，全面了解犯罪嫌疑人。缜密初查，吃透案件材料，是审讯取得良好效果的前提。不以一定的证据材料为基础，仓促开展讯问，就很有可能导致讯问失败。特别是一些重大案件，参与前期侦查工作的人员较多，而侦查人员各自掌握的情况有所不同，审讯人员应当对这些情况进行汇总，全面了解犯罪嫌疑人个人基本情况、家庭关系、社会经历、社会交往等情况，分析判断可能出现的问题，有针对性地制定审讯策略和计划。

三是在审讯中营造适宜审讯的环境和氛围。选择讯问环境既要有利于消除犯罪嫌疑人的对抗情绪，又要有利于防止犯罪嫌疑人自伤、自杀、逃跑、行凶等行为的发生，还要符合同步录音录像工作的要求。同时，审讯氛围既要让犯罪嫌疑人感到压力，必须如实供述涉嫌犯罪事实，又要有利于犯罪嫌疑人对犯罪事实的回忆、供述及心理转化，达到讯问目的。审讯人员应注意自身形象，做到仪态大方、精神饱满，既要体现执法者的威严，对犯罪嫌疑人的犯罪行为要有理有据地予以揭露、批驳，又要尊重犯罪嫌疑人的合法权益，体现出教育、挽救犯罪嫌疑人的诚恳，使犯罪嫌疑人放弃抵抗，主动配合审讯的进行。

（三）鉴定意见的获取、固定

1. 鉴定意见的概念、特征及种类

根据修改后的刑事诉讼法的规定，鉴定意见是有鉴定资格的专业人员就案件中的专门性问题向司法机关提供的结论性意见。鉴定意见与案件事实有关，是司法机关查明案件事实的重要依据。修改后的

《刑事诉讼法》第 144 条规定："为了查明案情，需要解决案件中某些专门性问题的时候，应当指派、聘请有专门知识的人进行鉴定。"但是，鉴定意见不是对案件事实的客观记录或描述，而是鉴定人在观察、检验、分析等科学技术活动的基础上得出的主观性认识结论。这也是鉴定意见与证人证言及勘验、检查笔录的重要区别。证人讲述的是自己感知的案件事实，勘验、检查人员记录的是自己观察到的案件事实，而鉴定人提供的是自己关于案件事实的意见。

鉴定是为司法证明服务的一种特殊科学认识活动，主要任务是解答案件中的专门问题。案件中的专门问题多种多样，涉及众多学科领域。因此，鉴定的主体必须是在相关学科领域内具有鉴定资格的专业人员。这包括两层含义：第一，鉴定人必须是某个学科领域具有专门知识、能够解答专门问题的人；第二，鉴定人必须是具有法定鉴定资格的人，包括公安、检察、审判等法定的鉴定机构中的专业人员，或者是经司法行政部门批准建立的其他法定的鉴定机构中的专业技术人员。鉴定意见有如下特点：

一是鉴定意见属于科学证据。鉴定意见是鉴定人运用科学知识、采用科学方法对案件专门问题进行分析、检验后得出的结论，具有较强的科学性。任何鉴定意见都必须以一定的科学技术为基础，因此，鉴定意见属于科学证据的范畴。但是，鉴定意见具有科学性并不等于所有鉴定意见都必然是科学可靠的。任何科学仪器都是由人操作的，任何鉴定意见都是由人作出的，因此鉴定活动不可避免地受到鉴定人的业务水平、专业经验、职业道德等因素的影响。

二是鉴定意见属于意见证据。鉴定意见是鉴定人对案件中的专门问题提出的理性意见。鉴定的目的是解决案件中凭借普通常识无法判明的专门性问题，因此鉴定人不能只报告鉴定中观察到的事实，必须在观察或检验的基础上作出理性的分析判断，即意见。同时，鉴定意见是鉴定人就案件中的事实问题提供的意见，只解答事实认定问题，不解答法律争议问题，因为后者属于司法人员的职责范围。

按照不同的标准，可以将鉴定意见分成不同种类：

其一，根据鉴定所解决的问题性质不同，可以把鉴定意见分为同一认定型鉴定意见、种属认定型鉴定意见和性质状态型鉴定意见。同一认定型鉴定意见就是以解决物体或人身是否同一为目的的鉴定意见，如认定某指印是否某人手指所留的指纹鉴定意见、认定某字迹是否某人所写的笔迹鉴定意见等。种属认定型鉴定意见就是以解决物体或物质的种类所属为目的的鉴定意见，如确定两处发现的物质是否相同种类的鉴定意见。性质状态型鉴定意见就是以确定人或物的性质或状态为目的的鉴定意见，如确定文书的书写或制作时间的鉴定意见、确定票据或文件是否伪造的鉴定意见。

其二，根据鉴定对象的物质特征不同，可以把鉴定意见分为痕迹物证鉴定意见、文书物证鉴定意见、化学物证鉴定意见、生物物证鉴定意见、音像物证鉴定意见等。痕迹物证鉴定的对象通常是人或物在一定物质载体上留下的印痕。文书物证鉴定主要是对笔迹、文书是否伪造或变造、涂改字迹、字迹压痕、文书书写时间、文书物质材料等进行鉴定。化学物证鉴定，是指需要采用化学检验方法和仪器分析方法进行检验的各种微量有机物质和无机物质的鉴定，包括爆炸物证鉴定、微量纤维纺织物鉴定等。生物物证鉴定是指需要采用生物学检验方法进行检验的各种生物物质的鉴定，包括血痕鉴定、毛发鉴定、人体组织鉴定等。音像物证鉴定是指运用电子技术等现代科技来检验、鉴别和辨识可疑视听资料的鉴定，包括可疑照片鉴定、可疑录音带、录像带鉴定等。

其三，根据意见的确定性程度不同，可以把鉴定意见分为确定性鉴定意见和非确定性鉴定意见。确定性鉴定意见是指鉴定意见对于所要解答的案件专门问题具有唯一或排他的性质。非确定性鉴定意见是指鉴定意见对于所要解答的案件专门问题不具有唯一或排他的性质。鉴定意见是否确定，要根据鉴定对象、方法、条件等具体情况而定。一般而言，如果鉴定对象的特征具有较强的特定性和稳定性，鉴定方法具有较高的科学性和精确度，那么这种鉴定意见就属于确定性鉴定意见的范畴，但也要结合具体案件的鉴定条件来看。

2. 鉴定意见的获取、固定

在刑事案件侦查过程中,鉴定意见是由鉴定人根据侦查机关的指派或聘请,运用专门知识和科技手段,对案件中有争议并具有专门性的问题进行检测、分析、鉴别后作出的。在鉴定人的确定上,应选择具备鉴定所需专门知识,及没有依法应当回避情形的鉴定人,以确保鉴定意见的准确性和客观性。实践中,经常遇到需要鉴定解决的专门问题主要有法医鉴定、司法精神病鉴定、文书鉴定、痕迹鉴定、化学鉴定、会计鉴定、工程技术鉴定等。

(四) 勘验、检查等笔录的获取、固定

1. 勘验、检查等笔录的概念、特征及种类

根据修改后的刑事诉讼法的规定,所谓勘验、检查等笔录是指侦查人员和司法人员对可能与犯罪有关的场所、物品、人身、尸体进行勘验、检查时所作的记录,是为保全司法或执法活动中的所见所闻而进行的一种证据保全。笔录的主要形式是文字记录,但是也包括绘图、照相、录音、录像等方式。随着科技的发展,以音像方式记录勘验、检查或现场执法活动的过程和结果,越来越成为法律实践中普遍的做法。勘验、检查笔录具有以下特点:

一是客观性。勘验、检查笔录是对有关人、物、场所的状况及勘验、检查活动的客观记载,具有实况记录的性质,其内容都是与客观存在的案件事实有关的情况,不包括人的主观意识活动的情况,制作者只能记录自己看到、听到或以其他方式感知到的事实情况,不能记录自己的分析、推测和判断,因此,比其他证据更具有客观性。但是,笔录是由人来制作的,是以个人的观察和检验活动为基础的,可能出现误差,因此,笔录的内容不一定都符合客观实际情况。

二是综合性。勘验、检查笔录反映的往往不是客体的单方面特征,而是多方面的综合性特征;可以综合反映有关场所中多种证据的组合情况,包括物证之间的关系及其与周围环境的关系等;可以通过文字记录、现场绘图、现场照片或现场录像等多种形式反映有关客体的情况,因而具有综合证明的功能。

三是间接性。勘验、检查笔录是对有关的人、物、场所状况的记录。虽然这些状况通常是案件行为的结果,但是这些记录本身并不能直接证明曾经发生案件的主要事实。因此,勘验、检查笔录一般不能直接作为认定案件事实的根据,必须与物证和鉴定意见等其他证据结合起来共同证明案件事实。

四是规范性。勘验、检查笔录的规范性主要表现为:笔录格式的规范性,制作笔录通常使用格式化的表格或专门的笔录纸;笔录用语的规范性,制作笔录应使用规范的名称用语和描述用语;笔录签名的规范性,这是笔录具有证明效力的重要保证。勘验、检查笔录的规范性体现了诉讼活动对这种证据的严格要求,也体现了这种证据在司法实践中运用的客观规律。

根据不同标准,可以将勘验、检查笔录分为多种类型。根据勘验、检查的对象、性质和方法不同,将其分为场所勘验笔录、物证检查笔录、尸体检验笔录、人身检查笔录、侦查实验笔录、搜查笔录等。

场所勘验笔录是对犯罪现场及其他与犯罪有关的场所进行勘验时制作的笔录,记录内容包括勘验的人员、过程和发现的证据等,记录形式包括勘验的文字记录、绘图、照相、录音、录像等。

物证检验笔录是对单个物证进行检查时制作的笔录,记录内容包括对物证进行检验的过程以及发现物证的位置和物证的性质、特征等情况,记录形式包括文字记录、绘图、照相、录像等。物证检验往往是在现场勘验等活动中进行的,所以物证检验笔录通常作为场所勘验笔录的附件出现。

尸体检验笔录是对尸体进行外表检验或解剖检验时制作的笔录,记录内容包括检验的过程和发现的情况,记录形式包括文字记录、照相和录像等。

人身检查笔录是对活人的身体进行检查时制作的笔录,记录内容包括检查的人员、过程和发现的情况,记录形式包括文字记录、照相和录像等。

侦查实验笔录是侦查人员为了验证案件中某些事实或情节是否存在或可能发生而进行模拟实验时制作的笔录。记录内容包括参加人员、过程和结果，记录形式包括文字记录、照相、录音和录像等。虽然侦查实验不是对人、物或场所的直接勘验或检查，但是也具有对案件事实问题进行查验的性质，而且往往与其他勘验、检查活动有一定的联系，因此，侦查实验笔录也属于勘验、检查笔录。

搜查笔录是侦查人员对可能隐匿证据或作案人的场所、人身进行搜索和检查时制作的笔录。记录内容包括搜查的人员、对象、过程，以及搜查中发现和提取的证据等情况，记录形式包括文字记录、照相、录像等。

2. 勘验、检查笔录的制作

根据修改后的刑事诉讼法的有关规定，制作勘验、检查笔录的程序要点包括：一是由侦查人员主持制作。刑事诉讼中的勘验、检查是一种侦查行为，在侦查阶段，勘验、检查应由侦查人员进行。在必要的时候，侦查机关可以指派或者聘请具有专门知识的人参加，但也应在侦查人员的主持下进行勘验、检查；二是邀请见证人见证。为了确保勘验、检查的客观性、公正性，应当邀请与案件无关的公民二人做见证人；三是应由相关人员签字或盖章。根据修改后的《刑事诉讼法》第131条规定，勘验、检查人和见证人，都应当在勘验、检查笔录上签名或者盖章。

（五）视听资料的获取、固定

1. 视听资料的概念、特征及种类

根据修改后的刑事诉讼法的规定，所谓视听资料是以录音、录像、计算机及其他电磁方式记录储存的音像信息证明案件事实的证据。由于此类证据反映的是有关客体的声音特征和形象特征，所以又称为音像证据。视听资料主要是通过其记录和储存的与客体的声音和图像有关的信息来证明案件事实的，反映的主要是客体的声音特征和形象特征。视听资料具有以下特点：

一是较强的直观性。视听资料可以直观地展示与案件有关客体的声音特征和形象特征，可以生动地再现与案件有关的事件或活动的过程，使人们能够比较真实、全面地认识有关案件事实的情况和有关客体特征的情况。例如，录音证据可以使人亲耳听到某人的声音，录像证据可以使人亲身感受到某个场所的情景或某个事件的过程。在描述客体的声音特征和形象特征时，人类语言具有很大的局限性。即使是训练有素的专业人员提供的规范性语言描述也难以把客体的声音特征和形象特征全面准确地表现出来。而视听资料在这一方面有很大的优势，可以通过生动直观的形式使人产生亲闻其声、亲见其人、亲临其境的感觉，从而强化了证据的证明作用。

二是便利高效。视听资料具有体积小、储存信息量大、便于保存、检索、使用等特点。同其他证据相比，它具有明显的便利性和高效性。例如，一盒录像带就可以记录多个画面，而且可以长期保存反复使用。利用计算机储存的音像资料在查阅和使用上更是快捷方便，有利于侦查人员提高办案效率。

2. 视听资料的获取、固定

在侦查过程中，侦查人员应依法向有关单位或者个人调取视听资料。收集视听资料的方法与收集物证、书证一样，主要是勘验、搜查、查封、扣押或者向有关单位、个人调取。

（六）电子数据的获取、固定

1. 电子数据的概念、特征、种类及法律地位

根据修改后的刑事诉讼法的规定，电子数据是指借助现代信息技术或电子设备形成的，或者以电子形式表现出来的能够证明案件事实的一切证据。狭义的电子数据仅指数字式证据，即通过信号的离散状态的各种可能组合所赋予各种数值或其他信息的方法来承载信息内容的电子证据；广义的电子数据还包括模拟式电子证据，即通过信息中的某些特征的具体数值或量来记载信息内容的电子证据。虽然模拟式电子数据与数字式电子数据之间存在着差异，但是随着信息技术的发展，两者日益融合，也可以相互转化。因此，广义的电子数据更符合客观实际，也易于为大家所接受。

实际上，电子数据来源于传统的证据形式，是将各种传统证据部分地剥离出来而形成的一种新证据形式。例如，在计算机侵入犯罪案件中生成的电子痕迹，就是以电子信息的存在与状况来证明案件事实的物证，同时也是重要的电子证据。以此类推，书证、视听资料、证人证言、犯罪嫌疑人供述和辩解、鉴定意见、勘验、检查笔录均存在电子形式。2004年，我国颁行的电子签名法中明确规定，"数据电文不得仅因为其是以电子、光学、磁或者类似手段生成、发送、接收或者储存的而被拒绝作为证据使用"。电子数据的特点包括以下方面：

一是电子数据的存储需要借助一定的电子介质。电子数据与传统证据的首要区别在于，电子数据以电子形式存储在芯片、磁带、软盘、硬盘、光盘等各种电子介质上，且存储的数据量或信息量巨大，以文本、图形、图像、动画、音频及视频等多媒体形式出现。这一特点也表明电子数据主要存在于虚拟空间，受到改动或破坏不易被察觉，增加了取证的困难。

二是电子数据可以快速传递。传统证据只能在物理空间传递，主要通过当事人交接、移送的方式进行。电子数据在本质上是一种信息，可以在虚拟空间传播，如电子邮件、网上留言可以通过互联网在瞬间传播到世界的每一个角落。这一特点使得人们必须改变传统的证据转移观念。根据传统观念，物证、书证、视听资料转移后，在原始出处就不存在了。电子数据则不然，转移后不仅在原始出处存在，而且失真的可能性很小。从这个角度来说，电子数据的传递实质上属于信息的精确复制。

三是电子数据的解读需要借助特定的设备。电子数据的解读离不开计算机及其他电子设备。如果没有专门的电子设备，无论多么形象、真实的内容，都只能停留在各种电子存储介质中，不能为人所感知、认识，更无法被法庭采信。此外，电子数据的解读还离不开特定的软件环境。如果软件环境发生变化，则存储在电子介质上的信息可能显现不出来，或者难以正确地显现出来。这一特点要求我们在收集电子数据的时候，应当同时保存相应的软件、硬件环境，能够在必要时以打印、屏显等方式显示出来。这一特点决定了电子数据脱离了电子设备和系统环境，就无法阅读，借助电子设备和系统环境显现出来的电子数据也很难同存储在电子介质上的信息进行肉眼比对。

根据所依存的信息技术不同，可以把电子数据分为电子通信证据、计算机证据、网络证据与其他电子证据。随着信息技术的发展，相应的电子通信证据主要包括电传资料、传真资料、传呼机记录、手机通话记录等；随着计算机材料、技术的发展，计算机广泛地应用于人类生产、生活的各个领域，产生了电子计算机文件证据、计算机输出物与计算机打印物等计算机证据；网络技术是基于计算机技术与通信技术融合的产物，产生了电子邮件、电子数据交换、电子聊天记录、电子博客记录、电子签名、域名、网页及网络痕迹等；此外，广播技术、电视技术、电影技术、录音技术、录像技术、摄像技术、幻灯技术等信息技术也不同程度地丰富了电子数据的品种。这种分类有利于从本质上揭示电子数据，将其与传统证据区分开。

根据形成机制不同，可以把电子数据分为电子设备生成证据、电子设备储存证据与电子设备混成证据。电子设备生成证据是指完全由电子计算机等设备自动生成的证据，是完全基于计算机等设备的内部命令运行的，其中没有掺杂人的主观意志。电子设备存储证据是指纯粹由电子计算机等设备录制人类的信息而得来的证据。电子设备混成证据是指由电子计算机等设备录制人类的信息后，再根据内部指令运行而得来的证据。由于这类证据兼有上述两种证据的性质，因此对其可采性和证明力的判断要复杂得多。

根据内容和功能的不同，可以把电子数据分为数据电文证据、附属信息证据与系统环境证据。这是根据档案学而进行的分类，即对于电子文件不仅要保存数据本身，还要保存"元数据"，即该文件产生的时间、地点、形成者及形成机构的职能背景、业务活动的经过表述、数据形成及存储方式等。数据电文证据是指电子数据本身，即记载法律关系发生、变更与灭失的数据，如电子邮件正文。附属信息证据是指对数据电文生成、存储、传递、修改、增删而引起的记录，如电子系统的日志记录、电子文件的属性信息等，它的作用在于证明电子数据的真实性，即证明某一电子数据是由哪一计算机系统在何时生成的、由哪一计算机系统在何时存储在何种介质上、由哪一计算机系统或 IP 地址在何时发送，以及后来又经过哪一计算机系统或 IP 地址发出的指令而进行过修改或增删等。系统环境证据是指数据电文运行所处的硬件和软件环境，即某一电子数据在生成、存储、传递、修改、增删的过程中所依靠的计算机环境，尤其是硬件或软件名称和版本。这三者的证明作用是不一样的，数据电文证据主要用于证明法律关系，是主体证据；附属信息证据主要用于证明数据电文证据的真实可靠，它像用于证明传统证据保管环节的证据一样，必须构成一个完整的证明锁链，表明每一数据电文证据自形成到获取，最后被提交法庭，每一个环节都是有据可查的；系统环境证据则主要用于在庭审时或鉴定时显示数据电文的证据，以确保该数据电文证据以其原始面目展现在人们眼前。

2. 电子数据的获取、固定

电子数据作为修改后的刑事诉讼法确定的一种新型证据种类，是信息技术发展的必然产物。根据修改后的刑事诉讼法的相关规定，结合查办贪污贿赂犯罪案件实际，获取、固定电子数据应遵循以下步骤：

一是保护涉案计算机。侦查人员在按照传统方法收集、固定物证、书证的同时，应注意保护好涉案计算机硬件、软件及周围环境。

二是保存涉案计算机和各种资料。为保证涉案计算机系统中数据的原始性和完整性，应在封存涉案计算机及其相关设备前，做好对涉案计算机及其相关设备的数据备份。

三是收集相关资料。侦查人员应收集与电子数据有关的资料，如软件说明书、驱动程序技术资料等。

四是询问当事人。及时询问当事人并令其提供计算机系统的相关信息，如系统密码、口令、密钥等。

五是电子数据的分析与提取。根据当事人提供的计算机系统信息资料，由技术人员选择专业取证工具及其软件来进行提取，同时应记录取证操作步骤。

六是现场勘查文档记录。与勘验、检查笔录相似，要细致、全面地记录取证的详细过程。具体要按照《人民检察院刑事诉讼规则（试行）》第238条第3款的规定和要求进行。

七是扣押、封存。侦查人员在勘验、搜查中发现的可以用于证明犯罪事实的相关电子数据存储设备与介质，应当予以扣押或封存。对于扣押或封存的电子证据存储设备与介质，应做好数据备份工作。

三、贪污贿赂犯罪案件证据的鉴别使用

（一）物证的鉴别使用

物证同言词证据相比，客观性更强，但是，物证又是"哑巴证据"，容易被冒名顶替，特别是那些相似物、类似物。关于物证的鉴别使用，应注意以下几个方面：

1. 审查物证的来源是否合法。物证的来源主要是指物证的出处，由何人提供和收集而来，程序是否合法，如勘验、检查、搜查中扣押是否依法进行等。物证作为客观存在的物体，既可能来自涉案人员的身上或住处，又可能来源于证人，或者为其他单位或个人所持有。从物证的来源上进行鉴别，即对物证分别是在何时、何地、何种情况下，由何人收集或提供，使用何种调查或侦查措施所查获，以此来认定物证在来源上是否合法。物证的来源是决定其是否具备证据能力的重要因素之一。在诉讼中，对物证的证据资格进行认定之前必须彻底查清物证的来源，是否经正当途径获取的，是否出于栽赃陷害他人的目的而伪造、变造的，是否因疏忽而搞错的，是否为非法所得，这些因素或情形直接影响到特定物证的证据能力。

2. 审查物证是否为原物，物证的照片、录像或者复制品是否与原物相符，物证是否经过辨认、鉴定，物证的照片、录像或者复制品是否由二人以上制作，有无制作人关于制作过程及原物存放地点的文字说明及签名。

3. 审查物证的外部特征，以确定其同案件事实的关联性。物证最重要的特征在于采用其本身所固定的外部特征、形状、品质、状态等来证明案件事实。但是，各种客观因素或环节，常常限制或阻碍了物证这一客观属性的表现程度，从而影响了其证明力的大小。因此，在审查认定物证时应注意：一是要查明为待证事实所要求的物证的本质特征或内在属性在定案时是否已经发生了实质性的变化，以及是否达到了足以影响其证明力的程度；二是要查明物证是否为原物；三是要确认物证是否经过伪造。

审查物证，通常采用交付辨认、技术鉴定和比较印证等方法。辨认是指在司法机关的主持下，由有关诉讼主体对提供、收集到的物证材料进行识别、判断、辨明其真伪以及阐述与案件事实是否具有关联性的活动。这种认识活动是辨认人通过自己大脑中的印象判断与案件事实有关的物证材料是否为其所曾感知。技术鉴定是指鉴定人运用自己的专门技术知识、技能、工艺及各种科学仪器、设备等，对物证材料涉及的专门问题进行分析、鉴别后提供的结论性意见。[①] 同时，在审查物证过程中，当发现物证与其他证据以及证据与案件事实出现矛盾时，应当进行全面细致的分析。当物证作为直接证据时，应比较该物证与其他证据之间存在矛盾的根源所在，确认是其他证据缺乏真实可靠性，还是物证本身的问题。当物证作为间接证据时，须与包括物证在内的其他证据相互印证，形成具有内在必然性的逻辑严密的证据锁链。

（二）书证的鉴别使用

关于书证的鉴别使用，应注意以下几点：

1. 书证的制作人是否具有制作该种书证的资格

书证的制作具有特定目的，因此应调查该书证是否确系某人所制作，如果书证载明的制作人并未制作书证时，该种书证将失去其证明

[①] 修改后的《刑事诉讼法》第144条规定，"为了查明案情，需要解决案件中某些专门性问题的时候，应当指派、聘请有专门知识的人进行鉴定"。

能力。有的书证经审查和事后确认系为某人所书写，但应审查该书证的内容与制作人的身份是否相当、吻合，并且应注意是否存在暴力、威胁、引诱、欺骗等情形。如经审查确有以上这些违法情形时，则该书证失去证据能力。在查明制作人的主体身份是否合法以后，再审查制作书证的手续是否完备，包括书证中的签名是否为本人亲自所为，有关书证是否按照其特有的格式进行制作；有关单位和个人制作的书证上有无加盖公章和有关人员的签名、盖章以及签字笔迹、印章是否属实，是否存在私刻公章、私盖公章等情形。如需核对印章、鉴别笔迹时，应适用有关科学技术鉴定的规则，交由专门的鉴定人作出鉴定意见。

2. 审查书证是否为原件

如果书证不是原件，应审查书证的副本、复制件是否与原件相符，是否经过辨认、鉴定，是否由二人以上制作，有无制作人关于制作过程及原件存放地点的文字说明及签名。

3. 审查收集书证的程序、方式

收集书证的程序、方式应符合法律相关规定，应审查经勘验、检查、搜查提取、扣押的书证，是否附有相关笔录或清单，笔录或清单是否有侦查人员、书证持有人、见证人签名等。

4. 审查书证的内容

一是明确该书证所记载的内容表述的含义；二是查明该书证的内容是否为有关人员的真实意思表示。该文书的审查，可以通过询问当事人、书证制作者来进行。这方面的审查，主要是查明书证所反映的真实、确切内容是什么，以便确定该书证对案件事实的证明价值和作用；三是审查书证与待证事实之间的关系，确认该书证同案件事实的关联性。

5. 审查书证有无伪造、变造的痕迹

对国家机关、团体、企事业单位、其他组织所制作的书证，应向原制作单位核对，审查其内容是否符合实际情况和有关法律、法规的规定，还可借助该书证所记录的证明人进行核实、查询，并对书证的笔迹、印章进行核查、确认。如需委托鉴定的,则应适用有关鉴定制度的规定。

(三)言词证据(证人证言、被害人陈述、犯罪嫌疑人供述和辩解)的鉴别使用

由于贪污贿赂犯罪案件中的言词证据主要涉及证人证言、犯罪嫌疑人供述和辩解,很少涉及被害人陈述,因此,本部分着重阐述对证人证言及犯罪嫌疑人供述和辩解的审查。

1. 审查言词证据的来源和形成过程

根据修改后的刑事诉讼法及《人民检察院刑事诉讼规则(试行)》等有关规定,采用刑讯逼供等非法手段取得的犯罪嫌疑人供述和采用暴力、威胁等非法手段取得的证人证言,属于非法言词证据,经依法确认的非法言词证据,应当予以排除,不能作为定案的根据。因此,审查言词证据,首先要查明言词证据的收集程序和方式是否合法。

2. 审查判断证人的作证能力

证人的作证能力与其民事行为能力基本上是相适应的。证人的实际作证能力主要取决于证人智力的发育程度或状态,并非完全取决于证人的年龄。修改后的刑事诉讼法对证人的年龄没有明确的限制性规定,而主要是从证人的智力状态判断证人资格。对于证人作证能力的鉴别,应根据案件的复杂程度、作证能力对证人智力发育的要求程度,并结合证人的生理、心理、性格、习惯、受教育程度,以及证言形成当时的客观环境因素等,进行具体分析判断。

3. 审查证人与案件当事人或案件本身是否具有利害关系

这种利害关系包括亲属关系、朋友关系以及是否有恩怨、矛盾等关系。利害关系有可能影响证人证言的客观真实性,削弱证言的证明力。对有利害关系的证人证言,不能单独作为定案依据,其真实性、可靠性应当结合其他证据予以综合判断。

4. 审查证人证言、犯罪嫌疑人供述和辩解与其他证据有无矛盾

一是要审查犯罪嫌疑人供述和辩解与证人证言之间有无矛盾;二

是要审查二者与其他证据有无矛盾。如有矛盾，应当认真分析矛盾的具体表现形式及其产生的原因，必要时须进一步收集证据，排除矛盾。

5. 认真审查犯罪嫌疑人的翻供

在查办贪污贿赂犯罪案件中，经常遇到犯罪嫌疑人翻供的问题。对此，不能简单地认为翻供都是犯罪嫌疑人妄图逃避打击、减轻罪责的表现，而应该结合具体情况，认真思考和分析。一方面，要正确认识犯罪嫌疑人翻供的两面性。有的翻供是为了逃避或减轻罪责而狡辩，干扰侦查的正常进行，有的翻供是为了纠正原先陈述中的某些虚假内容，对准确认定案件事实具有积极意义；另一方面，要深入分析翻供的真实原因。翻供是违法办案所致，还是犯罪嫌疑人思想反复、对抗侦查所致，要结合翻供的原因，辨别口供真伪。同时，应严格依照"重证据，重调查研究，不轻信口供"的原则，转变观念，不唯口供论。

（四）鉴定意见的鉴别使用

根据鉴定意见的特点，既要看到鉴定意见是具有专门知识的人提供的一种科学判断，具有较强的证明力和可信性，也要看到鉴定意见可能存在的虚假性。在当前我国鉴定体制多元化的背景下，存在着鉴定人员的资质审批不规范，多次鉴定、重复鉴定等问题。此外，鉴定人作为社会的一员，受不良风气和人际关系的影响，其鉴定活动和鉴定意见都可能出现差错。同时，鉴定人的知识水平和鉴定采用的设备和方法的先进性和科学性也制约着鉴定意见的准确性。审查判断鉴定意见，应当重点注意以下几方面：

1. 鉴定人的资质是否具备

鉴定人的鉴定活动应当以鉴定人具有符合条件的资格为前提。如果鉴定人不合格，必然导致鉴定意见无效。

2. 鉴定意见所依据的送鉴材料是否充分、真实

送鉴材料是鉴定的前提和对象，也是鉴定意见形成的基础。如果送鉴的材料不充分，则难以作出鉴定意见，或只能得出不准确的鉴定

意见。

3. 鉴定的设备是否先进，鉴定的方法是否科学

有些鉴定意见必须出自较先进的技术设备，并非一般设备能够完成。有些鉴定意见在一般设备上能够完成，但此项鉴定已有更为先进的技术设备，有条件的单位是否采用，没有采用的原因何在。即使有了先进的技术设备，鉴定的方法是否科学也同样重要，如果方法不科学，违反操作规程，或减少必要的环节等都可能导致鉴定意见的错误。

4. 鉴定的依据是否科学

鉴定意见是以一定的科技成果为依据的，其准确性受制于鉴定所依据的科技成果的科学性。因此，应注意审查鉴定意见所依据的科技成果的稳定性和实用性。

5. 综合全案证据进行审查判断

对鉴定意见，应当综合全案的其他证据进行认定，看证据之间有无矛盾，以利于进一步收集证据，排除矛盾，查清案件事实，对案件作出客观公正的处理。

（五）勘验、检查等笔录的鉴别使用

根据勘验、检查等笔录在证明力上的特点、制作过程和可能出现的问题，应注意从以下方面审查、判断：

1. 制作上是否符合法定程序

主要包括对勘验、检查笔录的制作主体是否合法进行审查，即审查进行勘验、检查的行为人所从事的行为是否有法律依据，有无进行勘验、检查的职权；审查有无见证人在场，这是决定勘验、检查笔录具有客观、公正性的必要保障；审查勘验人员和见证人的签名或盖章。

2. 现场的保护情况

主要审查笔录中记载的现场情况、物品、痕迹等有无受到自然环境或人为的破坏，在人身特征或生理状态上有无故意制造假象或者伪装的情形，笔录上有无篡改或者伪造现象的发生等。

3. 笔录记载的内容是否具有客观性、完整性和准确性

这包括笔录上记载的物证、痕迹、场地环境情况等与从现场收集到的实物证据是否吻合；采用文字记录及绘图、现场录像、拍照等反映案件事实的各个部分是否相互照应，有无抵触；重要情况有无遗漏，使用的文字表述是否确切，采用数字是否准确；笔录表述的内容有无推测、臆断等。

4. 笔录制作人的业务水平和工作态度

一份勘验、检查笔录，是制作人员的工作态度、业务素质、专业水平等情况的综合反映。如果制作人业务素质不高，甚至粗心大意，则笔录反映案件事实的真实性、可靠性就会较低，在证明力上就会较弱。

(六) 视听资料的鉴别使用

视听资料的优点是直接、形象，但在制作过程中，容易受到机器设备、制作技术、客观环境和条件的影响。即使已经形成的视听资料，也容易被人为剪辑、编纂，从而影响其客观性。根据修改后的刑事诉讼法、《人民检察院刑事诉讼规则（试行）》及最高人民法院有关执行修改后的刑事诉讼法的司法解释等有关规定，符合以下审查条件的视听资料方可作为证据使用。对视听资料应当着重审查以下内容：(1) 视听资料的来源是否合法，制作过程中当事人有无受到威胁、引诱等违反法律及有关规定的情形；(2) 是否载明制作人或者持有人的身份，制作的时间、地点和条件以及制作方法；(3) 是否为原件，有无复制及复制份数；调取的视听资料是复制件的，是否附有无法调取原件的原因、制作过程和原件存放地点的说明，是否有制作人和原视听资料持有人签名或者盖章；(4) 内容和制作过程是否真实，有无经过剪辑、增加、删改、编辑等伪造、变造情形；(5) 内容与案件事实有无关联性。对视听资料有疑问的，应当进行鉴定。对视听资料，应当结合案件其他证据，审查其真实性和关联性。据此，应当从以下方面严格审查：

1. 制作视听资料的机器设备是否完善、正常，技术水平是否先

进，这些设备、技术水平是否直接影响视听资料的准确性。

2. 视听资料形成的时间、地点及周围环境。

3. 视听资料的内容。把视听资料的内容同案件的发生、发展的过程和结果对照起来，审查其是否被删节、剪接、编纂而失去了真实性。

4. 视听资料的制作过程是否符合收集和调查的程序。

（七）电子数据的鉴别使用

与其他传统证据一样，电子数据在诉讼活动中被用作证据证明案件事实，必须具备证明能力和证明力，这就需要以科学技术手段、司法审查、双方当事人质证等方式予以审查和甄别。由于电子数据特有的复合性、虚拟性、易删改性和智能性，使得电子数据与传统证据相比，其真实性往往无法通过肉眼判断，也不能从电子数据本身入手判断其是否属实。甚至在某些时候，电子数据反映的事实并不是本质的事实，而仅仅是表象的真实，如链接标题与链接网址不符、伪造的电子邮件等。所以在刑事诉讼中往往需要司法鉴定来解决其真实性、完整性、合法性的问题。鉴于此，对电子数据的审查判断应当尤为仔细。2010年"两高三部"《关于办理死刑案件审查判断证据若干问题的规定》第29条规定了相关审查内容，有关执行修改后的刑事诉讼法的司法解释对此作了吸收。符合审查条件的电子数据方可作为证据使用：对于电子邮件、电子数据交换、网上聊天记录、网络博客、手机短信、电子签名、域名等电子证据，应当主要审查以下内容：（1）该电子证据存储磁盘、存储光盘等可移动存储介质是否与打印件一并提交；（2）是否载明该电子证据形成的时间、地点、对象、制作人、制作过程及设备情况等；（3）制作、储存、传递、获得、收集、出示等程序和环节是否合法，取证人、制作人、持有人、见证人等是否签名或者盖章；（4）内容是否真实，有无剪裁、拼凑、篡改、添加等伪造、变造情形；（5）该电子证据与案件事实有无关联性。对电子证据有疑问的，应当进行鉴定。对电子证据，应当结合案件其他证据，审查其真实性和关联性。据此，应从以下方面严格审查：

1. 审查电子数据的合法性

一是收集电子数据的主体,鉴于电子数据智能性的特点,收集电子数据的人员应掌握相应的计算机信息技术,以免在收集过程中造成对证据的人为损坏;二是收集电子数据的过程,收集电子数据必须遵守法定的程序。

2. 审查形成电子数据的技术设备

电子数据往往以磁盘、光碟等介质为载体,并需要借助一定的多媒体设备才能显现出来。因此,有必要对电子数据所依附的技术器材设备的性能和可靠性进行审查。

3. 审查电子数据是否被删改

电子数据以电磁或光子信号等物理形式存在于存储介质上,容易被改动或增删,因此有必要对电子数据进行鉴定。

四、贪污贿赂犯罪证据的主要内容及证据体系

证据体系,是指由若干证据相互组合形成的相互依赖、相互联系的整体,其中据以认定犯罪成立的定案证据必须一环扣一环,形成完整的证据锁链。侦查人员通过对证据的获取、固定、鉴别使用,围绕贪污贿赂犯罪的主体方面、客观方面和主观方面发现、收集、固定各种证据,同时审核运用,补充、完善侦查取证方面的缺陷,及时排除非法证据,最后把所有合法证据按照犯罪构成要件,即犯罪主体、主观方面、客观方面的顺序组合排列起来,可以清晰地证明犯罪嫌疑人是否犯有贪污贿赂罪。[①]

由于篇幅限制,在此只论述反贪侦查中贪污罪、受贿罪证据方面

---

① 在犯罪客体上,贪污罪表现为直接利用职务取得国家公共财产,不仅侵犯了职务行为的廉洁性,而且侵犯了国家公共财产,受贿罪表现为以职务换取财物,侵犯了职务行为的不可收买性和公私财产。由于贪污罪、受贿罪在犯罪主体、主观、客观要件同时具备时,就已经侵犯了职务行为的廉洁性和公私财产的所有权,构成了犯罪。所以,本书不描述证明犯罪客体要件的事实,仅涉及证明犯罪主体、主观和客观三个方面的事实的证据。此外,影响量刑方面的证据也省略不述。

的要求，其他罪名可参照。

（一）贪污罪证据的主要内容及证据体系

1. 主体方面的证据

一是犯罪嫌疑人供述。主体方面的证据主要包括：犯罪嫌疑人的自然情况；犯罪嫌疑人的任职情况，包括是否具有国家工作人员身份、工作单位的性质（国家机关、国有事业单位、国有公司、企业、人民团体等）、任职部门、职务、职责职权、级别，及担任上述职务的时间；有无犯罪前科等。

二是证人证言。犯罪嫌疑人主管部门领导人员的证言，包括：犯罪嫌疑人所在单位的性质，犯罪嫌疑人职务、职级、分管或主管工作范围、工作职责以及任职时间等。如果犯罪嫌疑人为受委托经营、管理国有财产的人员，需要提取委托单位主管人员证词。

三是书证。首先，证明犯罪嫌疑人自然情况的证据。证明犯罪嫌疑人自然人情况的证据主要有微机户口底卡、居民身份证、工作证、护照等。提取居民身份证、护照及工作证后还需要向有关机关验证其真实性；其次，证明犯罪嫌疑人所在单位性质的证据。这些证据应向国家有关登记部门提取并验证；最后，证明犯罪嫌疑人职务和身份的证据。包括干部履历表或职工登记表、任命文件、职责分工、职责范围的文件等。

要特别注意的是一些临时指派的职务，要全面收集这些临时职务任命的研究记录、任命人的证言、宣布内容的证人证言。

2. 主观方面的证据

贪污案件犯罪主观方面的证据要求，就是必须具有证明犯罪嫌疑人实施贪污犯罪行为在主观上是故意，并具有非法占有公共财物目的的证据。

一是犯罪嫌疑人供述。犯罪嫌疑人明知是公共财物而希望占为己有的犯罪动机，犯罪嫌疑人犯罪动机产生的原因和过程；如果是共同犯罪，还应让其供述犯罪预谋的经过；对于挪用公款数额巨大，有能力退还，但主观上不想退还，按贪污罪处理时，要让犯罪嫌疑人供述家庭财产情况、退还能力,有无转移、隐匿财产的行为,不退还的理由是否成立,以证明犯罪嫌疑人是客观上无力归还,还是主观上不愿归还。

二是证人证言。有关知情人员证实犯罪嫌疑人明知是公共财物而想非法占有的意思表示,或者是共同犯预谋的过程。

三是书证。犯罪嫌疑人表明其犯罪动机的有关书面材料,比如在犯罪之前的记录其犯罪动机的日记,表明犯罪动机、目的的书信等。

3. 客观方面的证据

客观方面的证据要求,就是必须证明犯罪嫌疑人在客观方面表现为利用职务上的便利,侵吞、窃取、骗取或者以其他手段非法占有公共财物的行为。具体说来,贪污罪的客观要件要求证明行为对象的属性,即行为对象是否为公共财物;犯罪嫌疑人获得公共财物是否非法;非法占有公共财物的手段;非法占有公共财物是否利用了职务上的便利;非法占有公共财物的数额;行为时间等。

一是犯罪嫌疑人供述。具体包括:第一,犯罪嫌疑人本人的职务、职责情况。第二,贪污的基本情况。实施贪污行为的时间、地点、次数、参与人、经手人;贪污财物的数额,特征,多次贪污的要讯问每次贪污数额。第三,贪污的手段。贪污的手段是侵吞、窃取、骗取、扣留,还是私分、私自赠与他人、挪用公款潜逃;怎样做账以掩人耳目。第四,贪污的对象。贪污财物的形式是现金、支票、有价证券还是实物;贪污财物的来源,是本单位账内公款还是"小金库"公款,或者是截留单位应收款、何种应收款,或者是救灾、防汛、优抚、扶贫、移民、救济款物、赃款赃物、罚款物、暂扣款物等。第五,赃款赃物去向。第六,有否归还贪污财物的情况。第七,起获赃款的情况。第八,家庭财产情况。有必要让犯罪嫌疑人供述及亲笔书写其家庭财产详细状况及数额,家庭收入情况,家庭支出情况等。

二是证人证言。反贪侦查人员在侦查阶段应询问相关证人如财务人员、主管人员、经手人员、抓获人员,对犯罪嫌疑人的犯罪行为进行佐证。主要包括以下内容:第一,证人与犯罪嫌疑人的关系,与指控犯罪相关的往来情况；第二，犯罪嫌疑人犯罪过程中履行职责和利用职务便利的情况，如签字报销、签订合同、领收款物等；第三，公款、公物的所有权；第四，公款被贪污的时间、数量，公物被贪污的时间、数量、特征；第五，公款、公物支出的手段、名义；第六，单位对被贪污公物的财务记账、平账情况；第七，犯罪嫌疑人对贪污行为的隐瞒、欺骗情况；第八，发现犯罪的经过；第九，抓获犯罪嫌疑人的经过；第十，对于犯罪嫌疑人的家人，还应询问其家庭财产、家庭收入、家庭支出等，必要时让其亲笔书写。

三是书证。证明贪污犯罪行为客观方面的书证，主要是证明被贪污了的赃款赃物属于公共财物或特殊物资，犯罪嫌疑人贪污公共财物后用以掩盖真相的假账等。包括：第一，证明公款、公物属于单位所有的书证，如付款方的支出凭单、银行票据、双方合同书等；第二，证明公款、公物系救灾、防汛、防疫、优抚、扶贫、移民、救济款物等特殊事项、特殊物资的书证；第三，犯罪嫌疑人所在单位关于相应公款支出的财务记账凭单、银行账单、用于平账的假发票等；第四，犯罪嫌疑人签字或骗取签字批准、冒领公款公物的票据、条据等；第五，证明公款使用去向的银行票据及其他票据；第六，犯罪嫌疑人经手的账簿、凭证；第七，犯罪嫌疑人及其家庭的财产情况，包括现金、银行存款、有价证券、房产、汽车等；第八，搜查记录。

四是物证、鉴定意见及视听资料、电子数据。贪污罪中常见的物证有：第一，起获的赃款、赃物及其照片；第二，犯罪嫌疑人使用贪污的公款购买的物品及其照片；第三，其他相关物证，如公共财物保管者监守自盗后伪造盗窃假象所用的工具等。

贪污罪中的鉴定意见主要有司法会计鉴定意见和文件鉴定意见。同时，对于能够证明贪污行为的录音、录像等视听资料和电子数据等，也应当认真提取和保全。

(二) 受贿罪证据的主要内容及证据体系

1. 主体方面的证据

由于受贿罪的主体与贪污罪的主体大体上一致，因此对其证据要求可参见贪污罪部分,在此不再赘述。

2. 主观方面的证据

一是犯罪嫌疑人供述。犯罪嫌疑人收受贿赂的犯罪动机,非法收受他人财物的目的,犯罪嫌疑人犯罪动机产生的原因和过程。犯罪嫌疑人是否与他人存在共谋,如犯罪嫌疑人是否知道其家人或特定关系人收取他人财物等。

二是证人证言。有关知情人员证实犯罪嫌疑人收受贿赂的动机和目的的证据。

三是书证。犯罪嫌疑人表明其犯罪动机的有关书面材料。

3. 客观方面的证据

客观方面的证据,是指证明犯罪嫌疑人在客观方面表现为利用职务上的便利,索取他人财物或者非法收受他人财物,为他人谋取利益行为的证据。具体说来,就是要证明犯罪嫌疑人收受他人财物的行为,有无利用职务范围内的权力或地位形成的便利,是否为他人谋取利益。围绕上述方面,应主要获取以下证据:

一是犯罪嫌疑人供述。具体应该包括:第一,犯罪嫌疑人本人的职务、职责情况,包括任职情况,主管或分管事项,在经济交往、行政管理、司法活动等工作中的权限,职务活动的具体内容、程序等。第二,收受贿赂的基本情况,包括收受款物的次数、时间、形式、价值、地点及人物。第三,利用职务便利的主要内容,包括犯罪嫌疑人如何利用自己职务上主管、负责或者承办某项公共事务的职权及其所形成的便利条件的,自己职务行为与行贿人是什么关系。第四,与行贿人之间的关系。第五,为他人牟利情况。第六,受贿款物的去向、用途。第七,收受贿赂的主动性及名义性。从主动性上讲,是主动索要(含暗示)款物,还是被动收受款物;是否与行贿人商谈受贿有关事宜。从名义上讲,是一般意义的贿赂,还是回扣、手续费及其他名义的贿赂。第八,家庭财产情况。让犯罪嫌疑人供述及亲笔书写其家庭财产详细状况及数额、家庭收入情况、家庭支出情况等。

二是证人证言。受贿罪中的证人(即知情人)主要是两类:行贿人和其他知情人。其中，行贿人是最直接、最重要的证人。行贿人的供述和证言包括：第一，行贿人的自然情况，工作及其单位情况；第二，行贿人与犯罪嫌疑人之间的关系，包括犯罪嫌疑人的自然情况，与犯罪嫌疑人认识、交往的过程，与犯罪嫌疑人之间的个人关系和工作业务关系；第三，行贿的基本情况，包括贿赂款物的次数、时间、形式、价值、地点及人物；第四，行贿动机及牟利情况，行贿活动的原因和目的，是否为牟利而行贿；第五，行贿的主动性及名义性。

对于其他知情人，如果是对受贿人受贿行为知情的，知情人的证言应能同犯罪嫌疑人的口供相对应；如果是对行贿人行贿行为知情的，知情人的证言应与行贿人的供述或证言相印证。对于犯罪嫌疑人的家人，还应询问其家庭财产、家庭收入、家庭支出等，必要时让其亲笔书写。

三是书证。主要有：第一，证明行贿款来源的书证。如银行存折、支取凭证；单位行贿的，应调取行贿单位的财务记录、银行账单等。第二，受贿人或行贿人收受财物或送出财物行为的有关笔记、日记。第三，有关受贿人利用职务行为的文件、记录、批示等。第四，有关经济活动、金融活动的合同、协议、资金往来票据、财务记账、回扣手续费的票据、财务记录等。第五，犯罪嫌疑人及其家庭的银行存折、有价证券及其他书面证据等。第六，搜查记录。

四是物证、鉴定意见。物证主要是指查获的赃款、赃物及赃款、赃物的照片，用受贿款购买的物品及照片。受贿罪中的鉴定意见主要有笔迹鉴定意见、价格鉴定意见等。

第四章 科学使用侦查策略、强制措施、侦查手段的能力

侦查策略、强制措施和侦查手段既是刑事诉讼顺利进行的重要保障，也是查明贪污贿赂犯罪事实的基本需要。反贪侦查过程实际上就是与贪污贿赂犯罪人斗智斗勇、不断深化对案件事实认知的复杂对抗的过程，侦查工作的技巧、方式方法等直接决定着案件的突破、办案的效率和工作的实际效果。因此，遵循反贪侦查工作规律，用好用活侦查策略、强制措施和侦查手段是反贪侦查人员必备的一项基本素质。

一、科学使用侦查策略的能力

（一）贪污贿赂犯罪侦查策略概述

1. 侦查策略的含义

策略最初是作为军事术语，指计谋和方法之义。《现代汉语词典》认为"策略"是指根据形势发展而制定的行动方针和斗争方式或是讲究斗争艺术，注意方式方法。概括来说，策略主要是指相互对抗的双方用以战胜对方而采取的方法、途径。

从本质上说，侦查策略是策略原理在侦查工作领域中的具体运用，是侦查机关为实现查清犯罪事实、获取犯罪证据、查获犯罪嫌疑人等侦查目的而制定实施的一系列方式方法。在现行法律体系下，检察机关是贪污贿赂犯罪的唯一侦查主体，因此贪污贿赂犯罪侦查策略就是指检察机关及其侦查人员在侦查贪污贿赂犯罪案件过程中，为了达到侦查目的而围绕侦查措施、侦查手段的运用而制定实施的方式、方法。它是一种在贪污贿赂犯罪侦查过程中与涉案人员斗智斗勇的方

法和艺术，是对侦查中策略现象规律特点的认识和升华。

2. 与相关概念的区别与联系

一是与侦查谋略的区别、联系。有学者认为侦查谋略和侦查策略所指称的是同一事物。我们认为侦查策略与侦查谋略两者仍有区别。首先，内容有所不同。侦查谋略是指侦查主体通过与涉案人的思维对抗，使涉案人陷入其所预测的不利境地，再通过相应的方式予以克敌制胜。而侦查策略则是在既定（或预测）的事实基础上，通过一定的方法组合使用侦查手段、侦查措施（统一纳入侦查行为）以达到侦查目的。其次，范畴不同。侦查谋略强调侦查人员与涉案人员的主观意志对抗，属意识范畴，而侦查策略则更强调方式、方法，属于方法论范畴。两者联系主要在于两者都是思维活动的结果，都在于通过一定的思维活动取得预定的侦查目的，都具有智谋性的特点。

二是与侦查措施、侦查行为的区别、联系。侦查措施是指侦查机关依照法律规定进行的专门性调查工作和有关强制措施。侦查行为是比侦查措施更宽泛的概念，除侦查措施外，还包括撤案、暂缓立案、侦查终结等处断行为。这两者与侦查策略显著不同：侦查措施、侦查行为都是特定内容、功能的行为，而侦查策略指的是如何运用侦查措施、手段的方式、方法。侦查策略的方法主要依赖于侦查措施实现，以侦查行为为载体，而侦查措施要取得理想效果，则必须依赖侦查策略的指导。

3. 贪污贿赂犯罪侦查策略的渊源

贪污贿赂犯罪侦查策略是侦查策略在贪污贿赂犯罪侦查领域的应用，因此贪污贿赂犯罪侦查策略的渊源与侦查策略一样，自产生以来，就随着人类社会的哲学思想、侦查实践经验、科学理论发展而不断发展。

一是哲学理论基础。侦查策略所针对的犯罪现象是以一定形态和规律存在的客观物质现象，它通过客观侦查行为来实现其目的，但其内核却是如何组合实施这些侦查行为的方法。这些方法依赖于感知、分析、判断、综合等思维形式，这些思维形式的正确运用离不开哲学的指导。侦查策略正是通过正确运用有关现象和本质、一般和特殊、个性和共性、主要矛盾与次要矛盾等哲学思维保证各种措施和手段的有效使用，实现侦查"最优化"原则。

二是侦查实践。侦查策略的具体起源时间虽不可考，但作为一种查清事实的方法，早在人类社会初期就已有其雏形。随着社会发展，为应对犯罪需要，侦查实践工作在现实中不断发展，侦查经验不断丰富，推动了侦查策略持续发展。在唯物辩证法中，实践是检验真理的唯一标准。侦查实践也是检验侦查策略正确与否的唯一标准，并通过在侦查实践中的运用和检验，不断推动侦查策略的完善、发展。

三是科学依据。策略现象本质上就是一种意识—心理现象。从心理学考察，策略是通过人脑对对抗信息的吸收、加工而产生的一系列连续的思维活动。侦查策略的核心问题就是如何根据心理学原理，运用各种方法，对侦查对象——涉案人的刺激以达到侦查目的，可以说心理学的理论是侦查策略的基础科学依据。随着科学技术的发展，越来越多的科学技术知识和成果应用于侦查策略之中。科学技术成果已经成为现代侦查策略一个重要依据，极大地推动了侦查策略的革新与发展。如通过犯罪现场痕迹来确定犯罪行为人的方法一直是侦查主体苦苦探索的问题，从19世纪80年代贝蒂的人体测定法到20世纪指纹鉴定法再到20世纪后期的DNA鉴定法，这些方法都与当时的科技成就直接相关。

4. 贪污贿赂犯罪侦查策略的结构要素

贪污贿赂犯罪侦查策略的结构包含主体、目的、对象以及作用方法四大要素。

一是主体。依据我国修改后的刑事诉讼法规定，贪污贿赂犯罪侦查主体是制定实施侦查策略的检察机关及其侦查人员。此外，修改后的《刑事诉讼法》第50条规定："必须保证一切与案件有关或者了解案情的公民，有客观地充分地提供证据的条件，除特殊情况外，可以吸收他们协助调查。"由此可见，法律并不禁止在特定条件下，由贪污贿赂犯罪侦查主体授权相关单位和个人参与调查取证，因此，此类被授权的单位和个人也具有主体上的合法性，可以定位于侦查策略的辅助性主体。值得说明的是，作为公民和单位自行实施策略获取的证明案件的材料，不能直接作为证据使用，必须经过侦查主体实施转换。

二是目的。目的是指主体通过实施侦查策略所追求的结果。如通过审讯使犯罪嫌疑人如实供述，通过查缉策略追捕涉案人员。侦查策略的目的有总体目的和具体目的之分。总体目的也就是查明案件事实、获取犯罪证据、查获犯罪嫌疑人。侦查策略总体目的可分解成若干具体目的。具体目的，可以是某个证据，可以是某个犯罪嫌疑人，也可以是某证据线索。侦查策略的目的是制定和实施侦查策略的方向，对侦查策略主体确定施策对象和作用方式起指引作用。

三是对象。侦查策略的对象是侦查策略实施行为指向的人、物、场所。"人"指的是犯罪嫌疑人、被害人、证人等与案件有关的人。"物"是指侦查策略所指向的犯罪工具、赃物及侦查行为的载体。"场所"则是指侦查策略实施的空间，如抓捕场所、财物转移场所。值得注意的是，这里的"人、物、场所"，从结果来说并不一定与案件有直接关联，而是侦查主体根据相关证据、线索和对案情的分析判断认为与案件有关、能实现一定侦查目的的人、物品、场所。

四是作用方法。是指侦查策略主体为达到一定的侦查目的而采取的影响侦查策略对象的方法，是侦查策略主体作用于对象的中介。按照作用方法的实施途径划分，可分为言语法、观察法、动作法。言语法，如审讯；观察法，如跟踪、监视等；动作法，如搜查、抓捕等。

5. 贪污贿赂犯罪侦查策略的作用

一是侦查策略能够保障侦查决策的正确性。侦查决策是根据侦查对抗的需要，确定为达到侦查目的而作出的行动部署。而侦查策略则是对每一项行动进行设计、实施，确保行动达到预期目的和效果。如贪污贿赂犯罪案件中，基于案件需要，作出将转移的赃款追查到案的决策，为实现这项决策，则实施了运用银行查询、审讯犯罪嫌疑人、调查有关知情人、发展特情等侦查行为以达到目的的侦查策略。

二是侦查策略能够有效提高侦查工作效益。侦查策略作为一种与犯罪嫌疑人斗智斗勇的方法和艺术体系，能有针对性地指导侦查工作的部署、实施。充分发挥贪污贿赂犯罪侦查人员的侦查策略能力，能在侦查对抗中赢得主动，促使犯罪事实和犯罪嫌疑人很快暴露、犯罪证据得以尽快获取，以较少的人力、物力和财力投入尽快揭露和证实犯罪。

6. 贪污贿赂犯罪案件侦查策略的分类

侦查策略可以从不同的角度进行多种分类。依据不同分类的标准与方法，对侦查策略可作以下分类：

一是依据侦查策略功能范围，可分为战略性侦查策略和战术性侦查策略。战略性侦查策略，是以刑事犯罪的规律特点为基础而制定的，制约侦查根本方向的全局性的侦查方针和方式，如"侦防并举"、"法律效果和社会效果的统一"等；战术性侦查策略是为服务于案件中具体侦查目标的方式方法，既包括整个案件侦查活动组合设计，也包括某一具体侦查任务的侦查策略。

二是根据侦查策略对侦查对象的作用方式，可分为利用性侦查策略和调动性侦查策略。利用性侦查策略是指侦查人员在充分了解侦查对象心理特点的基础上，抓住其矛盾或弱点所采取的侦查策略。在侦查实践中广泛运用的"利用弱点，避实击虚"、"利用矛盾，各个击破"都属于利用性侦查策略；调动性侦查策略是指侦查主体通过在侦查对象周围设置一定情境去影响、牵动、调动侦查对象由静变动、由潜变显，从而使其暴露出破绽时所用的策略方法。调动性策略的主要方法是设置假象，投其所好，其目的是诱使侦查对象暴露，争取侦查工作的主动。在侦查实践中，常用的调动性侦查策略有"调虎离山"、"欲擒故纵"等。

（二）如何科学使用贪污贿赂犯罪侦查策略

贪污贿赂犯罪侦查策略的设计要求很强的针对性，其实施是根据办案实际不断动态调整的过程。因此，如何科学设计并实施侦查策略显得尤为重要。

1. 精心准备是前提

做好准备工作是设计侦查策略的第一步。

一是明确侦查目标。侦查目标指的是侦查行为所追求的结果,就案件总体而言,是指查清犯罪事实、调取证据和抓获犯罪嫌疑人。而就案件的具体侦查事项来说,则各有不同,有的策略是为了抓捕,有的策略是为了搜查证据。侦查策略设计之时就应该先明确侦查行为的具体指向,依此确定侦查策略基本方向。

二是熟悉案件情况。侦查策略的设计在明确目标之后,应该广泛调查研究,熟悉案情。值得注意的是,此时的案件情况并不是刑法意义上的犯罪事实,而是指现有调查情况的综合,尤其重要的是与侦查目的相关的、对现有案件线索进行综合分析所得出的与案件相关的具体情况。

三是了解侦查对象。在熟悉案件情况后,应该根据策略设计所需了解相关的人、物和场所。其中,对"人"的了解重在充分了解侦查对象可能的心理活动,掌握其心理弱点;对"物"的了解重在分析赃物可能的使用、销赃等方式或藏匿的地点;"场所"指的是侦查行为指向的具有侦查价值的空间。

四是配置侦查力量。侦查力量指的是为确保侦查权的有效行使所配备的人员力量。要特别注意人员的合理配备,在性格、业务能力等方面能各展所长,共济互补,发挥聚合效应。

五是制定策略方案。要根据案件的具体情况和分析判断的结果,设计侦查力量的组织与分工、侦查的方向和范围、侦查的主要目标和任务、侦查工作的方法、步骤、措施以及根据案情变化采取的对策等内容的实施方案。

六是准备侦查物资。侦查物资指的是为进行侦查活动而所必须耗费的物质经济成本。常见的侦查物资主要有以下三类:第一类是为了发现、提取、固定和保存物证而必需的侦查物资,如现场勘查工具和调查访问的记录本等;第二类是为了抓获犯罪嫌疑人等而必需的侦查物资,如戒具等;第三类是为了维持侦查的进行而所需要的对人员和警务设备的需求，如警车等交通工具、一些特情费用等。

2. 周密设计是基础

贪污贿赂犯罪侦查策略作为贪污贿赂犯罪侦查主体在贪污贿赂犯罪侦查过程中运用的灵活有效的科学方法，应遵循一定的基本原则。

一是合法运用原则。贪污贿赂犯罪侦查策略所选择、适用的侦查行为是一项专门的法律活动，必须受法律的调控。具体来说，侦查策略所运用的对象只能是与案件事实有关的人、物、场所，其选择适用的侦查行为必须符合修改后的刑事诉讼法及有关司法解释的规定。同时，侦查策略的设计还必须遵守最高人民检察院关于查办贪污贿赂犯罪的有关规定。

二是严密部署原则。要做到点面结合，即要求侦查策略的设计既能在较大范围内去发现案件新的犯罪线索，又要把贪污贿赂犯罪侦查已发现的较为突出、明显的线索作为主攻目标。同时，要注意侦查措施的有效组合。由于各项侦查措施有各自的局限性，要发挥侦查策略的作用，就须构建多层次、多种类的策略措施组合，这样才能更好地应对不断变动的侦查情势。

三是优化选择原则。优化选择就是指在谋划贪污贿赂犯罪侦查策略时要根据具体的贪污贿赂犯罪情势，从作为侦查策略载体的侦查行为中选择花费时间短、侦查代价小、侦查功效大的付诸实施。这就要求侦查主体在制定侦查策略时要认真考量侦查目的与侦查措施的关系，比较不同侦查措施的优劣。

3. 科学实施是关键

实施是侦查策略发挥作用的关键阶段，应该遵循一定原则、要领，并注意防止可能出现的问题。

一是实施应遵循的原则。侦查策略设计之后便进入实施阶段，对策略的实施不可能是机械僵化的执行，而必须发挥各方主体的主观能动性。因此，侦查策略的实施必须遵循合目的性、稳定性和动态性等基本原则。

第一，合目的性原则。侦查策略的实施必须合乎目的性，即符合侦查目的。宏观而言是"打击犯罪、保障人权",微观而言则包括查清事实、获取证据和抓捕犯罪嫌疑人等,还有更为细微的具体侦查行为的意旨。策略实施之时,必须以正当目的为中心,以此指导各项侦查行为,促进策略有效实施。

第二,稳定性原则。侦查策略一旦制定,如无客观情势的重大变更,如侦查目标变化、侦查行为的客观条件消失等,就应该得到相对稳定的遵守和贯彻执行。一旦稳定性缺失,则侦查策略形同虚设,由此导致的侦查内耗必将影响侦查效益。

第三,动态性原则。虽然侦查策略本身要求稳定性,但侦查面对的是变动不居的现实,因此,在贪污贿赂犯罪侦查策略设计之时,便必须考虑到侦查的动态性,多做几套预案,同时给侦查主体预留一定的自由裁量权。实施时,侦查主体应该根据具体情况,发挥主观能动性,合理行使自由裁量权弥补策略的缺陷或不足。

第四,协同配合原则。贪污贿赂犯罪中,侦查一体化应用较多,侦查策略涉及多个办案单位、办案人员,牵涉多方利益。就具体任务的侦查策略而言,也涉及不同任务办案小组的配合、协调,如审讯组与外调组的配合等。因此,在侦查策略实施过程中,决策者尤其要注意办案人员(办案小组)之间的相互配合,协调统一行动,使各项侦查任务紧密衔接,相互促进。

二是实施的基本要领。在实施侦查策略的过程中,为确保侦查策略的效果,要根据实际情况注意把握要领,如公秘结合、侦技结合与交叉组合等。

第一,公秘结合。即指在侦查策略实施过程中公开侦查措施和秘密侦查措施相互结合进行。公开侦查措施指的是依法公开进行的调查措施或强制手段。秘密侦查措施是指为了对付危害大且侦破难度高的某些特殊犯罪,在法律规定范围内,侦查机关针对案件的侦查对象,暗中收集犯罪证据和情报,以揭露和证实犯罪的一种具有隐蔽性和强制性的侦查措施。公开侦查措施,如拘留、逮捕等能够极大的震慑涉案人员,为案件侦查营造气势;秘密侦查措施,则能够在涉案人不知晓的情形下秘密调查、取证。二者的关系是，前者为后者提供掩护，后者为前者的实施提供有效依据，也便于获取犯罪证据。

第二，侦技结合。"侦"是指传统的侦查措施方法；"技"是指先进的刑事科学技术。贪污贿赂犯罪日益呈现出智能化、隐蔽化和科技化的特点。为有效对抗贪污贿赂犯罪，必须加大技术侦查手段在侦查措施中的比重，实现侦查手段、措施与不断更新的科学技术有机结合，形成合力。

第三，交叉组合。每一项侦查措施都有其特定的功能，也都有其局限性。因此，必须综合案件具体情况和侦查策略的具体内容，选择最佳的策略组合实现侦查目的。例如，某省检察院反贪局在侦查该省中烟工业有限责任公司原副总经理郭某某受贿案中，为追捕一重要在逃行贿人，侦查机关一方面报请公安机关实施边控，并采取网上追逃，营造一种天罗地网的气势，使其不敢轻举妄动；另一方面通过电话监听、详单分析、秘密跟踪其亲属等方法进一步锁定涉案人员位置。但这些措施都无法达到预期目的。而在逃人员虽然远在他方，但依然委托亲戚打听办案机关意图，办案机关利用这个机会，一方面做其亲戚的思想工作；另一方面对其晓以利害，最终使该行贿人投案自首。

三是实施中应防止出现的问题。侦查策略赋予了侦查主体较大的自由裁量权，使得侦查策略在实施过程中存在异化可能，这与侦查策略本意相违背，为法律所禁止，要引起高度警惕。

第一，要充分注意对侦查策略合法性、合理性的考察。应明确禁止一些违法侦查策略的实施，对一些有可能导致冤假错案或者侵犯涉案人合法权益的侦查策略，要经过严格的审批程序和准备工作才能予以实施。如特情的选用，必须经领导批准，并且其提供的证言基本不作证据采信。

第二，应充分保障涉案人员的合法权益。不得因为侦查目的需要而实施侵犯其合法权益的行为，如不得刑讯逼供、不得暴力取证等。

第三，要充分考虑侦查策略的实效。随着修改后的刑事诉讼法及

《人民检察院刑事诉讼规则（试行）》的生效实施，我国建立了比较严格的非法证据排除规则，对于采取刑讯逼供、威胁等非法手段取得的言词证据都将被排除证据效力，且手段合法性的证明责任由公诉机关、侦查机关负责，这对侦查策略的实效提出了严格要求。如果侦查策略违法实施，即便取得了有关证据，仍将被排除在证据体系之外，不具有证明力，侦查策略也就没有效果。

4. 及时评估、修正

贪污贿赂犯罪侦查策略的设计与执行，必须有一定的评价标准，以促进相关主体勤勉谨慎、恪尽职守，实现侦查目的，这也是侦查策略的自我发展与完善之道。对贪污贿赂犯罪侦查策略设计的评价应该主要包括对侦查行为和侦查结果的评价。

一是对侦查行为的评价。对侦查行为的评价，主要从以下两个方面进行：一方面是对侦查行为合法性的评价。这种合法性既包括合乎法律规定，也包括符合社会惯例、社会公序良俗等；另一方面是对侦查行为有效性的评价。这种有效性，既要求侦查行为本身设计应遵循侦查规律，又要求侦查行为的实际效果与侦查目标一致。对侦查行为的评价要遵循一定的方法。最主要的方法是侦查效益评价法，即通过对侦查行为所反映出的侦查效益情况进行评价。如果侦查策略既能够合乎法律和社会公序良俗，又能够合乎行为设计本身的目标预期，则属于肯定评价；反之，则属于否定评价。

二是对侦查结果的评价。侦查结果是指侦查机关通过专门的调查工作和有关的强制性措施而获取的相关案件事实、证据和犯罪嫌疑人。对侦查结果的评价，主要是考量侦查结果是否达到策略的预期目标，是否达到诉讼对结果的期盼。具体来说，主要对侦查行为所调取材料的证据资格和证明力方面进行评价。证据资格即证据能力，是指证据材料在法律上被允许作为证据的资格。对证据资格的审查就是对证据的合法性、客观性和关联性予以考察。对证明力的评判标准主要是相关性标准和合法性标准。相关性标准指证据内容对诉讼中待确认的争议事实所起的证明作用的强弱。如直接证据强于间接证据，原始证据强于派生证据。合法性标准，指证据必须具有法律规定的形式和由法定人员依照法定程序收集、运用，即证据必须具备来源合法和形式合法两个要素。随着修改后的刑事诉讼法及《人民检察院刑事诉讼规则（试行）》的生效实施，对证据的来源、形式、非法证据排除都有详细的规定，侦查主体在贪污贿赂犯罪的侦查策略中要特别重视证据的合法性要求，否则只能是劳而无功。

（三）常用贪污贿赂犯罪侦查策略技巧

贪污贿赂犯罪侦查策略有许多种类，每个种类的侦查策略都有其相应的适用范围及其局限。当然，在侦查策略的具体运用过程中，往往要通过各种侦查策略交互使用，才能综合发挥侦查策略的最大效能。

1. 攻心策略

攻心策略就是运用各种合法方式使涉案人产生错误认识或恐慌、愤恨等心理，在此基础上对其进行引导，致使其在趋利避害心理的支配下作出有利于侦查的行为选择。攻心旨在迷惑心智，使对方陷入错误认识，进而通过涉案对象和有关知情人的言行发现线索，获取证据。有效的攻心对策还有利于促使部分侦查对象自首和如实招供并揭露其他人的罪行。攻心策略的主要方法有以下几种：

一是加压攻心法，即通过不断给侦查对象施加精神压力，使其意识到无路可退、唯有交代问题才是正确选择的攻心方法。加压的方式往往通过查案形势、政策法律教育、案例展示、证据攻击等方式组合而成，逐步升级，使其意识到犯罪事实被全面暴露，交代问题才是明智选择。

二是出其不意攻心法。即经过一段时间基础性的工作之后，突然改变角度，从侦查对象未曾防范的问题入手，打破其心理防线，从而取得进展的攻心方法。该方法主要适用于侦查对象对主要问题严防死守，心理防线没有彻底崩溃，一时难以取得进展时的情形，往往对打开案件局面有奇效。但这种出其不意，对侦查主体来说并非随意为之，而是经过一段基础性的摸底后有意识的攻击。例如，某省人民检察院查办一起厅级干部赵某受贿案件过程中，审讯某一行贿人时，在经过一段基础摸底后，其对与主要对象的不正当经济往来问题一直不作交代，此时审讯人员突然若无其事地问了一句："那我问你，你与赵某身边的人是否有不正当经济往来？"对方沉默了一阵，回答到："您是说王某某吗（指的是前期谈话中已暴露的与赵某关系密切的下属）？"侦查人员回答："难道还要我给你指出来吗？!"行贿人听到这句话，沉默了一会儿，说："我与她有不正当经济往来。"然后一下子交代了王某某上百万元的受贿问题，由此成功挖出了一起厅级干部犯罪案件，同时以此为基础最终突破了行贿人的心理防线，交代了该厅级干部赵某的巨额受贿问题。

2. 利用矛盾、各个击破策略

利用矛盾、分化瓦解是手段，各个击破是目的。分化瓦解共同贪污贿赂犯罪人可依案情而灵活采取有针对性的对策。利用矛盾的策略主要有以下几种方法：

一是利用矛盾，分化瓦解。若侦查对象之间有业已存在的矛盾，便可充分利用这些矛盾将侦查对象间结成的同盟关系打破，从而发现侦查对象的部分犯罪事实，取得突破。

二是制造或加剧矛盾，分化瓦解。攻守同盟的基础在于侦查对象间达成的利益一致性共识，只有打破其利益一致性的心理防线，才能有效促使侦查对象作出有利于侦查的选择。制造和加剧矛盾正是打破侦查对象间攻守同盟的良好方式。制造和加剧矛盾应根据具体案情、各侦查对象的个性等情况因案施策，底线是不能以非法方式实施。一般来说，在贪污贿赂犯罪侦查的行受贿关系中，先以行贿人为主攻对象，以侧面释放受贿人已交代有关问题（不能到具体事例，否则就有指供、诱供之嫌）的氛围以松动其防线。在贪污贿赂犯罪的共同犯罪案件中，则可先以职位较低、罪行较轻、关系网较简单的共同犯罪人为突破口，通过输送其领导（案件主要侦查对象）在用人、办事中更加信任其他人的信息而动摇其心理防线，制造或加剧其与主要侦查对象的矛盾。例如，某省检察院反贪局在侦查某市原纪委书记曾某某受贿、巨额财产来源不明案中,在进入司法程序前,只掌握了曾某某400余万元的受贿事实。为取得外围突破,同时控制了行贿人30余人,办案组向行贿人宣讲政策、案例,同时巧用离间,营造其他行贿人已经交代且态度较好的行贿人已取得相对较好的处理结果来进行分化瓦解,很快使办案工作取得了全面突破,最终查明曾某某涉嫌受贿犯罪金额近4000万元。

三是区分态度,区别对待。这一策略源于"坦白从宽,抗拒从严"的刑事政策。具体做法为:以罪行较轻的对象为入手,通过其领导以党组织、行政等名义找其谈话,敦促其投案自首并揭发其他人的罪行以立功赎罪。在有多个侦查对象的情况下,实施这一对策时,还应配合以外线和技侦手段。同时,通过宣讲一些因为犯罪嫌疑人态度而被从宽、从严处罚的两方面典型案例,促使其选择走主动交代之路。

3. 制权策略

制权策略的提出源于一些贪污贿赂犯罪嫌疑人及其关系人对权力的迷恋和滥用。制权之目的在于遏制犯罪嫌疑人的反侦查活动和打击报复举报人、证人、侦查人员等非法活动以及侦查对象的关系人阻挠侦查的活动。

制权的方法主要有以领导权制权、以侦查权制权、以民制权、以舆论制权四种。以领导权制权,主要通过宣讲高层领导的批注、指示,以表明高层领导的重视,其案件面临的严峻形势,以及其所依赖的关系并不足以动摇高层领导的办案决心。以侦查权制权,主要通过向侦查对象展示办案力量、力度及规模,给予对象以震撼,使其意识到无法全身而退。以民制权,则主要是通过展示人民群众对其强烈不满、对其涉嫌犯罪事实多头举报等事实,使其以为犯罪事实已经暴露、侦查机关不查出问题无法交差,而开始尝试交代一些小问题试图蒙混过关,从而暴露问题。以舆论制权,则重点通过强调媒体关注、舆论热议,使其意识到所依赖的关系网不能使侦查机关停止侦查,否则无法向社会交待,从而产生绝望心理,在此基础上选择配合调查之路。当然，以上制权方法既可单独使用，也可组合用，更多的是组合使用。

4. 宽严相济策略

侦查实践表明，宽严相济策略是惩治各类犯罪行为人行之有效的策略。它有助于敦促贿赂犯罪中的行贿人、贪污贿赂犯罪行为人自首并揭发其他人的犯罪事实，瓦解共同犯罪人所订立的攻守同盟，以各个击破，孤立少数罪行较重、负隅顽抗的罪犯，使其陷入四面楚歌的境地。

贪污贿赂犯罪中，欲使用此策略，要获得有关领导支持、同意，这是实施宽严相济侦查策略的前提。侦查人员不可擅自许诺而影响整个案件的最终处理。宽严相济的"宽"与"严"必须在法律的允许范围内，不能超出法律的界限。否则侦查策略的实施极可能导致侦查行为的违法，也可能因为不能兑现承诺而影响侦查策略的效果。在一定形势下，该策略的运用通过藉众策略、充分动员和依靠群众，可以发挥更好的效果。在贪污贿赂犯罪案件侦查中，对侦查对象立案后，可以通过召开新闻发布会、在发案单位召开动员职工举报和犯罪自首大会，能有效获取涉案线索、证据，孤立少数态度顽固的犯罪行为人。在使用宽严相济策略时，关键要和侦查对象建立起信任关系，使所宣讲的体现惩办和宽大相结合的法律规定能够真正深入其心，促使其走向坦白从宽之路。

5. 双刃策略

在贪污贿赂犯罪案件侦查中，随着犯罪嫌疑人反侦查手段提高，侦查机关也必须能够妥善地利用他们的反侦查行为，这在对策上表现为反侦查活动的双刃策略，即遏制反侦查的对策和利用反侦查的将计就计对策。既是双刃对策，就存在十分严格的取舍标准。侦查的核心在于获取证据和缉获犯罪人。因而，取舍标准必须着眼于这个核心。

一是遏制对策。遏制对策旨在阻止侦查对象及有关人员进行不利于侦查的反侦查活动。常用的遏制方法有：第一，秘密调查、侦查，不惊动侦查对象;第二,及时提取、查封实物证据,防止侦查对象转移、隐匿和毁弃;第三,控制侦查对象;第四,割断串供对象之间联系;第五,加强监管工作和实行异地羁押;第六,尽量控制侦查工作的知情面。

二是将计就计对策。将计就计对策必须具备下列先决条件:能获取、控制的证据已经获取、控制;串供对象和中介人明确;知悉可能毁灭、转移的罪证以及可能受指使毁灭、转移罪证的人;没有其他方法可以发现人犯的隐匿地点。而且,即使反侦查活动失去控制,对侦查的进程亦无伤大体,不至于弄巧成拙。若能有效地控制和利用该对策,则能拓宽侦查视野,有助于侦查的深入开展。

6. 排除干扰和阻力的策略

基于贪污贿赂犯罪的特殊性,侦查中经常出现各种干扰和阻力。如何消除这种阻力而又依法充分有效行使侦查权,是贪污贿赂犯罪侦查面临的一项重要课题。主要来说,有以下几种方法:

一是提高侦查管辖级别或实行异地管辖。贪污贿赂犯罪中阻挠侦查的人的活动能力必受制于一定活动区域,并以一定的权力关系、同事关系、亲友关系和其他关系为基础。在贪污贿赂犯罪侦查中,提高侦查管辖级别,由上一级检察机关采取督办、提办、参办等方式派员侦查,或者由上一级检察机关异地交办能有效克服阻力,是经实践证明行之有效的方法。

二是运用缓兵之计。由于贪污贿赂犯罪侦查中侦查对象的特殊性,往往会有一张自上而下的关系网,在遭遇调查时总会向上级领导求助以求保护自己。当压力来自能影响侦查办案的人时,此时可用缓兵之计:一面斡旋,表面上妥协;一面秘密而迅速开展调查或侦查,争取调取到比较扎实的犯罪证据增加筹码,必要时向上一级直至最高人民检察院报告,取得上级检察机关的领导和支持,由上级检察机关会同上级党政部门领导出面排除干扰和阻力,必要时请他们参办、督办。

三是以法律为武器。法律法规中关于阻挠调查、侦查的规定,都是用以回击阻挠侦查的人的有力武器。对阻挠和干扰侦查的人，应将有关材料转送其所在单位或上级主管部门或其他有关部门，建议给予必要的教育或党纪政纪处分；情节严重，构成犯罪的，应立案侦查。

二、科学使用强制措施的能力

在贪污贿赂犯罪侦查工作中，强制措施作为一种重要的侦查手段，不仅可以防止犯罪嫌疑人自杀、逃匿、毁灭伪造证据等妨碍侦查活动的现象发生，保障侦查工作顺利进行，而且还可以通过影响犯罪嫌疑人的心理，达到深挖犯罪、推进侦查活动纵深发展的作用。因此，在深入研究强制措施的基本概念、适用程序、适用原则等基本问题的基础上，应将强制措施纳入侦查策略，在法律的框架范围内，科学、合理、灵活地加以运用。

（一）强制措施概述

1. 概念

根据修改后的刑事诉讼法的规定，贪污贿赂犯罪侦查中的强制措施，是指人民检察院在贪污贿赂犯罪侦查活动过程中，为了保障侦查工作的顺利进行，防止犯罪嫌疑人继续实施危害社会的行为，依法对犯罪嫌疑人所采取的暂时限制或者剥夺其人身自由的方法和手段。强制措施包括拘传、取保候审、监视居住、拘留、逮捕。

2. 特征

强制措施作为限制或者剥夺人身自由的方法和手段，在适用时必须严格按照修改后的刑事诉讼法和其他有关法律的规定进行。包括以下特征：

一是法定性。法定性主要表现在五个方面：第一，强制措施种类的法定性，即修改后的刑事诉讼法规定的拘传、取保候审、监视居住、拘留和逮捕五种；第二，适用主体的法定性，即只有人民检察院、公安机关等依法履行侦查职能的特定机关才有权采取侦查强制措施；第三，适用对象的法定性，即只适用于作为侦查对象的犯罪嫌疑人，而不能适用于其他诉讼参与人；第四，适用条件的法定性，即只有具备法律规定条件的犯罪嫌疑人才能适用强制措施;第五,适用程序的法定性,即决定采取强制措施和执行强制措施都必须严格依照法律规定的程序进行。

二是强制性。强制措施的适用以国家强制力为后盾,其直接后果就是使犯罪嫌疑人的人身自由受到不同程度的限制或者剥夺。

三是保障性。强制措施是一种暂时的保障性措施,而不是对犯罪嫌疑人的实体处理。适用强制措施的目的在于保障和促进侦查活动的顺利进行,一旦强制措施期限届满或者妨碍侦查活动顺利进行的因素消失,就应该及时予以撤销、变更或解除。

四是暂时性。一方面,每种强制措施都有法定期限,期限届满就应依法解除;另一方面,适用强制措施的目的是为了保障侦查活动的顺利进行,因此正如上文所述,一旦妨碍侦查活动顺利进行的因素消失,就应该解除。

3. 适用原则

强制措施是贪污贿赂犯罪侦查工作的重要手段。适用得当,对侦查工作能够起到有力的保障和促进作用;适用不当,不仅会侵犯犯罪嫌疑人的合法权益,还会影响甚至阻碍侦查工作的顺利进行。正确适用强制措施,应当遵循以下四个原则:

一是合法性原则。对贪污贿赂犯罪嫌疑人采取强制措施时,必须严格依照法律规定的条件和程序进行。

二是必要性原则。采取强制措施时,必须以犯罪嫌疑人有妨碍刑事诉讼顺利进行的可能为前提条件,并不是有案必用、逢人必用。

三是相当性原则。适用强制措施的种类、强制程度要与犯罪嫌疑人涉嫌罪行的轻重程度以及妨碍侦查活动顺利进行的可能性大小相适应,该强则强,该弱则弱。

四是灵活性原则。在确定适用强制措施时,对强制措施的适用种类、适用的时机、方法、地点等,都应当根据案件情况和侦查工作需要灵活掌握。

（二）强制措施的科学运用

贪污贿赂犯罪案件中的犯罪嫌疑人多数具有较高的智商和丰富的社会阅历，有些人还是精通法律的行家。因此，从一定意义上讲，侦查工作的实质就是侦查与反侦查的心理战，是智慧和策略的较量。强制措施作为一种保障侦查工作顺利进行的侦查手段，在发挥程序性作用的同时，如果科学运用得当，可以直接瓦解犯罪嫌疑人的抗拒心理，获取口供，从而突破案件，实现侦查目的。因此，从有利于侦查工作的角度出发，侦查人员应当树立强制措施策略化的意识，不断增强科学运用强制措施的能力，做到敢用，而不盲用；会用，而不滥用；能用，而不轻易用。

1. 科学确定是否运用强制措施

强制措施是保障侦查活动顺利进行的重要手段，但并不是每个案件都必须使用，人民检察院可以根据案件的具体情况决定是否对犯罪嫌疑人运用强制措施，如果不运用强制措施对侦查工作更加有利，就可以不采取。例如，2010年某省检察院反贪局在办理某航空公司某省分公司原总经理张某某受贿案时，行贿人李某已逾七旬，体弱多病，案发后，为了逃避责任，躲到了新加坡。侦查人员多次与李某的家人联系，规劝李某回国，并承诺只要李某如实交代行贿事实，且不妨碍侦查，就可以不对其采取强制措施。经过多次耐心细致的说服教育，李某回国接受了办案人员的讯问，不仅交代了行贿30余万元的犯罪事实，还主动配合办案人员提供了相关书证，上交了违法所得。办案人员也兑现了承诺，没有对李某采取强制措施。

2. 科学确定适用强制措施的种类

拘传、取保候审、监视居住、拘留、逮捕，这五种强制措施的强制力度各有不同，在选择适用的强制措施时，应根据犯罪嫌疑人涉嫌罪行的轻重和人身危害性的大小等因素综合考虑。如果犯罪嫌疑人同时可以适用多种强制措施，侦查人员要根据侦查工作的需要确定具体适用强制措施的种类。一般而言，对于认罪态度好的，可以考虑适用取保候审、监视居住等强制措施；对于态度恶劣，拒不交代的，则要分清态度恶劣的原因和犯罪嫌疑人的心理状态综合把握。有的犯罪嫌疑人自认为作案手段高明，做好了反侦查的准备，存在侥幸心理而拒不交代。对于此类犯罪嫌疑人，只要掌握了一定的证据，就依法果断的采取拘留、逮捕等羁押性强制措施，打击其嚣张气焰，使其认识到自己的犯罪问题已经彻底暴露，办案人员已经掌握证据，再不交代会导致更加严重的处罚，从而瓦解其心理防线，促使其交代问题。有的犯罪嫌疑人担心自己交代犯罪事实后会受到严厉的惩处，存在畏罪心理。对于此类犯罪嫌疑人，侦查人员可以分析其畏罪的原因灵活适用强制措施。

在选择适用强制措施的种类时，还应当考虑案件的全局，体现宽严相济。特别是窝案、串案，为了分化瓦解犯罪，可以在法律允许的范围内选择宽严典型，当宽则宽，当严则严，造成强烈反差，敦促犯罪分子认罪伏法。对于认罪态度好、坦白交代的，即使罪行较重，也可以采取强制力较弱的强制措施。对于对敦促、挽救置若罔闻，抗拒交代，妨碍侦查的，即使罪行较轻，也可以采取强制力较强的强制措施。例如，2006年某省检察院反贪局办理的某市原市委书记张某某受贿案，有两名行贿人周某和马某。周某向张某某行贿了160余万元，马某向张某某行贿了50余万元。张某某案发后，周某主动投案自首，交代了他向张某某行贿的全部犯罪事实，还提供了相关证据。为了体现宽严相济的刑事政策，鼓励更多的行贿人投案自首，检察机关对周某采取了取保候审的措施。而马某在张某某案发后，四处躲藏。抓捕归案后，仍旧负隅顽抗，拒不交代问题。为了以儆效尤，检察机关对马某采取了拘留、逮捕的强制措施。周某和马某的不同做法及不同的后果，产生了很大的警醒效应和示范作用，多名行贿人选择了坦白从宽之路，加快了整个案件的侦破进度，提高了工作效率，取得了良好的法律效果和社会效果。

3. 科学确定适用强制措施的时机

恰当的时机对案件的侦破能够起到事半功倍的效果。司法实践中，多数采取先传唤或拘传的方式开始对犯罪嫌疑人的第一次讯问，作为与犯罪嫌疑人的初次较量，拘传或者传唤的时机以及传唤后强制措施的选择对案件的侦破会起到至关重要的作用。对此要综合分析，精心部署。一般而言，选择犯罪嫌疑人没有心理准备的情况下进行传唤或拘传，有利于击垮心理防线，突破口供。比如，选择晚上夜深人静的时候，出差刚回来的时候，以及早上刚出门上班的时候等，让犯罪嫌疑人措手不及、猝不及防，惊慌之际易于交代问题。对于拘传、传唤后的讯问，既不能单纯依靠在修改后的刑事诉讼法规定的12小时内或案情特别重大、复杂，需要采取拘留、逮捕措施的在24小时内突破案件，也不能忽视其作用，而应把它作为适用强制措施策略的一个重要契机。在拘传、传唤期内，可以观察分析犯罪嫌疑人的心理状态，决定下一步行动的方向。要把对侦查人员的压力转换为对犯罪嫌疑人的包袱，让犯罪嫌疑人自己去选择何去何从的道路。

4. 科学确定适用强制措施的地点

与适用强制措施的种类、时机一样，适用强制措施的地点不同，也会对犯罪嫌疑人的心理产生不同的影响，从而影响案件的侦破。司法实践中，根据案情灵活的变换羁押地点能够迅速的打消犯罪嫌疑人的侥幸和抗拒心理，对案件的侦破会起到显著的作用。例如，某省检察院反贪局在办理某省法院原院长吴某某受贿案时，共同受贿人李某是一名律师，精通法律。起初办案人员将李某羁押在市辖区内的看守所，李某凭借其较强的社会活动能力，竟将一名看守所的干警拉下马，为其通风报信。准备及时掌握外界信息的李某，面对办案人员的审讯，巧舌如簧、百般抵赖，抗拒心理极其严重。办案人员挖出该干警后将李某异地羁押。在新的羁押场所，李某又迅速拉拢同监室的其他犯罪嫌疑人，由他们利用机会为其通风报信，导致办案人员的审讯一直没有达到预期的效果。经狱内侦查，办案人员发现李某负隅顽抗的原因，决定再次变换羁押场所。在新的羁押场所，办案人员经常不定期地调整李某的监室，让李某来不及疏通关系。断绝与外界的联系后，李某愈加焦虑恐慌，心理防线逐渐崩溃。办案人员巧用审讯谋略，辅以其他侦查措施，彻底打消了李某的抗拒心理，促使其交代了问题。

5. 科学确定强制措施的变更

侦查破案犹如打仗,瞬时间可能千变万化。在强制措施的适用上,侦查人员要根据案件的进展和犯罪嫌疑人认罪态度的变化,随时予以变更。如果犯罪嫌疑人被拘留后,愿意真诚悔罪,并彻底交代了罪行,就可以考虑将强制措施变更为取保候审;如果冥顽不化,继续抵抗,则可以考虑变更为逮捕。例如,前述张某某受贿案中的行贿人马某,在侦查之初,态度蛮横,拒不认罪,对其采取拘留措施后仍旧不知悔改,时供时翻,侦查人员遂对其采取逮捕措施。在逮捕阶段,马某的认罪态度逐渐好转,并彻底交代了行贿事实。之后,由于马某患有严重疾病,办案人员决定对其适用取保候审的强制措施。取保之前,办案人员对他的认罪态度和交代问题的程度给予了充分肯定,让他感觉到坦白确实得到了从宽,同时又告诫他要遵守取保候审期间的法律规定,千万不可受人教唆翻供、串供。马某对办案人员改变强制措施的做法非常感激,直至开庭审判都未翻供。

如果犯罪嫌疑人被采取强度较小的强制措施后,故意实施妨碍侦查的行为,就要果断的变更为强度较大的强制措施。例如,某省检察院反贪局办理的某省政府原副秘书长唐某某受贿案,共同受贿人唐某被取保候审后,不遵守取保候审期间的限制性规定,不仅自己翻供,还教唆、妨害其他证人,与行贿人串供,毁灭相关书证。经侦查人员劝诫后唐某仍旧我行我素,遂决定对其重新实施逮捕措施。

(三) 科学使用强制措施时应当注意的问题

1. 把握适用强制措施的合法性

强制措施是一把"双刃剑",用得好,也就是严格依法运用,有利于反贪侦查等诉讼活动顺利进行,但如用得不好,不仅会侵犯犯罪嫌疑人的合法权利,还会严重损害检察机关的权威形象。特别是新的国家赔偿法颁布后,对强制措施的适用提出了更多更高的要求。将强制措施作为一种侦查策略科学适用,首先必须做到依法适用,在适用对象、条件、程序等多个方面都严格依法进行,切不可为了达到侦查目的，忽略法律甚至故意违背法律。

2. 强调适用强制措施的灵活性

科学地适用强制措施是充分发挥强制措施的作用，但并不是所有的案件、所有的犯罪嫌疑人都必须适用强制措施，也不是所有的案件、所有的犯罪嫌疑人适用了强制措施，就能突破。强制措施并不是"灵丹妙药"，更不能"包破百案"。在科学适用强制措施时，既要更新观念，树立强制措施的策略化意识，增加适用强制措施为侦破案件服务的概率，也要摒弃完全依靠强制措施突破案件的观念和做法；既要考虑强制措施适用的一般规律，更要重视特定案件、特定对象在特定时间、特定地点、特定环境下的特殊性，做到因人制宜、因时制宜，切不可生搬硬套，经验主义。

3. 将强制措施作为重要策略纳入整个侦查工作中

侦查工作需要多种侦查措施、侦查策略的有机结合。强制措施作为侦查策略的一种，只是侦查工作的一小部分。在选择适用强制措施时，必须着眼于侦查工作的整体需要，从侦查工作的全局出发。在具体实施强制措施时，要有为审讯工作和证据收集工作服务的意识，何时用、怎么用，都要与这两项工作紧密结合。

4. 注重适用强制措施时的安全防范工作

强制措施以国家强制力为后盾，其直接后果就是使犯罪嫌疑人的人身自由受到不同程度的限制或者剥夺。在适用强制措施时，犯罪嫌疑人的人身安全问题置于侦查部门的监控之中。侦查部门一定要坚持理性平和的执法理念，依法文明规范办案，把安全防范措施和责任落实到办案的各个环节，预防和杜绝安全事故的发生。

三、科学使用侦查手段的能力

（一）讯问

根据修改后的刑事诉讼法的规定，所谓讯问，是指侦查人员依照法定程序，以言词方式向犯罪嫌疑人查问案件事实和其他与案件有关问题的一种侦查活动。

1. 讯问的作用

讯问犯罪嫌疑人，有利于侦查人员收集、核实证据，查明案件事实，查清犯罪情节，并发现新的犯罪线索和其他应当追究刑事责任的犯罪分子；可以为犯罪嫌疑人如实供述罪行或充分行使辩护权提供机会，使侦查机关通过听取犯罪嫌疑人的陈述和申辩，在保障犯罪嫌疑人合法权益的同时，保障无罪的人和其他依法不应当追究刑事责任的人免受刑事追诉，防止冤错案件的发生。

2. 讯问的任务

讯问的主要任务是查证犯罪嫌疑人的全部犯罪事实，追查赃款、赃物去向，追查同案的犯罪嫌疑人和其他涉案犯罪线索，受理犯罪嫌疑人检举揭发与本案无关的犯罪事实或线索。

3. 讯问的措施

讯问前，办案人员应当熟悉案情，掌握犯罪嫌疑人的个性特点和心理状况，了解相关的法律、政策和社会信息，做好讯问前的各种准备工作。讯问前要制订好讯问计划，讯问计划主要包括以下内容：简要案情；犯罪嫌疑人思想动态和个性特点的分析；需要查明的主要问题；讯问的重点、步骤、方法和策略；讯问过程中可能出现的问题及对策；讯问参与人员及分工等。讯问时，首先要履行好告知义务，要详细查明犯罪嫌疑人的基本情况，是否为人大代表、政协委员或县处级以上干部；讯问其是否有犯罪行为，应让其陈述有罪的事实或无罪的辩解，然后就犯罪嫌疑人供述或辩解中不清楚、不全面、前后矛盾，对认定案件事实有直接关系，影响对犯罪嫌疑人定罪量刑的地方提问；对提出的反证要认真查核。讯问犯罪嫌疑人要制作《讯问犯罪嫌疑人笔录》，并交犯罪嫌疑人核对；犯罪嫌疑人审阅后认为笔录没有出入和错误后，要在笔录上逐页签名或盖章。讯问结束后，在押的犯罪嫌疑人要立即还押；被传唤、拘传的犯罪嫌疑人，符合拘留、逮捕条件并有拘留、逮捕必要的，应当依法及时办理拘留、逮捕手续，并立即通知公安机关执行；对于不采取拘留、逮捕强制措施的，应当通知其单位或家属领回或派员将其送回。

4. 讯问的基本要求

根据修改后的刑事诉讼法的规定以及侦查工作的需要，讯问应遵守以下基本要求：一是传唤、拘传犯罪嫌疑人须经检察长批准，要制作《传唤通知书》或《拘传证》，报请检察长签发。二是传唤、拘传持续的时间最长不得超过法定期限，不得以连续传唤、拘传的形式变相拘禁犯罪嫌疑人，并必须保证其必要的饮食和休息时间。三是讯问犯罪嫌疑人必须由检察人员负责进行，讯问时检察人员不得少于二人。四是对不需要逮捕、拘留的犯罪嫌疑人，经检察长批准，可以在其所在市、县内的指定地点或者到其住处进行讯问；如果到检察院讯问，应当在讯问室进行；如果提讯在押的犯罪嫌疑人，应当在看守所讯问室进行。五是讯问时严禁刑讯逼供和以威胁、引诱、欺骗以及其他非法的方法获取供述。六是讯问应当个别进行。七是讯问不满18岁的犯罪嫌疑人，应当通知其法定代理人到场；讯问聋哑犯罪嫌疑人，应当有通晓聋哑手势的人在场，并将情况记明笔录。八是讯问过程应全程同步录音录像。九是讯问时要注意安全防范，要对讯问地点进行安全检查。发现安全隐患或异常情况要及时采取有效措施加以防范，防止意外事件。

（二）询问

根据修改后的刑事诉讼法的规定，所谓询问是指侦查人员依照法定程序，以言词方式就案件有关情况向证人进行调查了解的一种侦查活动。

1. 询问的作用

询问证人是侦查过程中经常采用的一种侦查行为，通过询问证人获取证人证言，有助于侦查人员发现、收集证据和核实证据，查明案件事实真相，准确认定案件事实。

2. 询问的任务

一是查明案情。侦查人员通过询问知情人，获取证人证言，了解案件发生的过程和事实情节。二是收集证据。侦查人员通过询问证人能够发现新的证据线索，获取新的证据。三是审查和核实证据。侦查人员通过询问证人可以审查侦破过程中所收集的各种证据材料是否真实可靠，以及它们与案件事实之间是否存在内在联系。四是查缉在逃的犯罪嫌疑人。侦查人员通过询问可以掌握犯罪嫌疑人出逃前后的蛛丝马迹，确定其出逃方向和落脚点。

3. 询问的措施

询问前，要做好充分准备，了解证人的身份、职业、与犯罪嫌疑人的关系以及证人的性格特征及心理状态，制定询问提纲，列明需询问和应当注意的问题以及安全防范预案。询问时，应先问明证人的基本情况以及与当事人的关系；告知证人应当如实地提供证据、证言和有意作伪证或者隐匿罪证要负的法律责任；然后告知证人要就所知道的案件情况作连续的详细叙述，并对其所陈述的事实，问明其来源和根据；最后要根据案件的具体情况进行询问；询问证人要制作《询问笔录》，如实、完整地记载证人的陈述；询问结束时，询问笔录应当交证人核对，证人确认笔录无误后，应当在笔录上签名或盖章。询问结束后，应当让证人离开，或通知其单位或亲属领回，或派员将其送回。

4. 询问的基本要求

根据修改后的刑事诉讼法的规定以及侦查工作的需要，询问应遵守以下基本要求：一是询问证人必须由检察人员进行，询问时，检察人员不得少于二人；二是询问证人可以在证人所在单位、住处或者证人提出的地点进行，但必须出示检察院的证明文件，必要时，也可以通知证人到检察院提供证言；三是询问应个别进行，不能采取开座谈会或讨论会的形式询问证人；四是询问未成年的证人，应当通知其法定代理人到场；五是询问证人不得用向证人泄露案情等方式进行，更不得采用羁押、暴力、威胁、引诱、欺骗以及其他非法方法获取证言；六是询问证人需同步录音录像的，应当事先征得证人同意；七是不得以协助调查取证等名义变相限制和剥夺证人人身自由。

（三）勘验、检查

根据修改后的刑事诉讼法的规定，所谓勘验、检查，是指侦查人员对与犯罪有关的场所和人、物、事进行勘验、检查或现场调查，以发现和收集犯罪线索和犯罪证据的一种侦查活动。修改后的《刑事诉讼法》第126条规定，"侦查人员对于与犯罪有关的场所、物品、人身、尸体应当进行勘验或者检查。在必要的时候，可以指派或者聘请具有专门知识的人，在侦查人员的主持下进行勘验、检查"。

1. 勘验、检查的作用

通过勘验、检查，可以发现犯罪线索、收集犯罪证据，从而为分析案情、确定侦查方向和范围提供依据。

2. 勘验、检查的程序

一是进行勘验、检查，应当持有检察长签发的《勘查证》。二是勘验、检查由检察人员进行，勘验、检查前应出示《勘查证》和工作证，必要时，可以指派检察技术人员或者聘请有专门知识的人参加。三是勘验、检查应当邀请与案件没有利害关系的二名见证人参加。如果人民检察院在侦查中决定对死因不明的尸体进行解剖检验时，应制作《解剖尸体通知书》，通知死者家属到场。四是犯罪嫌疑人如果拒绝检查，检察人员认为必要的时候，可以强制检查。检查妇女的身体，应当由女工作人员或医师进行。五是勘验、检查情况应写成笔录。六是侦查实验必须经检察长批准后方可进行。

3. 勘验、检查的要求

根据修改后的刑事诉讼法的规定以及侦查工作的需要，勘验、检查应遵守以下基本要求：一是勘验、检查应当及时进行，避免因时间太长造成证据丧失或湮灭；二是勘验、检查应当全面、细致，不要遗漏，不要放过任何与案件有关的细枝末节；三是利用计算机进行犯罪现场的勘查，应当复制电子资料和数据，并保护计算机和相关设备，尽量提取和保存原始记录设备。

（四）侦查实验

所谓侦查实验，是指在相同或相近的条件下，用模拟和再现的方法，对犯罪行为或现象发生、变化和结果所作的复现实验。修改后的《刑事诉讼法》第133条规定，"为了查明案情，在必要的时候，经公安机关负责人批准，可以进行侦查实验。侦查实验的情况应当写成笔录，由参加实验的人签名或者盖章。侦查实验，禁止一切足以造成危险、侮辱人格或者有伤风化的行为"。反贪侦查中，如有必要实行侦查实验，必须经检察长批准。

1. 侦查实验的作用

侦查实验是获取证据，审查证据，揭露和证实犯罪的一项有力措施，是实事求是分析研究案情的重要手段。侦查实验对于审查案件事实是否成立，确定犯罪行为是否发生，检验收集的证据是否可靠，甄别证人证言和犯罪嫌疑人口供是否真实，审查辨认的正确性以及对于预防贪污贿赂犯罪的发生都具有重要的意义。

2. 侦查实验的任务

一是确定在某时间和条件下，能否看见或听到某种与案件有关的情况；二是确定在某时间和条件下，能否完成某种行为；三是确定某种现象在什么样的条件下才会发生；四是确定某种痕迹是在什么情况下遗留下的，以及某种行为和某种痕迹是否吻合；五是确定证人的陈述和犯罪嫌疑人的口供是否真实；六是确定辨认结果是否可靠。

3. 侦查实验的措施

一是制订侦查实验计划。在侦查实验实施之前，必须制订全面的实施计划，以确保实验的顺利进行。侦查实验计划应包括以下内容：侦查实验的目的，侦查实验的时间、地点，侦查实验所需的工具、器材和有关物品，侦查实验的人员及分工，侦查实验的内容、具体实施步骤和方法，侦查实验结果的记录评断。二是组织实验实施。参加实验的人员分工明确，各负其责，对实验场地要做好警戒，对实验中使用的器材、工具要进行检查，要按照侦查实验计划有条不紊地进行，并对实验进行仔细的观察和记录。三是侦查实验结果的评断。应当将实验结果与其他证据认真进行核对，判明其是否能与其他证据相互印证，能否与其他证据材料形成一个完整的证据体系，如果侦查实验的结果与案件中的其他证据相矛盾，则应探明原因，对实验结果的可靠性作出判断。

4. 侦查实验的要求

根据修改后的刑事诉讼法的规定以及侦查工作的需要，侦查实验应遵守以下基本要求：一是侦查实验需要在现场进行的必须在现场勘查完成的情况下，确认现场无保存必要时，经批准方可进行；二是侦查实验应在与发案相同或近似的条件下进行；三是要坚持对同一情况的反复实验，确保结论的可靠性；四是如果侦查实验是为了审查当事人或证人的陈述是否真实时，则可以让当事人或证人亲自参与实验；五是对侦查实验的内容和结果要保密；六是侦查实验要禁止采取侮辱人格、有伤风化、危害人身健康和财产安全的实验手段；七是侦查实验笔录中不应记入侦查人员根据实验结果得出的任何结论。

（五）搜查

根据修改后的刑事诉讼法的规定，所谓搜查，是指侦查人员为了收集证据、查获犯罪嫌疑人，依法对犯罪嫌疑人以及可能隐藏犯罪嫌疑人或者罪证的人的身体、物品、住所和其他有关地方进行搜寻、检查的一种侦查行为。搜查包括对人的身体的搜查、对物品的搜查和对住处及其他有关场所的搜查。

1. 搜查的作用

一是通过搜查可以获取证据，有助于案件的侦查，而且还可以为查清其他案件提供证据或调查线索；二是可以防止证据的自然消失和人为毁灭、破坏、伪造、转移等，保证侦查工作的顺利进行；三是通过搜查可以发现线索，确定犯罪嫌疑人的出逃方向和落脚点。

2. 搜查的任务

一是收集已知证据，发现未知证据，开辟证据来源。在侦查过程中，只要发现有犯罪证据或与案件有关的物品、文件等都应及时进行搜查，通过搜查，直接获取证据或者促使证据持有人交出证据；二是查获犯罪嫌疑人。对贪污贿赂犯罪案件中没有到案或在逃的犯罪嫌疑人，可以通过搜索和查寻发现其行踪或藏匿地点，从而将其捕获归案。

3. 搜查的措施

搜查前要制定搜查方案，搜查方案的内容包括：确定搜查点；明确搜查人员的分工和责任；确定搜查的时间；搜查的程序、方法；搜查中突发事件的处理等。搜查前，办案人员还应当报请检察长签发《搜查证》；搜查时应当向被搜查人或其家属出示《搜查证》；紧急情况下，不用搜查证也可以进行搜查，但搜查结束后，搜查人员要及时向检察长报告并补办有关手续。

搜查应当在检察人员的主持下进行，可以有司法警察参加，必要时可以指派检察技术人员参加或邀请公安机关、有关单位协助进行。搜查时应当有被搜查人或其家属、邻居或其他见证人在场，要对被搜查人或其家属说明阻碍搜查、妨碍公务应负的法律责任。搜查时如果遇到阻碍，可以强制进行搜查。对以暴力、威胁等方法阻碍搜查的，应当予以制止，或由司法警察将其带离现场；构成犯罪的，要依法追究刑事责任。

搜查应当全面、细致、及时，并且指派专人严密注视搜查现场的动向。进行搜查的人员应当遵守纪律、服从指挥、文明执法，不得无故损坏搜查现场的物品。对于查获的重要书证、物证、视听资料及其放置地点应当拍照，并且用文字说明有关情况，必要时可以录像。

搜查情况应当制作《搜查笔录》，由侦查人员和被搜查人员或其家属、邻居或其他见证人签名或盖章。如果发现可以证明犯罪嫌疑人有罪或无罪的物品、文件，非法持有的违禁品，可能属于违法所得的款项，应当扣押；与案件无关的，不得扣押；不能立即查明是否与案件有关的可疑款物，可以先行扣押并及时审查处理，经查明确实与案件无关的，应当在3日内作出解除或退还决定，并通知有关当事人。

4. 搜查的基本要求

根据修改后的刑事诉讼法的规定以及侦查工作的需要，搜查应遵守以下基本要求：一是人民检察院立案后需要搜查的，不要贻误战机，应迅速进行搜查，不给犯罪嫌疑人留下隐匿、销毁、转移罪证的时间。二是搜查前，注意做好被搜查人及其家属的思想工作，促使他们能够协助搜查，主动交出涉案款物。搜查过程中要时刻注意搜查现场被搜查人及其家属的各种动向和反应。如遇阻力，可以强制进行搜查。三是对搜查过程中扣押的物品要规范登记。四是不能在没有见证人的情况下进行搜查。五是搜查过程中不得扣押与案件无关的物品，但违禁品、毒品等除外。

（六）查封、扣押

根据修改后的刑事诉讼法的规定，所谓查封、扣押，是"查封、扣押物证、书证"的简称，是指人民检察院的侦查人员在侦查过程中，对可以证明犯罪嫌疑人、被告人有罪或无罪、罪重或罪轻、涉嫌犯罪和违法或可能与犯罪有关的款物、作案工具、非法持有的违禁品等暂时予以封存、扣留、保管，并根据案件情况对扣押款物进行审查，作出相应处理的侦查措施。修改后的《刑事诉讼法》第139条规定，"在侦查活动中发现的可用以证明犯罪嫌疑人有罪或者无罪的各种财物、文件，应当查封、扣押；与案件无关的财物、文件，不得查封、扣押。对查封、扣押的财物、文件，要妥善保管或者封存，不得使用、调换或者损毁"。

1. 查封、扣押的作用

查封、扣押物证、书证既可以获取固定证据，印证犯罪事实，准确认定犯罪性质，还可以防止涉案款物的毁损、灭失或隐藏，从而为国家挽回经济损失。

2. 查封、扣押的措施

一是对于有关单位、犯罪嫌疑人及其家属上缴的涉案款物，需要查封、扣押的，应当制作《查封、扣押决定书》，填写《查封、扣押物品清单》，由检察长决定；二是对于查封、扣押的款物，检察人员应当会同在场见证人和被扣押款物持有人查点清楚，当场开列查封、扣押物品清单，注明查封、扣押物品的特征，由检察人员、见证人和持有人签名或盖章；三是对查封、扣押的款物，侦查部门应及时进行审查，经查明确实与案件无关的，应当在3日内作出解除或退还决定，及时退返被扣押人；四是经审查，查封、扣押的物品属于违禁品或不宜长期保管的物品，应按照有关规定及时移送有关部门处理；五是办案部门扣押款物后，应当在3日内移送本院案件管理部门；六是对于查封、扣押款物应当予以没收的，人民检察院可以提出检察意见，制作相关法律文书，按照违法行为的性质分别移送有关主管机关处理。

3. 查封、扣押的要求

根据修改后的刑事诉讼法的规定以及侦查工作的需要，查封、扣押应遵守以下基本要求：一是查封、扣押款物应当由两名以上检察人员进行；二是查封、扣押款物应当出具相应的法律文书，不得以财政收据或其他规范性文书代替扣押和处理涉案款物的法律手续；三是诉讼程序终结前，不得处理查封、扣押款物，依法应当返还或经查明确实与案件无关的除外；四是处理查封、扣押款物，应当经检察长或检察委员会决定，任何部门和个人不得擅自处理；五是对依法应上缴国库或返还有关单位和个人的查封、扣押款物，如果有孳息也应一并上缴或返还。

（七）查询、冻结

根据修改后的刑事诉讼法的规定，所谓查询、冻结，是指侦查人员根据侦查犯罪的需要，依法查询、冻结犯罪嫌疑人的存款、汇款、债券、股票、基金份额等财产或者与案件有关单位的存款、汇款、债券、股票、基金份额等财产的一种侦查措施。修改后的《刑事诉讼法》第142条规定，"人民检察院、公安机关根据侦查犯罪的需要，可以依照规定查询、冻结犯罪嫌疑人的存款、汇款、债券、股票、基金份额等财产。有关单位和个人应当配合"。

1. 查询、冻结的作用

通过查询、冻结存款、汇款、债券、股票、基金份额，可以发现犯罪嫌疑人的赃款，揭露、证实贪污贿赂犯罪，发现新的犯罪线索并核实、固定证据。同时，也可以追缴赃款，为国家挽回经济损失。

2. 查询、冻结的措施

一是存款、汇款、债券、股票、基金份额的确定。犯罪嫌疑人的存款、汇款、债券、股票、基金份额包括以犯罪嫌疑人名义进行的存款、汇款、债券、股票、基金份额，也包括将涉嫌的赃款以其假名、代名或家属、亲友名义进行的存款、汇款、债券、股票、基金份额；

既包括存进、汇进的款项，又包括取出、汇出的款项；既包括查询时还在犯罪嫌疑人账户上的款项，也包括在一定时期内犯罪嫌疑人账户上款项存进、取出的整个流动状态。犯罪嫌疑人通过单位转账的款项，以及与案件有关的单位的款项，都是需要查询、冻结的对象。二是填写法律文书。冻结存款、汇款、债券、股票、基金份额，应当经检察长批准。办案人员依照规定填写相应的法律文书与工作文书。三是实施查询和冻结。查询、冻结犯罪嫌疑人的存款、汇款、债券、股票、基金份额，办案人员依照规定出示相关法律文书和工作证，通知银行或其他金融机构、邮电部门执行。犯罪嫌疑人的存款、汇款、债券、股票、基金份额已经被冻结的，人民检察院不得重复冻结，但是应当要求有关银行和其他金融机构、邮电部门在解除或者作出处理前通知人民检察院。四是冻结的存款、汇款、债券、股票、基金份额的审查。对于冻结的存款、汇款、债券、股票、基金份额，经查明确实与案件无关的，应当制作相应的解除冻结的法律文书和工作文书，在3日内解除冻结。

3. 查询、冻结的要求

根据修改后的刑事诉讼法的规定以及侦查工作的需要，查询、冻结应遵守以下基本要求：一是未经检察长批准，不得擅自查询、冻结犯罪嫌疑人存款、汇款、债券、股票、基金份额和与案件有关单位的存款、汇款、债券、股票、基金份额；二是人民检察院不得扣划存款、汇款、债券、股票、基金份额；三是查询与案件有关人员的存款、汇款、债券、股票、基金份额，应使用相应的法律文书，通知银行或其他金融机构、邮电部门执行或配合查询；四是一次冻结单位存款不能超过6个月，需要延长的，可以续冻。

（八）鉴定

根据修改后的刑事诉讼法的规定，所谓鉴定，是指检察机关为查明案情，指派或聘请具有专门知识的人，就案件中某些专门性问题进行鉴别和判断，并提出意见的一种侦查行为。侦查中经常采用的鉴定主要有文书鉴定、痕迹鉴定、法医鉴定、理化鉴定、精神病医学鉴定、扣押物品的价格鉴定、文物鉴定、司法会计鉴定、计算机软件的鉴定、对通信使用情况的鉴定等。

1. 鉴定的作用

鉴定对于侦查机关及时收集证据，准确揭示物证、书证在刑事诉讼中的证明作用，鉴别案内其他证据的真伪，查明案件事实真相，查获犯罪嫌疑人，都具有重要作用。

2. 鉴定的措施

一是检察人员依据案情需要，提出委托或聘请鉴定意见，制作《委托鉴定书》或《聘请书》，列明鉴定要求，《聘请书》、《委托鉴定书》经部门负责人审核后报请检察长批准。二是鉴定由人民检察院技术部门有鉴定资格的人员进行。必要的时候，也可以聘请其他有鉴定资格的人员进行，但是应当征得鉴定人所在单位的同意。三是对于鉴定意见，办案人应当进行审查，必要的时候，可以进行补充鉴定或重新鉴定。人民检察院决定重新鉴定的，应当另行指派或聘请鉴定人。如果犯罪嫌疑人提出申请，经检察长批准，也可以补充鉴定或重新鉴定。四是鉴定意见作为证据入卷。

3. 鉴定的要求

根据修改后的刑事诉讼法的规定以及侦查工作的需要，鉴定应遵守以下基本要求：一是鉴定人必须是具备解决案件涉及的专门性问题的专门知识和技能的自然人；二是鉴定人应当是与案件或案件当事人没有利害关系，不需要回避；三是侦查机关应当为鉴定人提供必要的条件，及时向鉴定人送交有关检材和对比样本等原始材料，介绍与鉴定有关的情况；四是侦查人员不得暗示或强迫鉴定人作出某种鉴定意见，也不得要求鉴定人去解决法律性质的问题；五是侦查人员应当从鉴定主体、鉴定材料、与其他证据的关系方面对鉴定意见进行审查；六是用作证据的鉴定意见，侦查部门应当告知犯罪嫌疑人，但不可告知鉴定过程等其他内容。

（九）辨认

根据修改后的刑事诉讼法的规定，所谓辨认，是指为了查明案情，在必要的时候，检察人员让被害人、证人、犯罪嫌疑人对与犯罪有关的物品、文件、尸体、场所、犯罪嫌疑人等进行辨别确认的一种侦查行为。

1. 辨认的作用

辨认能充分发挥人证、物证的作用，辨明与案件有关的证据和事实，查明案情，提高证据的证明力，并且可以通过辨认查获犯罪嫌疑人。

2. 辨认的程序

在检察人员的主持下，由证人、犯罪嫌疑人对与犯罪有关的物品、文件、人员进行辨认。对犯罪嫌疑人进行辨认时，检察人员应写出书面报告，经检察长批准后实施。辨认结束后，应将辨认情况制作成笔录，由参与辨认的有关人员签名或盖章。

3. 辨认的要求

根据修改后的刑事诉讼法的规定以及侦查工作的需要，辨认应遵守以下基本要求：一是辨认应当在检察人员的主持下进行，主持辨认的检察人员不得少于二人；二是辨认应当单独进行，必要时可以有见证人在场；三是辨认时，应当将辨认对象混杂在其他人员和物品之中，受辨认的人员、必须为5至10人，其照片为5至10张；受辨认的物品数量不得少于5件、照片不得少于5张；四是辨认时，侦查人员不能给予辨认人任何暗示；五是对辨认对象应当拍照，必要时可以对辨认过程录音录像。

（十）控制赃物

所谓控制赃物，是指在反贪侦查工作中，侦查部门对犯罪嫌疑人可能转移、藏匿、销售、销毁赃物的处所布置力量，进行监视、控制，以发现、收缴赃物、证据，查获发现犯罪嫌疑人的一项侦查措施。控制赃物与搜查不同，它不仅是查获赃物的措施，更重要的是通过控制赃物藏匿及转移的地点、流通的渠道及交易的场所，从较为广泛的领域为侦查破案提供线索甚至直接破案。修改后的《刑事诉讼法》第151条规定了控制下交付，实践中运用时要注意依法、慎重。

1. 控制赃物的作用

通过控制赃物，可以起到以下作用：一是能够发现案件线索；二是能够加快破案速度；三是能够查获犯罪嫌疑人；四是能够获取犯罪证据；五是能够挽回和减少经济损失等。

2. 控制赃物的范围

所谓控制赃物的范围，是指犯罪分子销售、挥霍、使用、隐藏、转移和销毁赃物的处所。这些处所主要有：信托寄卖部门，如委托行、典当行等；各种物品收购部门，如文物商店、玉器珠宝商店等；金融部门，如银行、储蓄所、金银及外币兑换处、证券交易所等；商品交易场所，如商场、集市、贸易市场等；饮食服务行业，如饭店、酒店等。同时，要加强与银行、反洗钱机构的联系，并控制赃款不向国外转移。

3. 控制赃物的方法

一是依法运用查询、冻结、查封、扣押措施；二是加强与国家反洗钱机构以及银行、证券公司、信托投资公司等金融机构的联系；三是加强与工商、税务、审计和海关等行政机关的联系，做好案件密送和协查工作等。

4. 控制赃物的要求

根据修改后的刑事诉讼法的规定以及侦查工作的需要，控制赃物应遵守以下基本要求：一是要执行政策。对于确属赃物的应当坚决予以追缴，经查核甄别不属于赃物的，应当迅速退还原主。二是遵守法纪。任何单位和个人都不得擅自处置赃物，不得私分或变相私分，发现违纪事件要严肃处理，触犯刑法的要依法追究刑事责任。三是注意工作方法。控制赃物政策性很强，要注意工作方法，不能简单粗暴地对待被审查对象，要耐心细致地做好工作，灵活机动地处理好各方面的问题。四是要搞好协同配合。对涉及查缉、控制犯罪嫌疑人和赃物的地区和部门之间，要积极协调，密切联系，加强交流与配合，要使控制赃物工作形成一个有机整体。五是要依法做好赃款赃物的管理、移送和上缴工作等。

（十一）追缉堵截

所谓追缉，是指侦查机关在侦查过程中，发现犯罪嫌疑人畏罪潜逃时，根据其逃跑的方向和路线，及时组织力量进行跟踪追捕的一项紧急侦查措施。所谓堵截，是指在追缉过程中，根据犯罪嫌疑人逃跑的方向和路线，在其可能经过的路线上，选择恰当的地点，公开或秘密布置警力，发现、控制、缉捕犯罪嫌疑人的侦查措施。由于追缉和堵截任务的一致性和连续性，两者常常结合使用，故将追缉堵截并提。

1. 追缉堵截的作用

一是能迅速将不及远逃的犯罪嫌疑人捕获，能防止其远逃后给缉捕工作带来难度；二是追缉堵截犯罪嫌疑人可以使其难以从容藏匿、销毁证据、处理赃款赃物或进行串供、实施新的犯罪活动；三是及时将犯罪嫌疑人捕获能防止犯罪嫌疑人自伤、自残、自杀等事件的发生，避免给侦查工作造成被动；四是及时将犯罪嫌疑人捕获能加快办案速度，提高办案效率。

2. 追缉堵截的措施

一是关门查缉。在犯罪嫌疑人刚刚逃跑或尚未逃离本地的情况下，迅速了解犯罪嫌疑人的姓名、体貌特征、携带物等情况，通知各堵卡点堵截，认真盘查可疑人员，防止犯罪嫌疑人逃往外地。发现犯罪嫌疑人，则要严密阵地控制，及时组织力量在其可能涉足、落脚、藏身的地方进行清查，防止就地潜藏。二是尾随追缉。在犯罪嫌疑人已经逃离本地时，组织侦查人员沿着其逃跑的路线和踪迹，跟踪追缉，同时，迅速通知公安机关在犯罪嫌疑人可能经过的要道和关卡把关堵截，进行盘查，阻留符合特征的可疑人员。三是包剿合围。在追缉堵截时，以一路为主，他路紧密配合，迂回靠拢，围剿在逃犯罪嫌疑人。四是张网以待。根据犯罪嫌疑人在逃跑过程中可能的落脚藏身情况，及时了解其社会关系的住址，组织侦查力量，设立暗哨或其他相应措施，进行秘密监控，张网捕鱼。

3. 追缉堵截的要求

根据修改后的刑事诉讼法的规定以及侦查工作的需要，追缉堵截应遵守以下基本要求：一是行动要迅速。要反应迅速，下达指令、部署兵力和出击要快，不给犯罪嫌疑人任何喘息的机会。二是措施要落实。跟踪追击、设卡堵截、控制阵地、通信监控等措施，都要有人负责，分工要明确，责任要落到实处。三是要协同作战。要加强上下左右的联系，互通情报，要打破地区界限，积极协同配合查缉，在人力、物力等方面互相支援。四是指挥要严密。参与组织指挥的领导要业务熟练、经验丰富，要深入战斗一线，随时汇集各方面情况，作出准确的判断和决策，综合运用侦查措施，协调各方面的行动，并与公安机关保持联系，取得配合和支援。五是力量要精良。参加追缉堵截的人员，要熟练地掌握各种业务，善于应对各种复杂情况，处理问题要果断干练，同时，要确保参与追缉堵截的机动车辆、通信等装备能充分满足需要。

（十二）通缉、边控

根据修改后的刑事诉讼法的规定，所谓通缉，是指由侦查机关决定，由公安机关执行，对在逃犯罪嫌疑人、被告人发布通缉令，追捕归案的一种侦查措施。所谓边控是为防止犯罪嫌疑人等涉案人员逃往境外，需要在边防口岸采取的边境控制的一种侦查措施。修改后的《刑事诉讼法》第153条规定："应当逮捕的犯罪嫌疑人如果在逃，公安机关可以发布通缉令，采取有效措施，追捕归案。各级公安机关在自己管辖的地区以内，可以直接发布通缉令；超出自己管辖的地区，应当报请有权决定的上级机关发布。"

1. 通缉、边控的作用

通过对犯罪嫌疑人的通缉和边控，可以及时查获犯罪嫌疑人，防止其潜逃境外，减少国家财产和人民生命、财产的损失。同时，对于发现线索、提高侦查效率和加快办案进度等都具有重要意义。

2. 通缉、边控的特征

一是通缉、边控系由检察机关等侦查机关决定、由公安机关具体执行的侦查措施；二是检察机关决定通缉、边控的载体和表现形式是以文字和照片体现的通缉通知书和边控对象通知书；三是通缉、边控的根本目的是追捕潜逃的犯罪嫌疑人和防止犯罪嫌疑人潜逃境外；四是通缉、边控属于实践中常用的、行之有效的缉控方法。

3. 通缉、边控的程序

一是检察机关直接立案侦查的案件，需要对犯罪嫌疑人采取通缉、边控措施的，应当将通缉通知书或边控对象通知书和犯罪嫌疑人的照片、身份、特征等情况及简要案情，送达同级公安机关，由公安机关按照规定执行，检察机关予以协助。二是各级检察机关需要在本辖区内对犯罪嫌疑人采取通缉、边控措施的，可以直接决定通缉、边控；需要在本辖区外对犯罪嫌疑人采取通缉、边控措施的，由有决定权的上级检察机关决定。三是检察机关侦查直接受理的案件，应当逮捕的犯罪嫌疑人如果在逃，或者已被逮捕的犯罪嫌疑人脱逃的，经检察长批准，可以作出通缉的决定。四是检察机关为防止犯罪嫌疑人等涉案人员逃往境外，需要在边防口岸采取边控措施的，应当按照有关规定制作边控对象通知书，商请公安机关办理边控手续。五是检察机关应当与公安机关积极配合，及时了解、掌握通缉、边控的执行情况。六是对于应当逮捕的犯罪嫌疑人，如果潜逃出境，可以报告最高人民检察院商请国际刑事警察组织中国国家中心局，请求有关方面协助，或通过其他法律规定的途径进行追捕。

4. 通缉、边控的要求

根据修改后的刑事诉讼法的规定以及侦查工作的需要，通缉、边控应遵守以下基本要求：一是通缉、边控文书表述的事实要清楚，内容要准确、简明。通缉、边控文书要做到用语规范、文字简明、照片清晰，使人一目了然，便于协助缉控。二是通缉、边控要及时。通缉、边控具有很强的时间性，应抓紧时间及时发出通知。三是通缉、边控的范围要适当。通缉、边控的地区和范围要准确，不能漫无目的。四是对通缉、边控的执行情况应及时掌握。要强化协作意识和整体作战观念，对于公安机关执行通缉、边控的情况要进行动态跟踪、及时掌握，一旦有了结果，要立即核实。

第五章 侦查决策、指挥、协调的能力

侦查决策、指挥和协调是侦查组织领导的基本内容，是反贪侦查工作的核心，它贯穿于侦查的全过程，对预期侦查目标的实现有着重要作用。一般来讲，反贪侦查具有作战对象特殊、工作环境复杂、办案风险点多等特点，这就要求反贪侦查干警必须具备较强的侦查组织领导能力，以科学决策选择最优工作方案，以有力的指挥形成坚强的战斗集体，以充分协调发挥整体办案合力，确保及时、有效地查明案件事实。

一、侦查决策

（一）侦查决策的概念及内涵

侦查决策是侦查指挥人员和侦查人员针对侦查活动中的特定问题，从多种解决方案中作出选择，为保障顺利达到侦查目的而作出决定的过程。侦查决策基于侦查工作面临的任务和问题，为实现预期的工作效果，而采用科学理论、方法、手段，对实际情况进行了解、分析、评估，运用创造性、战略性思维进行方案设计，对所办案件的方向、目标、原则和方法作出的确定性选择。可以说，"决策就是选择对策的决定"。没有侦查决策，侦查工作便无法启动。加强科学决策的研究，建立科学的决策机制，有助于更为清晰地理解和把握侦查决策的特点、规律及发展方向。

（二）反贪侦查决策的特征

反贪侦查决策作为侦查决策的一种类型，既具有一般侦查决策目标性、预测性、选择性和风险性等特征，还具有自身的一些特征。

1. 鲜明的政治性

反贪侦查工作必须围绕党和国家工作大局、实现侦查工作的政治任务而展开，反贪侦查的主题和任务必须符合党和国家的政治实践和要求。要由强调单纯打击贪污贿赂等职务犯罪转变到加强服务经济又好又快发展、维护社会和谐稳定以及保障人民群众利益、巩固党的执政地位上来。

2. 高度的时效性

反贪侦查与反侦查之间是一种智力较量，任何和侦查与反侦查有关的活动或者信息都可能瞬息万变，并直接影响侦查的成败。反贪侦查决策主体必须强化时效意识，特别是在对贪污贿赂犯罪案件是否予以立案、是否追逃缉捕等进行决策时，应当果断决策、当机立断，以免贻误时机。

3. 决策技能的专业性

与一般刑事犯罪相比，贪污贿赂犯罪主体文化素质和智商较高，反侦查能力较强。这要求反贪侦查决策主体既要有丰富的办案经验，又必须具有行政管理、金融、会计、企业管理等相关专业知识，必要时还需要咨询有关方面的专家，使作出的决策兼具科学性和可行性。

4. 决策内容的隐秘性

反贪侦查决策是以贪污贿赂犯罪案件为目标，以收集犯罪嫌疑人有罪或无罪、罪轻或罪重证据材料为目的，是用已知求索未知的活动。贪污贿赂犯罪具有物证少、隐秘性强的特点，决定了反贪侦查决策面临一定的法律风险和工作风险，必须对外绝对保密，以防失误和风险。

（三）反贪侦查决策的作用

1. 侦查决策是侦查行为的先导

侦查起始于决策。在一定意义上讲，侦查的过程就是决策的过程。侦查决策既有对侦查工作涉及重大问题或事项的宏观上的决策，也有包括询问取证，调取有关资料等具体侦查事项活动微观上的决策。从检察长决定的工作方针和部署到参战干警的具体行动，所有的参案人员都要围绕自己的分工和所要履行的职责进行决策,并以此为先导实施侦查行为。

2. 侦查决策是各项侦查职能的核心

侦查决策对侦查行为具有先导性,是侦查活动的指导方针,所有参案人员都要紧紧围绕这个指导方针统一思想、统一行动、步调一致,才能全面、顺利地完成侦查任务。而侦查决策相对实际情况和工作进展的滞后性,又决定了侦查决策是一个连续的过程,紧紧跟随办案过程对决策进行及时的控制与调整,贯穿各项侦查职能和各个执行环节。正确的决策和及时准确的控制与调整,保证了决策在整个侦查活动中的核心作用。

3. 侦查决策是关系侦查工作成败的关键

侦查决策的主要方面就是对侦查行为的选择,侦查行为则是侦查决策的执行和落实。侦查决策所选定的目标,直接规定了侦查行为的方向,其正确与否直接影响着侦查工作的成败。

(四) 反贪侦查决策应遵循的原则

1. 政治原则

这是保证侦查决策正确方向所必须遵循的首要原则。随着我国社会主义民主政治的建设和发展,党的政治任务发生了根本性的变化,而侦查工作的任务和要求也随之发生变化。侦查决策的选择与实施,都要围绕维护党的执政地位、维护国家安全、维护人民利益和确保社会大局稳定来进行。

2. 科学原则

侦查决策是有规律可循的,是一项科学的侦查管理活动。检察机关要紧密结合侦查职能和办案工作实际,认清决策对象的规律,把握侦查办案与反侦查活动的规律特点;要从决策环境的客观实际出发,把握立案条件和侦查时机;要从检察执法规律和案情实际出发,增强决策的针对性和实效性。

3. 民主原则

没有决策的民主化就没有决策的科学化。无论是检察机关的侦查活动，还是其他社会活动，采用民主决策是当代决策理论、决策理念和决策方法发展的重要趋势。实行民主决策，可以使更多的智慧聚合，使更多的科学知识和更多的科学手段整合运用。侦查决策的民主原则，就是要充分吸收各层检察人员和检察机关外部人员的智慧，提高侦查决策的执行力和实际效果。在实行民主原则的同时，也需要少数领导层成员自主决策的情况，这并不违背民主原则，是对民主原则的补充和科学决策的需要。

4. 优选原则

侦查决策的本质是为了选择确定能达到目的的最佳侦查策略。所以，优选原则是侦查决策的一个重要特点和要求。对于任何侦查决策都应设计多种方案，并使每个方案具有各自鲜明的个性，这是优选原则的核心内容。只有对多种方案进行比较和选择，才能找到最佳方案。这里的比较和选择不是简单的几个方案之间的比较，比较的参照标准是决策的目标，必须始终以决策目标为标准，防止选择过程中侦查重点的转移和侦查目标的多元化，导致偏离办案预期。此外，在目标确定的情况下增强决策的包容性，也是优选原则的一项重要补充。

5. 风险原则

反贪侦查工作的过程，是一个连续的渐进过程，是在逐渐发现、挖掘、丰富证据中证实犯罪的过程。侦查情势往往瞬息万变，果断进行动态决策，就成为对侦查指挥人员承担风险能力的考验，这是凸显的风险。同时，一些隐性的风险也时时存在于办案过程中。所以，在决策中预见和评估风险、对风险控制力的把握是至关重要的。因此，决策者既要正视风险，关键时刻敢于风险决策，又要控制风险，决策的底线是风险不能超出可控范围。

（五）反贪侦查决策程序

反贪侦查决策程序，又称反贪侦查决策过程或决策步骤，是指针对特定的反贪侦查工作目标或者任务、问题进行决策活动的过程。反贪侦查决策是一个动态的过程，既要进行事先收集、分析、评估资料并最终作出决定，还要对实施过程进行监控和适时调整。具体而言，反贪侦查决策程序主要包括以下五个环节：

1. 确定决策目标

确定决策目标是反贪侦查决策的起点。如何及时主动地透过纷繁复杂的贪污贿赂案件表象，去发现潜藏在背后的问题，达到侦查工作的预期结果，是这个环节的主要任务。贪污贿赂案件中的因果关系往往较为复杂，因此，反贪侦查人员应当运用各种思路与方法去发现隐藏在案件背后的复杂问题及产生这些问题的症结和原因，进而确立解决问题所期望达到的目标，为反贪侦查活动指明正确的方向。

2. 拟定决策方案

拟定侦查决策方案是反贪侦查决策活动的第二个阶段，是实现反贪侦查决策目标的整体规划。反贪侦查决策方案从不同角度规定了实现反贪侦查决策目标的途径。一般由反贪侦查部门按照决策目标，拟定多种方案供决策者选择。备选方案一般应包括具体的实施程序、步骤、时间安排以及所需侦查条件等过程性内容。

3. 选择决策方案

一是要明确决策方案选择的标准，并在此基础上对各种备选方案进行评估和优选。这个标准应当综合反贪侦查的最高价值、办案最佳效果以及期望实现的侦查工作目标等加以权衡。二是要在评估、优选反贪侦查决策方案时，对所选反贪侦查决策方案的潜在问题进行分析与防范。三是要在预估、评价潜在问题危险程度的基础上，制订防范、应急措施的预案，防患于未然。

4. 实施决策方案

实施决策方案，是将反贪侦查决策方案现实化的过程，要按照统筹安排、突出重点等原则制订实施计划。在组织实施过程中，一要做到严密组织，结合反贪侦查实际，确定组织，明确职责，狠抓落实；二要正确指挥，促使实现反贪侦查决策目标成为各级侦查部门及工作人员的自觉行动；三要及时协调，对反贪侦查决策机制运行中出现的问题，及时进行协商和调节，消除反贪侦查管理诸要素之间及反贪侦查管理过程中的矛盾，以提高决策实施效能。

5. 调整决策方案

为确保反贪侦查决策的实施，要及时检查决策实施中的问题。一旦发现决策偏差，应及时对决策方案予以调整。要保证侦查决策目标与内容符合实际，实施决策的手段正确，侦查人员和物资具备，否则应当及时纠正、调整和充实。

（六）反贪侦查决策方式

反贪侦查决策方式，是实现反贪侦查决策目标的途径。近年来，检察机关根据执法环境的变化、人民群众对实现和保障司法公正的新要求新期待等实际，在创新反贪侦查决策方式方面取得一定成效。目前，反贪侦查决策方式主要有以下几种：

1. 检察委员会决策

检察委员会是检察机关业务决策的最高权力机构，主要针对重大案件和其他重大问题行使反贪侦查等检察业务决策权，如审议、决定反贪侦查工作中贯彻执行国家法律、政策及本级人民代表大会及常务委员会决议的重大问题及审议决定重大、疑难、复杂案件。检察委员会的决策具有法律效力，检察长和其他任何检察人员都无权撤销。

2. 检察长决策

检察长为保证反贪侦查业务工作有序进行，提高反贪侦查等检察业务管理决策效率，可依照法定职权，对一般案件和日常性业务问题进行决策。在决策实践中，一般实行检察长统一领导、副检察长分工负责并协助检察长组织执行的反贪侦查业务管理决策模式。包括决定对犯罪嫌疑人立案、侦查，批准逮捕犯罪嫌疑人或被告人，决定把被告人向人民法院提起公诉，对判决、裁定提出抗诉等一般性和日常性业务问题的管理决策。

3. 反贪局长决策

反贪局长决策权主要包括以下几个方面：一是决策建议权。对于贪污贿赂犯罪的查处、惩治和遏制，反贪局长可以向检察长或者分管、主管副检察长提出决策的建议，或者对某些案件线索提出研究立案侦查的建议，或者对某个个案侦查终结提出建议等。二是具体取证决策权。反贪局长对个案的调查取证有决策权，包括取证的内容、方法、时间及取证是否到位等具有决定权。三是具体侦查人员调度派遣决策权。如对个案侦查人员人数、具体工作布置、分配等具有决策权。四是组织主持局务会议或者局长办公会议，对某些涉案问题或者涉案事务作出决策。

4. 检察官决策

反贪侦查中，检察官决策的主要内容包括以下几个方面：一是检察官决策的对象主要针对办案工作、侦查活动和其他事务进行。二是检察官对于自己承办的案件或事项，可以从事实和法律上提出处理意见和建议。如对于案件，检察官在调查案件和审查证据资料后，有权就案件证据的取舍进行决定并提出意见等。三是检察官决策的方式既包括提出案件处理的意见和建议，还包括提出具体事务的处置意见和措施。[1]

（七）反贪侦查决策的注意事项

1. 理性决策及其机制

理性决策的要求是不盲动、不冲动，不凭感觉做事情，而是按照事物发展的规律来考虑问题、处理问题，通过符合逻辑的推理而非依靠表象获得结论、意见和行动的理由。在决策的理论体系中，理性决策并不排斥非理性决策。因为理性决策并不必然代表正确和成功，非理性决策也并不绝对代表错误与失败。领导决策应当坚持理性决策，非理性决策可以作为理性决策的辅助形式在决策体系中发挥作用。非理性决策表现为不符合逻辑和推理关系，占有信息不足，凭职业敏感、魄力、勇气或者其他的感性因素进行的决策，无疑在侦查决策中是需要的，也适应侦查工作的特点。但是，如果将非理性决策作为主要的决策形式，并在侦查中过分依赖于此类感性因素进行决策，就有可能影响法律的严肃性，使决策的风险超出可控的范围。

---

[1] 参见詹复亮：《新刑事诉讼法与职务犯罪侦查适用》，中国检察出版社2012年版，第233—238页。

对侦查工作的理性决策，依赖于有利的环境因素和有序高效的决策机制。具体来说：一是要有一支专家型和务实型侦查人员相结合的精干的侦查队伍，这支队伍具有丰富的侦查工作经验和强有力的执行力，能够创造性地落实决策的全部要求。这是在决策中首先要考虑的一个因素，只有对这支队伍有一个深入细致的了解，才能有针对性地制定相应的侦查方针。二是要有一个完善的信息情报系统。领导决策的基础是对信息资料的掌握和充分的分析、判断，关键是决策信息的获取，所以建立一个严密高效的信息情报系统是非常重要的。三是要有完善的评价机制。评价机制不仅仅是对决策的评估和褒贬，更有利于引导侦查的深入和极大地调动侦查人员的积极性。四是要有健全的队伍管理机制。建立、健全控制和反馈系统，有效地对侦查过程进行规范，有利于保证侦查活动有效进行，实现公正廉洁执法。

2. 风险决策及其修正

侦查活动具有不确定性、动态性和复杂性的特点，任何案件都存在决策者无法完全准确预测的情况。在侦查过程中，侦查环境和所查明的犯罪事实，会随着侦查的不断深入和其他涉案因素的变化而不断地发生变化，呈现出可变性。所以，任何决策都要面对不可回避的风险。

正确地进行风险决策，取决于决策者对信息情报的分析处理能力。只有适应于某种决策任务的相应的信息处理能力，才真正有利于决策过程的进行；否则，就可能成为一种不利于决策正确进行的障碍。适当的信息处理能力，已经使风险决策取得了一半的成功。此时，决策者对案件的认识方法和态度往往具有十分重要的影响。当决策者更加看重于成功的可能性时，往往宁愿冒更大的风险也在所不惜；而当决策者更加看重失败的可能性时，会把自己可接受的风险水平定得很低，宁肯保守一些也不愿意冒他认为比较大的风险。这些都会影响决策者对信息情报的分析处理。

在风险决策过程中，由于认识的局限性和现实的复杂性，决策者无法确切地预测决策结果。就决策者而言，对于成功和失败的判断，都是基于主观概率性的经验，都仅仅是一种可能性。侦查决策人员必须对侦查活动进行全程管理和控制，进而不断地获取新的信息，以对原先的决策结果的主观概率（先验概率）进行相应的修正，整个修正过程也是一个判断过程。通过修正把本来不确定的问题转换成确定性问题，把风险性决策转化成理性决策。

二、侦查指挥

（一）侦查指挥的概念及内涵

侦查指挥是侦查指挥人员通过下达书面或口头的侦查指令，使系统内部各侦查人员的意志服从统一的意志，将侦查决策变成全体成员的统一行动，以实现侦查目的的行动过程。侦查指挥是连接侦查决策和侦查行为的中枢纽带。指挥得当，就能够最大限度地发挥侦查人力、财力、物力、战斗力的作用，使侦查行为紧紧围绕侦查决策所设定的侦查目标，上下一致、左右联动、快捷高效地运作；反之，指挥不当，则会使侦查行为陷入无序、混乱、迷惘、矛盾等消极状态，导致资源浪费、时机延误、人心不齐、效率低下，不仅不能实现侦查决策所设定的侦查目标，而且会使案件陷入僵局，乃至整体侦查工作失利。

（二）侦查指挥的作用

1. 侦查指挥是侦查决策转化为侦查行动的关键

侦查决策作为认识范畴的事物，不可能直接作用于侦查客体，而必须通过侦查行为这一物质力量，而侦查行为又是靠侦查组织的人去实施的。侦查指挥就是通过命令、指示、调度等方式使侦查组织实施侦查决策、采取侦查行动的一种高智能活动。因此，侦查指挥是把侦查组织由静态推向动态并使其协调有序地运转，使侦查决策转化为侦查行动，从而达到预定的侦查目标的关键。没有指挥，侦查组织就不能有条理、有秩序地运转，侦查决策就不能转化为侦查行动，侦查目标就无法实现。

2. 侦查指挥是实现侦查目标的保证

马克思指出："一切规模较大的直接社会劳动和共同劳动，都或多或少地需要指挥,以协调个人的活动,并执行生产总体的运动——不同于这一总体的独立器官的运动——所产生的各种一般职能。一个单独的提琴手是自己指挥自己,一个乐队就需要一个乐队指挥。"[①]侦查工作是个系统工程,侦查活动是个分散的整体。从侦查内部协作看,侦查人员承担着各自不同的具体任务,大到关键证据的收集、完善和固定,小到对一张财务凭证的提取,十分分散,也比较零碎,容易形成各自为政、互不沟通的状况。只有发挥指挥员的作用,才能在总的目标任务引导下,把所有侦查活动有机地协调起来,把所有侦查人员的意志统一到为实现总的侦查目标和任务服务的高度,才能形成最佳的工作状态。从侦查内外部协作看,侦查工作不仅需要内部全体人员的意志和行动,而且由于侦查工作实行分工制约制度,还需要统一检察院内部控告申诉检察、侦查监督、公诉、检察技术、后勤保障、行政文秘等部门的意志和行动;对跨省、区的案件,还需要统一有关省、区检察院的意志和行动。这就必须通过指挥,使各地各部门分散的"独奏"变成"协奏"。如果没有指挥或者指挥失灵,整个侦查工作就会出现混乱。

3. 侦查指挥是决定侦查成效的重要因素

侦查成效即能否破案和能否以较小的投入破较多的案件,是衡量侦查工作好坏的主要标志。而要使侦查工作取得好的成效,除了依靠正确的决策外,很重要的方面就是有赖于指挥的有力和得当。因为指挥的直接作用对象是人,如果指挥人员指挥有方、调度有法,不仅能充分发挥侦查人员的才能和积极性,使他们自觉地为实现侦查目标而奋斗,而且能实现人员、经费、装备、侦查措施的最佳组合和配置,实现各种侦查资源的充分合理使用,最大限度地减少侦查工作中的矛盾和失误,使整个侦查活动围绕统一的目标高效运转,取得良好的效果。

[①] 《马克思恩格斯文集》(第 5 卷),人民出版社 2009 年版,第 871 页。

(三) 侦查指挥的原则

1. 统一指挥原则

统一指挥有两个方面的含义：一是指整个侦查工作要服从一个指挥，防止政出多门，各行其是；二是指一个下级工作人员只接受一个上级领导人的直接指挥，并对该领导人负责。在正常情况下，上级领导人不能越级指挥，下级工作人员也不能越级请示汇报。统一指挥原则是侦查工作协调有序的重要保证。如果在侦查过程中，职权不明、各行其是、缺乏集中，不仅难以统一意志、统一行动，而且会使下级人员在多头指挥下无所适从、工作混乱，因处置不力而贻误战机，还可能使上下级或同级领导人之间由于越级指挥或意见不一致而产生隔阂、猜疑以至对立，使侦查工作受到损失。在侦查中，高级指挥员，包括检察长对重要案件深入一线、靠前指挥是必要的，但在正常情况下，高级指挥员的意见应当通过其直接的下属下达，而不能把靠前指挥理解为越级指挥，否则，就会打乱指挥系统和程序。

2. 目标导向原则

贪污贿赂犯罪侦查活动是一项复杂的系统工程。从侦查目标和对象、侦查的重点和方向，到每一个事实和涉案人员，取证的方法和讯（询）问的技巧；从办案力量的调配、办案人员的职责和权力，到各个侦查阶段和环节的衔接、侦查措施的运用，都需要在统一的目标导向下进行。因此，搞好侦查指挥，必须坚持目标导向原则。具体说就是要在吃透案情、知己知彼的前提下，周密部署，科学安排，围绕证实犯罪这个目标，确定侦查行动所需要达到的目的，将侦查决策分解到侦查活动的每一个环节和每一位办案人员，以此统揽侦查过程的全局，使侦查工作能够有序、有效、有目的地开展。

3. 快速反应原则

犯罪分子作案后，为了逃避法律制裁，总是要进行串供、毁证、匿赃、编织保护网等反侦查活动。任何案件，离作案时间越长，侦破的难度就越大。为此，侦查工作必须快速反应，使犯罪分子逃避和对抗侦查的活动难以得逞，并在其缺乏充分准备的情况下打他个措手不及。因此，快速反应是侦查工作规律性的必然要求，是克敌制胜的一个法宝，只有在无法快的情况下，才不得不慢。所谓"兵贵神速"、"以快制胜"正说明"快"字对侦查工作的重要性。而要使侦查工作快速反应，首先要侦查指挥快速反应，指挥不快，侦查工作就快不起来。因此，侦查指挥员必须树立快战意识，做到快速获取犯罪信息，快速决策、快速指挥、快速出击，以取得整个侦查工作的主动性。当然，快速反应是有条件的，这个条件就是要情况明、决策对，不能脱离客观实际片面求快，要快中求准，快中求细。对需要长期经营的案件，不能急于求成。

4. 随机应变原则

随机应变是侦查指挥艺术的重要内容。在侦查中，侦查人员时刻紧盯着犯罪分子，犯罪分子也时刻算计着侦查人员，双方围绕侦查与反侦查展开动态的博弈，情况变化多端。从侦查实践看，侦查决策与瞬息万变的案情之间往往形成对立或矛盾。如原本准备对犯罪嫌疑人采取强制措施，但是犯罪嫌疑人闻风而逃；原本准备对知情人取证，知情人却出差在外等。这就要首先解决犯罪嫌疑人归案和找到知情人问题，以及在这种情况下是否需要重新作出决策的问题。这样的对立、矛盾和调整，是办案人员所无法解决的，只有指挥者才能完成。侦查指挥的作用还表现在随着侦查工作的开展和案情的变化，因时因地制宜，不断对决策进行调整，如此循环往复，侦查指挥才能符合客观实际，推动侦查工作始终沿着正确的方向发展，以实现侦查决策的最佳效率和效果。

5. 公正理性原则

公正是司法的生命所在，公正司法、理性办案，是侦查指挥应遵循的基本原则。该原则包括两个方面的含义：一方面是实体公正理性，即适用罪名正确，犯罪事实清楚，证据确实、充分，确保案件立得住，诉得出，判得了。这就要求指挥人员必须忠实于法律、忠实于侦查工作的职业道德、忠实于事实真相，使有罪的人得到法律追究，无罪的人得到法律的保护，罪重的人得到重罚，轻罪的人得到轻罚。

应将这种公正理性观念贯穿于指挥全过程，灌输给每一个侦查工作的参与者，以保证侦查工作不出现任何实体上的错误。另一方面是程序公正理性，即侦查手段和侦查措施必须依法进行，不滥用、不错用，尊重并保障犯罪嫌疑人的辩解权和辩护权。作为公共利益的代表，指挥人员及其侦查人员，既不能以褊狭的对腐败现象的憎恶、厌恶心理进行侦查工作，更不能屈服于金钱权贵而放纵犯罪，而必须出于公正和理性，在严格依法打击犯罪的同时，切实维护犯罪嫌疑人的合法权利。作为指挥者，要随时调整和修补因外界干扰影响而造成的侦查人员心理偏差，以防止侦查工作与侦查人员的失误，确保侦查活动的公正与理性。

（四）侦查指挥的主要内容

1. 侦查方案的制定

侦查指挥是对侦查决策的贯彻落实。侦查决策确定后，指挥者首先需要针对侦查决策制定侦查方案。一是围绕侦查决策，提出应查明的问题，明确主次，区分轻重缓急，理清先做什么后做什么；二是针对应查明的问题，规划出应采取的方法、手段、策略和防范措施；三是确定办案人员的组成和分工、职责和任务、时间和要求，尤其要明确责任人；四是确定请示汇报、联系的方式，车辆、器材等配套保障措施；五是应变措施，即一旦侦查工作受阻或者情势发生急变所应采取的对策等。

在制定侦查方案时要注意以下几点：一是侦查方案的统一性和连贯性，使各项措施和手段前后呼应，相互衔接，共同推进；二是拟定多个不同角度、不同取向、不同方法的备选方案。如对犯罪嫌疑人有外逃、串供、毁证、匿赃可能的案件，要有多手应急预案等；三是对于犯罪嫌疑人和涉案人员较多的案件，制定侦查方案要做到周密细致，相互照应，突出重点，挖窝查串，切忌顾此失彼、抓小放大、因小失大。

2. 侦查力量的调配

由于当前贪污贿赂犯罪往往大要案、窝串案多等，需要调配足够的侦查力量。无论是上下级检察机关的合作，还是同级检察机关的合作，其侦查组织大致可分以下几类：一是指挥小组。负责侦查活动的整体谋划、力量调整、侦查分工、侦查调度、侦查协调和指令下达。二是综合组。负责资料汇总、信息反馈、会议记录、工作协调、司法文书制作和证据审查、律师接洽等项工作。三是审讯组。根据案件具体情况可以设立数个审讯组，以"包人制"为主分别负责对犯罪嫌疑人的审讯工作。也可以实行"包人与包事"相结合的方法，审讯查证一肩挑。对重要犯罪嫌疑人的审讯一般应由两组搭档组成，相互配合交替进行，以取得最佳审讯效果。四是查证组。根据侦查需要，以"包事"为主成立若干个查证小组，分别负责对各项犯罪事实进行查证。也可以与审讯结合起来实行"包人"制。五是技术组。主要是由司法会计组成的查账组、文检技术人员组成的鉴定组和由外语人才组成的翻译组等。这一组织根据侦查工作的需要而定。六是保障组。俗话说："兵马未动，粮草先行。"后勤保障组主要负责经费的申报和管理，以及交通、通信工具的保障，解决吃、住、行等问题。

上述组织统一在指挥小组领导下进行工作，是一个相对集中、相对稳定的组织系统。同时，根据侦查工作需要，各小组可以相机调整，灵活安排。如在一定阶段可成立专门的证据审查组，负责报捕、移送起诉等项工作。总之，组织随需要而设，力量随任务而配。要本着"精干、高效"、"少投入、多产出"的原则去设立侦查组织。

3. 侦查阶段的规划

侦查指挥者要对侦查决策的落实可能性及其方法、步骤有个基本的预测评估，做到心中有数，防止眉毛胡子一把抓、主次不分、疾缓不明和窝工费力走弯路等现象发生。一般情况下，不同的侦查阶段，指挥侧重点应有所不同。

一是基础性侦查阶段。为了防止贪污贿赂案件常见的串供毁证情况发生，侦查工作往往是立案、控制犯罪嫌疑人、搜查、查证、追赃等同步进行。时间紧、任务急，要求在较短的时间内查明犯罪嫌疑人的一两笔犯罪事实，以便及时采取强制措施，为进一步展开侦查工作创造条件。因此，这一阶段的侦查指挥思路是"先急后缓，先易后难，先小后大"。"先急后缓"即优先查处急办事项，如有出逃可能的嫌疑人、有转移可能的资金等；"先易后难"即优先查处较易定罪的事项，如较易突破的犯罪嫌疑人，较易查证的犯罪事实等；"先小后大"即在大宗犯罪事实不易短期查证的情况下，优先查证小额易查的犯罪事实。这一阶段的主要任务是打好基础和储备线索，为侦查重点的全面突破做好储势准备。

二是重点性侦查阶段。这一阶段是侦查的攻坚阶段，因此指挥员要对侦查的重点方向、重点人物、重点线索等心中有数，并以"突出重点，兼顾一般，查审结合，各个击破"为基本思路，作出周密的侦查计划，必要时重新调整侦查组织，紧张有序地开展侦查，以期取得实质性突破。

三是拓展性阶段。一般在全案取得实质性进展后即转入收尾阶段，但从侦查角度讲，侦查并未结束，应在突破重点的基础上进一步扩大战果。因此，这一阶段的指挥思路是"完善证据，扩大战果"。完善证据，是指对那些侦查认定的犯罪事实进行完善，由证据审查组按照起诉、审判的证据要求，逐人逐罪逐项进行专门立卷审查和补查，并根据总体安排做好侦结、移诉工作。扩大战果，主要是挤净余罪、挤尽余犯，并根据具体情况该交办的交办，该移办的移办，为整体结案做好诉讼处理准备。

4. 侦查路径的选择

侦查与反侦查不仅是力的比拼，更是智的较量，狭路相逢勇者胜、狭路相逢智者胜。两点之间，直线的距离为最短。从发案到破案之间，最短的线路就是最佳的侦查路径。正确、合理、有效的侦查思路可以引导侦查工作走上捷径，反之则会走弯路，甚至走向死胡同。实践中，侦查路径有很多，可以根据具体案件情况进行选择。

一是以涉案人员的职权范围、职权行使轨迹确定侦查路径。贪污贿赂犯罪是一种职务犯罪，任何一起案件都与涉案人员的职权密切相关，在职权调查中，发现、证实犯罪是侦查工作的必选项。

二是以犯罪行为的实际受益人确定侦查路径。这里所说的利益，不仅包括财产性利益，也包括非财产性利益。贪贿案件"利用职务便利为他人谋利"的认定，往往需要从谁是实际收益人的角度去证实犯罪。如对贿赂案件的侦查，虽然贿赂双方是利益共同体，但是由于双方的结伙动机、恶性程度、危害程度各不相同，在作案中所起的作用、所处的地位、应负的刑事责任等方面也有不同。因此，一般先查行贿方，特别是被索取贿赂方，后查受贿方，成为侦查惯例。

三是以作案规律与犯罪惯常手法确定侦查路径。贪贿犯罪人通常作案多笔，作案得逞后，在以后的作案中往往会保留某些具体作案方法，一般都会形成一定的心理定式和行为方式。对此，要善于分析多次作案的共同特征，找出共同规律，以此作为侦查路径，举一反三，打好歼灭战。

四是以犯罪案件中的疑点、反常、无法解释的问题确定侦查路径。贪贿犯罪本身是不合乎规章法度的，必然存在违反常规的问题。犯罪人为了掩饰真相，编制谎言、伪造证据的结果，非但不能使反常变为正常，反而会出现更多的反常。真的假不了，假的真不了，这是基本定律。而疑点、反常、无法解释的问题，往往就是犯罪分子的致命点，因此要察微析疑，善于发现那些不惹人注目、容易被忽略的隐形问题，这些谜团的破解过程就是破案的过程。

五是以确切的举报线索确定侦查路径。针对举报一人多次犯罪的情况，要认真审查，筛选出作案时间、数额、方法等最为明确具体、成案率最高的线索，作为切入点，查实一部，追查全部。

六是以查询犯罪嫌疑人的家庭财产为侦查路径。查询范围：第一，银行存款，包括各商业银行、信用社、邮政储蓄部门的存款情况，新、旧身份证同时查，查清开户、销户、转存、支取等流水对账单；第二，银行保管箱，新、旧身份证同时查；第三，银行理财产品，包括"纸黄金"、各种开放式基金、债券；第四，证券投资，包括A股、B股、H股、封闭式基金；第五，境内外各种商业保险；第六，房产情况，通过房产部门和各房产开发商进行查询；第七，经商活动，主要查明其有无开办公司并利用所办公司进行洗钱犯罪活动等。对犯罪嫌疑人财产的全面查询，不仅可以发现、收集犯罪证据，而且在难以认定其他犯罪嫌疑人财产明显多于合法财产的情况下，可以涉嫌巨额财产来源不明罪，先予立案。

七是以涉案人员的社会背景、社会关系和特殊关系人为侦查路径。如犯罪嫌疑人利用赃款投资，与特别关系人合伙做生意，就可以从资金来源入手进行侦查等。

5. 侦查重点的突破

侦破贪贿案件，如果选准突破口，就能集中优势兵力发动进攻，使侦查工作向纵深和两翼发展、获得终局胜利。

一是审视线索，直取知情举报。贪贿罪案线索来源不同，可查性也不同。其中，犯罪嫌疑人亲属、行贿人以及其他知情人的举报最具利用价值，他们与被举报人之间有过密切交往，知道被举报人作案的一部分甚至全部，一旦确认是知情举报，即可单刀直入、主动出击，直接接触知情人，将其作为突破口，拿下全案。

二是示假隐真，廓清外围证据。由于贪贿罪案本身的特点，一旦打草惊蛇，就会引发常见的串供毁证现象，陷侦查工作于被动。要在不惊动犯罪嫌疑人的情况下打开突破口，必须避开侦查对象的视野和防范，从外围入手，变明查为暗访，或明暗结合，以暗为主，对外封锁一切与侦查意图相关的消息，以虚假的侦查意图掩示真实的侦查意图，力求在秘密状态下廓清外围证据。如以其他名义查阅贪污挪用案发单位和行贿单位的账目，获取相关罪证等。

三是攻其要害，力求首发命中。针对犯罪次数多、涉及面较广的案件，极易出现查一笔就惊动犯罪嫌疑人的情况，可以选择一笔足以认定犯罪的线索作为突破口，力求一举突破，为接触控制犯罪嫌疑人、使用各种措施、扩大战果创造有利条件。

四是避实击虚，乘其弱势切入。要善于抓住犯罪分子的软肋，包括犯罪嫌疑人性格上、心理上的弱点，也包括利用其对家庭、前途的担忧等，乘虚而入乘胜追击。例如，某市土管局张某某收受房地产商贿赂案。张某某的经济问题曾多次被有关部门调查，均无结果，因群众反映强烈，此案移交检察机关。侦查人员受理此案后认为，张某某多次被查，该做的手脚已做，攻守同盟已经建立，是块难啃的骨头。要想拿下此案，必须找准突破口，周密计划，步步为营。后经多方调查，了解到张某某的独子张某曾代收某房地产商送给张某某的2万元贿赂款，张某在国家行政机关工作，被张某某视为掌上明珠，期望甚高，且张某近期有望提拔。侦查人员决定从这一"软肋"切入，撬开这块"铁板"。于是侦查人员通知张某某到检察院，张某某果然态度强硬，侦查人员依计以静制动，当张某某的态度趋于平缓时，问到："张某收受2万元现金的事，你知道吗？你说不清，我们可以马上到机关传讯他，让他到检察院说清楚。"张某某听后立刻显现慌乱之态，稍作权衡后说："这不关我儿子的事，是我让他收的，这个责任我承担。"侦查人员由此拉开反攻序幕，步步紧逼，环环相扣，一举破获了张某某受贿60余万元案。

五是投其所欲，猎取再生证据。案发后，犯罪嫌疑人急于掩盖事实真相，转移赃款赃物者有之；毁灭罪证者有之；退还赃款者有之；不愿退款又不愿承担责任，将犯罪"合法化"者亦有之，不一而足。侦查人员如能把握时机，投其所欲，以昏其智，使之落入我方陷阱，适时猎获再生证据，就可使案件得到突破性进展。

六是细节突破，发掘可疑线索。细节突破凭借的是侦查人员敏锐的观察力，一个微不足道的细节往往能够决定整体侦查工作的胜败。如某区检察院检察长，在带领干警办理孙某某行贿案中，发现孙某某所在公司账目上，成百个业主姓名中有个"王里送"的，职业的敏感使他疑窦丛生，多次重复这个姓名谐音有"往里送"的隐意。经追查，此人实属虚造，账目反映该人领取的机械费用于行贿。

七是分化瓦解，突破反查防线。贪贿犯罪一旦案发，犯罪嫌疑人之间极易订立同盟，对抗法律。但是由于个人的性格、本质、阅历、思维方式、参与程度、恶性程度各不相同，对抗法律的心理强度也就不同。况且，假的就是假的，虚假的口供之间、口供与其他证据之间必然存在矛盾。侦查人员要找出破绽，抓住矛盾，以此为突破口，加深裂痕，分化瓦解，各个击破，撕开反侦查防线。突破口的选择关键在于"机智"二字，只有在办案实践中勤于观察、善于思考，才能发挥其潜在的克敌制胜的功效。

6. 侦查机制的规范

在贪贿案件侦查中，特别是在人员多、战线长的情况下，极易发生侦查活动不规范、获取证据不完善、侦查工作效率低等问题。因此，在侦查组织内部建立起规范、高效的工作机制是侦查指挥的重要内容。

一是侦查立项制。即对决定侦查查明的事项，由指挥小组明确立项，以"人包事"的形式定人、定量、定时限去完成任务。经严格审查，完成一项结束一项。使侦查工作循着"立项—突破—再立项—再突破—直至侦破全案"的轨迹前进，以高效的单项工作推动全案侦查的快速滚动发展。

二是侦查双责制。侦查不同于审查，侦查要经得起审查。为此，要明确侦查员的双重责任，即查证责任和发现责任。这既是侦查员的基本素质要求，也是侦查工作的实际需要。侦查员在汇报工作时，必须汇报证实和发现两个方面的情况。并以此统揽全局，防止由于头绪多、战线长而产生单纯任务观点和就事论事的工作方式。

三是立卷审查制。证据是侦查的核心，证据质量的高低决定着侦查工作的成败。要想铁案难翻，就必须做到铁证如山。为此，应根据侦查进度情况，及时设立立卷审查组，将侦查材料以人为主线，逐罪、逐项组成侦查卷，并及时加以审查、补查和完善，使之符合起诉、审判的要求。这样，可防止由于时间原因而出现补查难的问题，同时也可减少扫尾阶段的工作量，避免由于工作的匆忙而有所遗憾。

四是程序制约制。无论是上级院交下级院审查起诉的案件，还是本院审查起诉的案件，均应严格按照修改后的刑事诉讼法的规定依法处理，自觉遵守内部制约的有关规定，不能搞违法违规的"特案特办"，更不能"以上压下"，不受制约。应做到：必须履行各项内部移送手续；认真对待退查、补查，及时进行补查补证；邀请有关捕诉部门提前介入，予以把关指导。同时，要设立专人负责律师接待、文书送达等程序性事项，绝不能在程序上出现违法问题。

五是专案报告制。对于上级院指挥侦查的大要案和异地管辖案件，加强信息反馈和请示汇报工作，是及时取得上级领导和支持的必然要求。除坚持内部审批事项的请示汇报外，侦查进度、侦查成果、侦查动态、阶段性侦查计划及重大侦查措施的实施等情况，也要及时向上级报告，以"专报"形式向上反馈。"专报"的创制，不仅对加强领导协调，防止侦查工作走弯路有重要意义，对积累情况，为结案、起诉、审判做准备也有重要的作用。此外，还要注意做好专案"大事记"、"备忘录"、"法理论证"等资料工作，为综合性、阶段性的工作汇报打好基础。

（五）侦查指挥应注意的事项

侦查指挥员在工作中要注重处理好追究犯罪与保障人权，查办案件与管理队伍，加大力度与确保安全等关系。在指挥作战中要注重"四个防控"：一是错案风险防控。不能只重视口供，严禁刑讯逼供，必须始终树立正确的证据意识，把案件办成铁案。二是翻供翻证防控。针对贪贿案件证据狭窄，言词证据比重大、易反复的特点，采取有效措施固定口供和证言，保证言词的客观性、关联性和合法性。三是涉案人员人身安全防控。在办案同时安排和检查安全措施的落实，杜绝涉案人员逃跑、自残、自杀。四是案件保密防控。严肃侦查纪律，抓好队伍管理，防止案情泄密，防止反侦查力量渗透。

三、侦查协调

（一）侦查协调的概念及内涵

侦查协调是指在侦查过程中，侦查指挥人员为实现侦查目的，通过与相关侦查协作部门及关联单位相互沟通、联系，以取得配合侦查、协助侦查、保障侦查的交流活动过程。侦查协调是检察机关职务犯罪侦查活动过程中不可或缺的重要方法之一。由于在日益复杂的国内、国际社会背景下，职务犯罪案件发案的系统领域、地域、时间跨度等日益呈扩大化、复杂化趋势，侦查活动在空间、规模上也要向跨地域、兵团式作战发展。这些转变，对侦查人员及侦查活动的要求越来越高，侦查协调的重要性日益凸显。

（二）侦查协调的作用

1. 侦查协调是争取有利资源、有利条件的必要手段

侦查活动的组织实施受到案件性质、特点、地域、牵涉面等诸多因素的影响和制约。因此，需要通过侦查协调来统一内部组织分工，加强与外部组织的沟通协调来凝聚人心、理顺关系、缓解矛盾冲突，提高侦查活动的成功率和隐藏性。在每一行业、领域，精通业务的人员恰恰是他们自己。发挥他们所长为侦查服务是减少弯路、提高效率的有效手段。基于这些原因，我们可充分发挥公安系统在追逃抓捕、人口管理、技侦手段的优势；发挥审计、税务、证监、银监等部门在账目、金融方面的特长，以人之长补己之短。通过挖掘广泛的社会资源来创造一切有利条件服务于侦查活动。

2. 侦查协调是决策和指挥的基本保障

侦查协调就是运用合法、有效的方法手段来取得方方面面的支持。在实践中通过针对新情况、新问题不断完善、不断修正来确保侦查活动畅通。在侦查协调过程中，应注意采集各种信息，包括事件的焦点和矛盾点，将这些信息反馈给决策者和指挥者来作出正确的判断、决策和指挥。

3. 侦查协调是侦查协作的前提和基础

修改后的《人民检察院刑事诉讼规则（试行）》等有关规定、制度，对侦查协作作出了详细规定，主要限于检察机关内部。但即使在检察机关内部，也要重视沟通，建立融洽工作关系，相互尊重，平等互利，对于请求协作不推诿，对方协作欠缺之处要体谅，不指责。在协作前未能很好进行沟通协调，将不易达到侦查协作目的。有的院由于种种原因忽略程序而直接赴外地取证，或遭到拒绝，或对方要求通过上级院下达协查通知。有的虽然进行了协助，但效果不理想。如此，侦查人员又返回来找上级院进行协调，如此往复，既浪费时间又

浪费精力。因此，要尊重程序，按照合法有序的方式提前做好沟通协调工作，确保侦查协调工作规范、有序进行。

（三）侦查协调的原则

1. 大局原则

大局原则就是指在侦查协调过程中，要以党和国家工作的全局，以全党全国人民的整体利益、长远利益、根本利益作为行动的法则和标准。正确把握大局原则就是要很好地把握大局势的发展方向，摒弃小团体利益、地方保护主义和本位思想，将目光放长远，不计较眼前得失。在观察问题、处理工作时，不能只埋头于具体事务，就案说案，而应该与国家经济建设、改革开放、人民利益的大局联系起来，善于站在大局高度思考、谋划、运筹和行动。应按照社会主义法制理念要求，以高度负责的精神，切实立足本职，围绕大局、服务大局，认真履行宪法和法律赋予的职责，发挥好侦查协调的作用。尤其在办理涉及企业的案件中，要注重保护企业的正常生产秩序和企业职工的利益。例如，某市检察院在查办某企业案件过程中，由于该企业多名领导成员被查办，使企业无法正常运转，3000多名职工工资无法发放，债主纷纷上门讨债，极易造成社会的不稳定。为此，承办案件的检察院从维护社会稳定和保护职工权益出发，及时协调党委、政府部门，抓紧重组企业领导班子，并及时解冻查清的资金账户，使企业生产迅速得到恢复，受到地方党委、政府和社会的好评。

2. 配合原则

配合原则就是指在侦查协调过程中，协调方与被协调方要切实增强互助意识，排除本位思想，积极沟通，达成一致，共同完成一项或多项任务。配合原则体现在双方或多方之间的相互性和对等性，通过相互之间沟通、交流达到密切配合、协调一致的效果。配合原则要求体现大局、换位思考、相互尊重、相互理解、互相关心、协调一致地搞好配合工作。在协调过程中要熟悉协调流程、规定、事项、时限、分工等，在对方能力范围内配合完成任务，对方也应当在能力范围内积极配合，达到人与人之间的默契，事与事之间的和谐。一定条件下可通过建立长效机制来方便案件侦查时的快速协调沟通：一是可与纪检、监察、工商、公安、审计、人民银行反洗钱中心等单位建立联席会议制度和信息通报制度，以利于解决将来协调配合中出现的问题。二是建立案件移送配合或介入机制。公安、质检、纪检、审计等部门执法活动中，发现行政执法人员涉嫌渎职、贪贿等犯罪的依法及时向人民检察院移送或请检察机关介入，检察机关对查处涉及其他部门管辖的案件也要及时移送或邀请介入。在案件移送、介入过程中，双方在各司其职、分工负责的基础上，协调性、配合性将同步得到提升。

3. 及时原则

及时原则就是指在侦查协调过程中，被请求方应当将请求事项进行联系协调，及时传递、反馈信息，保证请求方的诉讼时效要求。这是由诉讼的时效性决定的，任何信息的价值都有其时间性，在某种意义上信息的及时性反映出其价值性。过时的信息无法在第一时间对决策指挥起到直接作用，所以及时原则是诉讼效率和侦查协调的重要保证，有利于迅速、准确地惩罚犯罪和保障人权，并最大限度地节约人力、物力和财力，防止司法资源的过度消耗。如在涉外（包括港澳）案件中，境外取证或协助外方取证时，由于国际司法协助程序的复杂性，所以双方每一层级，都应当在第一时间予以协调、沟通，确保在司法协议框架时间内更快地完成取证，促使双方的司法协助关系更好地发展。

4. 无偿原则

无偿原则就是指在侦查协调过程中，被协调方应当以大局为重，无偿进行法律层面的支持，体现出全局一盘棋思想和对等原则。无偿支持他人的同时，也可预期获得同等对待。例如，某地检察院 2007 年年底赴香港取证。需要约见的证人听说后就要离港，内地检方希望香港方面能够就此事进行协调。经香港廉政公署工作人员与证人思想沟通，确保了内地检方取证工作的顺利进行。本次取证由港方无偿安排一切事宜。同样，在 2011 年，香港廉政公署方面需到该地取证，当地检方提前约见证人，就有关事项进行了沟通协调，证人保证不离开当地，随时等候约见，并将所要求书证等材料准备齐全。廉署高级调查主任一行对取证结果非常满意。这一过程体现了无偿原则，同时也体现了对等原则。对等原则之所以没有专门列出，是由于在国际层面比较讲究，而在国内或内部之间不应适用对等原则，即使对方协作有所欠缺，还是应以大局为准，协助对方做好协调取证工作。

（四）侦查协调的主要内容

1. 跨区域案件的侦查协调

跨区域案件的侦查协调既包括我国司法管辖权下不同省、自治区、直辖市之间的侦查协调，也包括跨国（区）际间侦查协作。特别是在跨国（区）际间侦查协作过程中，由于区域间司法制度、规章制度、风俗习惯等方面存在较大的差异，使得跨区域案件侦查协调需要更多制度层面的约束规范来解决冲突，以保障诉讼活动正常进行。

一是国（区）际层面侦查协调。随着职务犯罪高科技、智能化、全球化趋势，跨国犯罪案件不断增加，国（区）际间（中国港、澳、台地区）刑事司法协助交流比以往更加频繁。主权国之间依照有关国际条约或双向互惠原则，协助或代为履行一定的刑事诉讼程序或刑事实体权利的国际刑事司法协助活动较为频繁。国（区）际层面的侦查协调正是建立在双方司法协助条约基础上，在双方约定的法律框架内，就一些细节及具体事宜进行协调。检察机关在侦查协调中主要就国（区）际刑事司法协助所包含事项进行协调。主要体现在：协助调查取证。包括询问证人、被害人、鉴定人和其他诉讼参与人，讯问当事人、嫌疑犯、罪犯，调查核实有关人员的身份及履历情况，进行勘验、检查、鉴定，调取物证、书证、视听资料，委托搜查和查封财产等；协助侦查案件和通缉通报；移交赃款、赃物或者扣押品；引渡；诉讼移转管辖等方面的协调。国际层面的侦查协调具体表现在就有关请求事宜层报最高人民检察院反贪总局，反贪总局报最高人民检察院领导批准后，由最高人民检察院国际合作局具体就有关事宜联系协调。例如，某省检察院在办理交通系统案件时，需赴香港取证。报最高人民检察院反贪总局批准后，反贪侦查人员通过国际合作局与香港廉政公署联系，就细节进行协调、沟通，圆满完成了取证工作。

二是国内层面侦查协调。随着侦查一体化、侦查协作机制的确立，检察机关间的侦查协调越来越频繁，主要体现在同级检察机关之间协调。检察机关在个案办理中，若需要跨省取证，则办案单位应当层报省级检察院，由省级检察院按照相关程序进行协调联系。若省级检察院协调确有困难，可报请最高人民检察院予以协调。侦查协调主要体现在核实案情、调查取证、采取强制措施、追赃追逃、管辖权异议等方面，是全国检察机关相互配合依法惩处职务犯罪获取证据的重要工作。例如，某地检察院在办理农机补贴案件中，办案单位在赴外省企业取证时，当事企业借口老总不在、会计出差等进行推诿，不予配合。报请省院后，由省院与外省省院进行协调，并由侦查人员在县各银行进行账户查询，与企业人员打心理战。最终，企业主动配合完成了各种书证的提取。

2. 与相关协作部门的侦查协调

检察机关在侦查过程中，由于侦查活动涉及面广、关系错综复杂，不可避免地要与其他国家机关、企事业单位、社会团体等打交道。侦查人员要通过侦查协调来理顺关系，优化侦查环境以取得外部机构、人员的支持配合。在侦查中，可协调参与纪检监察部门的调查；也可商请审计、工商、质检、技术监督等部门参与案件的部分环节，以达到秘密侦查的目的；在拘留、逮捕、追逃、通缉以及技侦手段的使用上，应借助公安系统成熟的技术和网络资源，最大限度地节约办案成本；应与银行、房管、通信等部门建立良好的协调机制，以便及时准确地获取当事人资产、通话等有效信息以配合办案需要。

3. 与发案单位或其主管部门的侦查协调

针对查办的案件，办案人员也要积极研究、认真分析发案原因，及时与发案单位领导或主管机关之间协调沟通，努力维护发案单位正常的工作、生产秩序。可采取交换意见、座谈交流或全体大会等形式来申明观点、阐明政策，打消大家思想顾虑，为侦查机关积极提供线索并敦促有关人员自首等。应努力将发案单位领导及员工思想统一到惩治腐败、彰显正义、维护社会稳定上来，积极配合侦查取证工作，形成反腐合力。如在查询有关单位账目时，如果本单位会计人员能够积极配合，就很多关键性账目或问题予以提供或解答，就会为侦查工作节省大量人力和时间。案件结束后，应当有针对性地提出检察意见和建议，帮助发案单位堵塞管理漏洞，建立、健全内控机制，加强重点岗位、重点人员和重点环节的管理与监督。可通过回访或警示教育等形式，强化与发案单位的关系，形成良性循环的侦查协调机制与预防腐败机制，共同推进反腐工作的深入开展。

4. 检察机关内部职能部门间的侦查协调

检察机关案件从线索受理到初查、侦查，从批捕到移送起诉，需要内部多个部门的参与。从办案实践看，良好的内部侦查协调，会起到事半功倍的功效。由于职务犯罪主体身份的特殊性，职务犯罪手段不断变化，单纯地依靠自侦部门有时显得力不从心，这就需要部门间协调：侦查监督、公诉部门提前介入侦查，积极引导侦查取证，可确保案件定性的准确和提取、固定证据的质量、价值，理顺侦查思路，确定侦查方向，避免侦查人员重复劳动；加强与控申部门的联系，积极研究、分析有关线索，对有价值的线索及时组织初查。尤其是在侦查过程中收到的相关举报，可能会对案件查处有很大帮助；对犯罪嫌疑人关押后，可通过与监所部门的协调，通过其他犯人了解、掌握犯罪嫌疑人的心理、思想动态或进行思想工作，达到瓦解其心理防线的目的；对查获的电脑硬盘或手机等电子存储设备，应当先由技术部门进行相关技术恢复，以查询其中是否涉及犯罪信息或其他有价值信息。也可对有关文字性东西进行检验、鉴定等；在大案要案办理中，有时需要计财装备部门协调保障办案经费、车辆装备等，需要办公室及时对相关法律文书加盖院印、外事部门协调办理赴境外取证手续等。总之，通过综合运用各种方法和手段，加强内部侦查协调，整合侦查资源，可以形成协调高效、协同紧密、指挥有力、运转高效的侦查新机制。

（五）侦查协调的注意事项

在侦查协调中要注意以下事项：一是遵循有关规章制度，以此为基础进行协调，如国内有关法律、规定、司法协助条约、侦查协作制度、联席会议制度等。二是报请单位领导、被请求方领导机关、共同的上级机关来进行协调。三是注重公文措词和言谈中的语言艺术，灵活应对。根据协调对象的不同，采取对方容易接受的表达方式，把握语言分寸，多带征询性词汇。四是营造良好的工作关系。在协助他人或其他单位协调有关事项时，要积极沟通，体现主动与热情，妥善处理好人际关系，以此建立良性、协调的工作关系。五是通过不断学习业务知识、准确把握有关规定，努力提高自身侦查协调能力。

第六章 分析、掌握犯罪特点和规律的能力

贪污贿赂犯罪的特点和规律是一定时空内该类犯罪发展变化趋势的突出反映，是确定工作思路、制定侦查目标、明确打击重点与方向、部署侦查活动的重要参考和依据。提高分析、掌握犯罪特点和规律的能力就是要求侦查人员能够准确把握当前反贪工作面临的总体态势，熟悉各类犯罪的作案手段与方式、方法，并以创新发展的眼光不断地加以归纳、总结和分析，做到知己知彼，始终把握侦查工作的主动权，不断增强办案的针对性和有效性，更好地惩治贪污贿赂犯罪。

一、分析、掌握犯罪特点和规律概述

（一）贪污贿赂犯罪特点和规律

1. 贪污贿赂犯罪特点

特点是人或事物所具有的特殊或独特之处，即此事物有别于彼事物、此人此类人有别于彼人彼类人的不同之处。特点是事物或人的外在标志和内在精神的统一体。贪污贿赂犯罪特点是贪污贿赂犯罪现象表现出来的某种特性，即贪污贿赂犯罪在某一时期、某一地域内的共性。

当前贪污贿赂犯罪存在以下突出特点：持续时间长、社会危害大，表现出更大的贪婪性和冒险性；犯罪主体多元，涉及部门较广，发案环节多；资金密集领域和行业犯罪愈加突出；土地矿产等资源领域犯罪易发、多发；工程建设司法人事等领域案件突出；贪污贿赂和渎职侵权犯罪互相交织，职务犯罪和其他刑事犯罪互相牵连；涉及民

生领域与民争利的犯罪增多；智能化、群体化、高端化、跨区域化、国际化突出；发案数短期内仍会呈多发高发态势。

2. 贪污贿赂犯罪的规律

规律也称法则，是事物发展过程中的本质联系和必然趋势，具有普遍性、重复性等特点。规律是客观的、事物本身所固有的。这种联系不断重复出现，在一定条件下经常起作用，并且决定着事物必然向着某种趋向发展。

3. 当前贪污贿赂犯罪呈现的规律

一是规律具有客观性。规律是客观存在的，是不以人们的意志为转移的，但人们能够通过实践认识它、利用它。二是规律具有重复性。这是其最基本的属性，人们正是因对社会、自然现象的多次重复进行探索，从而抓住其内在联系，证明它的规律性。三是规律具有稳定性。规律虽然不是一成不变，但它具有相对稳定性。人类不能创造、改变规律，但是可以认识规律。

贪污贿赂犯罪的规律是在一定条件下贪污贿赂犯罪的升降、涨落、变化和发展的一般趋势，是贪污贿赂犯罪行为所具有的内在联系和必然趋势。即贪污贿赂犯罪的流量与流向的一般运动过程，犯罪规律决定了犯罪情况和特点，并通过它们表征和显示自己。贪污贿赂犯罪自身难以形成明显的规律，但是，通过研究犯罪行为的共性特征，可以发现和总结犯罪自身的规律，进而为侦查办案工作服务。

（二）分析、掌握犯罪特点和规律的意义及作用

分析、掌握犯罪特点和规律是增强贪污贿赂犯罪侦查能力的重要内容。提高分析、掌握贪污贿赂犯罪特点和规律的能力，目的在于根据贪污贿赂犯罪的特点和规律，深化认识，创新思路，突出重点，把握关键，增强反贪侦查工作的主动性、预见性和针对性。

1. 有利于准确把握反腐败斗争形势

随着改革开放不断向纵深推进，国家管理社会事务、配置经济资源、调控经济发展的方式发生了很大变化。腐败现象正在向一些关键领域渗透，向一些社会领域扩散，国家机关工作人员和领导干部犯罪

问题更加突出,涉案金额越来越大,犯罪行为日趋复杂化、隐蔽化、智能化,新型贪污贿赂犯罪形式和手段不断出现,窝案、串案、案中案明显增多。现在人们对反腐倡廉"成效明显"和腐败易发高发之间并存的事实存在一些困惑。这种困惑的存在,有可能严重影响人们反腐倡廉的信心和决心。

通过对贪污贿赂犯罪特点、规律的分析,能对当前的反腐败斗争形势有一个正确的估价、清醒的认识,既不能被当前案件高发态势所吓倒而对反腐败缺乏信心,也不能被当前所取得的反腐败成就所迷惑,认为腐败分子已经被挖得差不多,贪官已经所剩无几,从此刀枪入库、马放南山。要辩证地看待当前的腐败和反腐败形势,充分认识反腐败斗争的长期性、复杂性、艰巨性,把反腐倡廉建设放在更加突出的位置,旗帜鲜明地反对腐败。坚决查处违法违纪案件,坚持有案必查、有腐必惩,对任何腐败分子,都必须依法严惩,决不姑息。要以改革创新精神大力反腐,不辱使命。

2. 有利于及时调整办案重点和主攻方向

通过分析、掌握犯罪特点和规律,可以根据新的形势要求,及时调整办案重点和主攻方向,有效应对反贪侦查工作中出现的新情况、新问题。

当前,反贪侦查工作的办案重点和主攻方向主要应从以下几个方面调整:在犯罪主体上,加大查办国家机关工作人员犯罪,特别是发生在领导机关和领导干部中的贪污贿赂犯罪力度;在犯罪性质上,加大查办权钱交易的贿赂犯罪力度,在坚决惩治受贿犯罪的同时,切实加大打击行贿犯罪力度,有力地遏制贿赂犯罪的发展蔓延;在犯罪行为手段上,加大查办利用人事权、司法权、行政审批权、行政执法权等公权力谋取私利的贪污贿赂犯罪力度;在犯罪危害后果上,加大查办群体性事件和重大责任事故背后的贪污贿赂犯罪力度,揭开腐败黑幕,化解社会矛盾,维护社会稳定;在发案领域上,加大查办发生在工程建设、房地产开发、土地管理和矿产资源开发、国有资产管理经营、金融、司法等重点领域贪污贿赂犯罪力度,深入开展治理商业贿赂专项工作、工程建设领域突出问题专项治理与查办和预防涉农惠民领域贪污贿赂等职务犯罪专项工作。同时，要结合本地实际，严肃查办涉及损害民生领域的贪污贿赂犯罪，切实维护广大群众的切身利益。

3. 有利于指导具体侦查办案工作

从反贪侦查工作的启动来看，犯罪特点与规律的研究有利于反贪侦查干警明确侦查对象，明确犯罪嫌疑人相关知识结构、心理生理病理特点、经济条件、婚姻状况、性格特征、生活爱好以及成长经历等，找出与作案的关联性，找出犯罪心理活动规律和反侦查规律，摸准对方的心理特征和思维轨迹，预测整个案件情势发展变化的趋势，因势利导施展对策。

从反贪侦查工作的组织来看，有利于反贪侦查干警制订初查方案、计划，组织侦查力量，明确侦查手段、侦查策略，确定侦查终结的处理方法。

从具体侦查行为来看，有利于反贪侦查干警认定犯罪性质，辨别各类逃避侦查行为，及时有效地运用侦查措施和手段、侦查谋略、侦查策略等，确保成功突破案件，及时扩大战果。

4. 有利于积累查办贪污贿赂犯罪工作有益经验

我国检察机关经过多年实践和探索，积累了许多查办贪污贿赂犯罪工作的有益经验。比如，查办贪污贿赂犯罪案件要做到"稳定办案规模，以质量取胜，靠效率争先"，正确处理"数量、质量、效率、效果和安全"的关系，针对性地开展挖窝查串、行业治理工作等，无一不是对贪污贿赂犯罪特点、规律进行分析、掌握之后作出的正确决策的结果，对此，我们要继续坚持和发扬。

二、分析、掌握犯罪特点和规律的基本要求

（一）为党和国家大局服务的意识

突出服务是第一要务，就是要充分认识当前的经济社会形势，准确把握"十二五"规划的指导思想、基本要求、主要任务和重大举

措，切实增强服务大局、保障民生的意识。全面认识全国乃至当地贪污贿赂犯罪侦查工作面临的新形势、新任务和新要求，准确把握贪污贿赂犯罪的新动向、新特点和新趋势，自觉地将本职工作置于党和政府工作大局中去思考、去谋划、去推进，积极履行职责，实现反贪工作政治性、人民性和法律性的统一，不仅要使服务大局、保障民生成为反贪部门的自觉意识，而且要有具体的途径和方法，最终在效果上体现出来，为加快经济发展方式转变提供法治保障。

（二）积极主动的思考态度

要勤于思考，留心观察，善于透过现象看本质，积极主动地多问"是什么"、"为什么"，综合运用思维方法，如逻辑思维、逆向思维、发散思维、换位思维等解决问题；还要抓住牵动贪污贿赂犯罪全局的关键点、各级领导的关注点和群众意见的集中点，加强调研，为领导提供动态的决策参考；更要主动思考，通过培养探索的热情、提高工作的能力，不断提高研究的质量和水平。

（三）严谨科学的工作作风

严谨科学的工作作风，是从事任何事业的基本要求，也是提高工作效率和工作质量的重要保障。提高分析、掌握犯罪特点和规律能力，要坚持实事求是和一切从实际出发的思想和工作方法。因为只有主观的决策与客观实际相统一，才能达到预期的效果。实事求是是正确认识世界和改造世界的唯一正确的方法。要想得出正确的结论，必须使主观能够正确地反映客观实际及其规律性，使主客观达到一致。侦查领导者不可简单地靠"拍脑袋"决策，也不能不切实际地照搬别人的经验和做法，要慎重行事，不能"赶时髦"，更不能急功近利。研究成果，特别是基础研究成果，往往要经过历史的反复验证才能被肯定。它的重要性，特别是它对经济社会长远发展的全部意义，更需要时间考验，经过专家及同行在各自工作中的引用和发展，才能给予恰如其分的评价。

要注重工作的精细化，从细事小事做起，对每一份材料，每一段文字，每一项数字，每一个提法都要做到精益求精，细上加细，确保不出任何差错。要科学、客观地对待案件反映的信息，要以科学的态度分析揭示事物最本质的规律。要认识规律、尊重规律，脚踏实地、实实在在地按照规律去实践，办真事、办实事，坚定不移，锲而不舍地向着目标迈进。

（四）敏锐独到的工作视野

视野要有广阔性，要善于从多角度考虑问题，不放过任何一个细节信息，不露掉任何一条侦查线索，不忘记任何一个可利用的证据，能从复杂的案情中发现问题的症结；观察要有深刻性，要善于深入的思考问题，能发现与犯罪有关的各种现象，并能揭露出产生这种现象的原因，能深刻的分析和研究案件侦破的进程和结果，从多种多样的联系中思考问题，从而得出正确的结论；视角要有独立性，要善于独立发现、分析、解决问题，不依赖、盲从他人已有的思想和方法，对案件做出自己独特的分析和理解；视线要有敏捷性，要善于灵活、快捷、准确地分析和处理问题，能适应快速变化的现实，积极地思考，周密地分析，正确判断和迅速地得出结论。

（五）较高的理论文字水平

在认真学习党的基本理论、路线方针和重大政策，加强调查研究，提高发现问题、分析问题和解决问题能力的同时，还要把领导的信息需求与中心工作、基层的工作三方面实际结合起来，才能真正发挥好作用。文字能力是机关工作的基本功。各类信息、报告的编写，都需要具备较高的文字表达能力。文字水平的高低一定程度上决定了信息质量的高低。要提高文字能力，必须多读、多思、多写，力求言简意赅、结构严谨、条理分明。防止出现时效性不强、篇幅过长、重点不突出的现象，个别不该有的文字错误和数字错漏现象一定要杜绝。

三、分析、掌握犯罪特点和规律的主要方法

（一）加强理论学习，增加理性认识事物、客观分析问题的知识储备

知识素养决定思想观念和思维方式，思维方式又决定行为方式。

只有不断提高自己的学识水平，才能从根本上提高自己分析问题、判断决策、组织协调等诸多方面的能力。侦查人员应树立现代司法理念，积极开阔视野，学习掌握一定的哲学、社会学基础知识，重点学习检察监督理论、法律推理、证据法学理论、侦查学理论、犯罪学理论、刑事诉讼法改革、物权法学理论、案件管理、贪污贿赂犯罪侦查等前沿问题，特别是贪污贿赂犯罪侦查人员要熟练掌握贪污贿赂犯罪侦查的理论，如侦查学原理、侦查对策、侦查方法、侦查指挥、侦查心理、侦查技术等知识，还要熟练掌握证据审查的科学原理，如认识论原理、概率论原理、信息论原理、逻辑学原理、同一认定理论等，从而不断提高自身整体素质和法律监督能力。

（二）广泛获取各种信息资料，提高占有、分析、利用资料的意识和能力

分析、掌握贪污贿赂犯罪特点、规律的过程，就是实现由感性认识上升到理性认识的过程，是人们发挥主观能动性，付出艰辛劳动，不断创造条件的过程。实现这一认识上的飞跃，必须具备以下几个条件：

1. 占有丰富且合乎实际的感性材料

要提高综合分析能力，不仅依赖于思考能力和洞察能力，同时也与知识积累、信息获取及资料获取有关。占有资料、占有信息是综合分析的物质基础，尤其是一些最新资料，可以为侦查工作提供急需的、新颖的事物发展动态，是侦查人员进行综合分析时少不了的"案头顾问"。对于贪污贿赂犯罪案件来说，涉检舆情、新闻报道、举报材料、自首材料、案件交办函、办案人员的汇报提纲和调取到的物证、书证、证人证言以及侦查终结报告、检察建议、个案总结、判决书等，都是进行案件决策、宏观指导乃至分析、掌握特点和规律的案头资料。应该多领域、多层面、多角度收集资料，并利用各种渠道有意识地广泛占有，分门别类加以整理。只有占有了这些资料，所作的分析、得出的结论才是有源之水、有本之木，才站得住脚，经得起考验，才更有价值。

2. 运用科学的思维方法对感性材料进行加工制作

在纷杂的资料、信息中，诸如涉检舆情、新闻报道，甚至街谈巷议，其中有反映事物本质的真实资料，也有与事物本质不相符合的虚假资料。对之进行综合分析时要下一番功夫，去粗取精、去伪存真，由此及彼、由表及里，由分散到集中，由具体到概括。必须在现有材料的基础上得出结论，切忌综合分析的主观、片面和表面化。例如，在对某地区若干时间段内科研院所贪污贿赂犯罪情况的调研分析中，只有掌握了国家级、省级以及地区级科研院所单位贪污贿赂犯罪案件的资料，确认无误，并有相关材料支撑，才可以得出"贪污贿赂犯罪在科研院所分布较广"这样的结论，而切忌主观臆造。有的人甚至为了支持自己的一个结论而篡改资料，这不但违反工作纪律，更与探索贪污贿赂犯罪特点、规律的要求背道而驰。

3. 做到理论与实践相结合

提高综合分析能力的另一个途径，就是要坚持勤动脑、善思考、多学习、多实践，这是有效促进知识转化为能力的最重要的机制。实践是增长才干的源泉，要善于抓住每一次实践的机会，将其视为培养、锻炼、提高综合分析能力的良机，倍加珍惜。应当认真对待各类信息的收集、整理、加工，听取案件汇报，对季度、年度工作总结的布置，各类调查报告的组织与实施，案件卷宗材料、侦查终结报告以及犯罪嫌疑人口供、亲笔供词、悔过书的审查，判决书、裁定书和季度、年度案件情况分析的归档等，这些都是提高综合分析能力的必要环节，切不可马虎对待，敷衍了事。图形式、走过场的不认真的工作态度，不仅有损工作质量，也不利于素质的提高。

（三）主动占有第一手侦查信息资料，提高对资料价值认识的敏锐度和研判力

1. 统计各类案件数字

案件数字可以从横向和纵向来划分：横向的包括特定时间和地域内案件总数、类案数量以及办理贪污贿赂犯罪案件各个诉讼阶段数字等；纵向的包括发案领域、犯罪环节、犯罪手段、犯罪主体、维权告

知、进行社会矛盾化解等情况。其中，特定时间和地域内案件总数、类案数量并不局限于贪污贿赂犯罪案件的数量，也包括其他刑事案件的数量，可以进行对比分析贪污贿赂犯罪案件所占比重，观察整个社会及特定区域内的社会治安状况。案件办理诉讼阶段数字，包括线索及初查阶段数字、立案及侦查阶段数字、侦查终结数字、审查起诉及判决阶段数字等。具体包含案件线索数，受理数，举报中心移送等表明案件来源的数字，立案侦查件数、人数，性别比率，年龄段比例，大案、要案，采取强制措施种类及人数，犯罪金额，挽回经济损失数，侦查终结，移送起诉（不起诉），侦查羁押期限的延长，案件退回补充侦查，侦查终结率，发出检察建议数，收到回函数，移送起诉（不起诉）率，起诉改变定性、追诉被告人情况，判决数，各项同比增加（减少）比率等。

2. 了解与案件相关的背景资料

一是关注"大背景"。贪污贿赂犯罪是一种复杂的社会现象，对贪污贿赂犯罪的侦查工作一定要考虑分析当地的反腐败形势，不应当孤立地看待个案的所谓纯技术性问题，应当将个案的查办放在当地的政治、经济、文化、社会道德的发展现状中去研究，有针对性地采取相应的对策。当前，从中央到地方对反腐败工作高度重视，成效显著，廉政文化逐步兴起。但腐败问题仍很严重，随着市场经济的确立，权钱交易更突出，在某些行业成了潜规则，贪污贿赂犯罪呈窝案和串案的特点，一般贪污和挪用减少，贿赂案件增多，隐蔽性和反侦查的特点更加明显。因此，要根据当地的社会、经济文化的变化，研究阶段性和区域性贪污贿赂犯罪的特点和新情况，明确查处的目标和重点。

二是掌握"小气候"。每个贪污贿赂犯罪案件均是特定阶段及区域内社会矛盾的集中反映，对待每个案件都要注重研究它的背景资料，掌握"小气候"。对案件的发案原因、矛盾性质及焦点、被调查人的一贯表现、有无深挖可能、有无隐匿毁弃证据及订立攻守同盟、举报人的动机、案发单位党委和纪委的态度、犯罪嫌疑人的到案经过等，案件的决策者及承办人均需要及时了解和掌握，并通过一定的形式，如笔录或其他证据形式加以固定。要通过分析侦查对象的作案手段、动机目的等，研究其个性特征、心理状态和反侦查能力，找出该案的规律，提出阶段性的任务，对贪污贿赂犯罪的初查和侦查活动进行切实可行的部署。

3. 掌握案件本身情况

包括发案领域、犯罪环节、犯罪手段、犯罪主体等情况，从具体的案件信息中提炼出贪污贿赂犯罪所属的行业、领域，具体的犯罪环节、手段，涉及的犯罪主体等，并归纳出形式及特点。一是了解目前贪污贿赂犯罪行业、领域及环节、手段的新情况；二是掌握特定领域贪污贿赂犯罪的发案环节；三是掌握特定环节的犯罪主体及常见犯罪手段；四是掌握犯罪手段隐蔽性及多变性。

（四）坚持唯物辩证法，提高探索、发现犯罪特点和规律的能力

1. 透过现象看本质

通过对个案的总结分析，可分别形成对犯罪主体、犯罪时间、犯罪空间、犯罪行为以及犯罪性质等多个方面的特点和规律的较为完整的总结和提炼。比如，实践中的"一案一总结"制度，就是自侦部门在长期的侦查工作中摸索出来的一套行之有效的总结提高方式，主要是指自侦部门在办结案件后，由承办人员对案件进行全程回顾的材料。"一案一总结"包括四方面的内容，一是基本案情；二是就案发的客观原因、犯罪嫌疑人的主观动机、犯罪时间、犯罪心理、犯罪过程、危害后果、是否悔罪、犯罪性质等进行深层次的提炼和剖析；三是对该案办理过程中的经验做法和需吸取的教训进行系统总结；四是对案发单位制度、管理方面暴露出来的问题进行归纳并提出建议。最后由参与办案人员共同对该案的办理进行评议，分析案件办理中存在的问题和不足，提出今后办理该类案件或遇到类似问题的处理意见，以达到共同提高侦查办案水平的目的。

在以往的侦查工作中，更多的是注重办案的过程，而忽视了案后的总结，往往案件一突破就大功告成，注意力转移到新的案件上，没

有及时对案件的特点、规律、查办经验和问题进行总结回顾。这样导致的结果是相同的教训一次次循环往复。而"一案一总结"的运用可以避免此类无意义的重复循环，通过个案的办理能使该类案件的办理经验得到推广运用，也使类似问题在其他案件中避免发生。同时，通过总结分析，也使办案的宝贵经验以书面形式得以总结推广，不仅成为本单位本地区侦查人员办案的学习材料，甚至可在省市甚至全国范围推广。

　　从实践操作上看，"一案一总结"在工作中也存在一些问题。部分地方没按规定的要求进行总结，甚至背离了该制度的设立初衷而流于形式。一是对案件的特点研究不够。目前，许多地方的"一案一总结"流于形式，往往是三言两语，过于简单，草草应付了事，基本案情占了总结材料的大篇幅，没有结合具体个案的特征进行分析。二是内容不符合规定。有的总结内容仅仅是案件侦查终结报告与检察建议的简单结合，应付的成分多，认真思索的少。三是强调成绩较多，剖析问题不够。有的"一案一总结"材料中，对于办案的经验总结和工作成绩写得详尽充实、有理有据，但对于存在的问题和不足则一言概之，少之又少，其根本原因是报喜不报忧的心理在作祟。四是就事论事较多，应对措施缺乏。有的"一案一总结"材料虽然对案件存在的问题进行了剖析，但却是就事论事，就案论案，尤其是对存在的问题和办案中出现的新情况没有提出有针对性的措施和对策。

　　为此，可以采取以下对策措施：一是重视案件特点的分析，要从具体的案情当中抽象、提炼出犯罪主体、犯罪时间、犯罪空间、犯罪行为以及犯罪性质等多个方面的特点，不能就案办案，应该明确具体执法办案行为对于社会经济发展以及犯罪预防所具有的意义，提高探索、发现犯罪特点和规律的能力；二是及时组织开好总结分析会，认真写好"一案一总结"材料，在内容上要去虚务实，少讲空话、大话，严格行文。对于办案中好的做法和经验要及时进行总结，不能夸大也不需过于自谦，对于存在的问题也应实事求是地进行剖析，并提出意见建议，对于出现的新情况要提出有针对性的措施和对策。

2. 正确把握普遍规律和特殊规律

要处理好个案与窝串案的关系、个案与类案的关系、类案与行业犯罪的关系、本单位查办的案件与本地区查办的案件的关系。客观世界的发展过程具有多种多样的表现，由此决定客观世界发展的规律也是多种多样的。按照规律起作用的范围大小的不同，可以把规律区分为普遍规律和特殊规律。相对来说，个案显示的是特殊规律，而窝案、串案、类案、行业犯罪显示的则是普遍规律。对此要加强分析，不仅要分析每一个要素，还应分析要素与要素之间的联系，找出本质性的东西，在整体中把握各个要素。通过分析个案、窝案、串案、类案、行业犯罪、本单位查办的案件以及本地区查办的案件，逐步摸索并掌握贪污贿赂犯罪的共同规律，为我所用，指导案件侦查，扩大办案规模。

一是从个案中查系统窝案、串案。每一起贪污贿赂犯罪案件，均会呈现出一定的行业特点。从一些个案中，往往容易发现一些行业和部门的管理漏洞，进而挖出该系统内部的窝案、串案。侦查部门应坚持对查办的每一起案件都认真审查，深入分析该犯罪产生的背景以及这种犯罪的发生和存在是否具有普遍性，带着问题对该系统进行全面审查，从而挖出窝案串案。例如，某地检察院在办理某粮管所所长杨某贪污案时，发现犯罪嫌疑人杨某利用职务便利，以虚列器材维修项目的方式，贪污公款 8 万余元。承办人员分析，其他粮管所可能存在类似问题。后该院反贪局果断调取了其他部分粮管所账目，最终挖出了包括县粮食局原局长在内、涉案 12 人、累计金额达 200 余万元的系列窝案。

二是从类案中找规律，查行业犯罪。在查办案件的同时，应加强调查研究，从类案中查找发案规律，深挖窝案、串案。例如，某地检察院经过认真调查分析发现，随着国家扶贫开发力度的进一步加大，国家级重点扶贫开发县得到了国家的重点扶持，国家每年都有巨额扶贫专项资金支援贫困地区经济建设。然而，由于配套制度不健全，部分不法分子将黑手伸向了国家扶贫专项资金，尤其是具体操办扶贫开发项目的村支书、村委会主任涉嫌上述犯罪现象严重,造成了大量国家扶贫专项资金被挪用的现象。基于此,检察院联合扶贫主管部门、金融部门,对国家扶贫专项资金进行了全面清理,对挪用国家扶贫专项资金行为进行全面整治,查办各类挪用国家扶贫专项资金犯罪案件16件,其中,村支书、村委会主任涉嫌上述犯罪案件有10件,占该类案件的60%。通过办案为国家挽回直接经济损失300余万元。

三是分析本单位查办案件与本地区查办案件的异同点。任何犯罪案件,必然存在一定的因果关系。尤其是贪污贿赂犯罪案件,与地域经济、文化等各方面存在千丝万缕的关联性。例如,某区检察院在办理一件贪污案过程中,并不仅仅把侦查工作局限于这一个案件,而是扩大视野,发现本地区其他几个单位在查案件具有相同的发案领域、环节及犯罪手段,数额特别巨大。这种发现使办案人员坚定了信心,深挖细查,发现了新的疑点,最终一追到底,扩大了办案规模。

矛盾的普遍性和矛盾的特殊性之间的辩证关系告诉我们,在认识事物时不能忽略它们中的任何一方,也不能将它们隔绝起来认识,更不能认为它们是一成不变的。一定条件下与个案相比是矛盾普遍性的类案,在另一条件下与行业犯罪案件相比,它就是矛盾的特殊性。侦查人员要适应贪污贿赂犯罪日趋隐蔽化、智能化、复杂化的新形势,努力寻找贪污贿赂犯罪的规律。

(五)坚持理论和实践相结合,提高遵循和运用特点、规律的能力

认识过程中的两次飞跃是:由感性认识到理性认识(由实践到认识)的飞跃和理性认识回到实践中去(由认识到实践)的飞跃。唯物辩证法关于任何事物都是过程的思想,具有重要的方法论意义。它要求我们必须用具体的、历史的方法观察和处理问题,不仅要看到一事物同他事物间的横向联系,还要了解事物间的纵向发展;不仅要把握事物的现状,还要了解它的过去,预测它的未来发展趋向。

1. 在工作部署上,表现在办案重点和侦查方向的确定方面

20世纪70年代末期至80年代是腐败发展的滋生、蔓延期,90

年代是腐败发展、泛滥的高峰期。由于社会转型期腐败发展规律、特点没有得到"充分的暴露",而面对来势汹涌的腐败问题整个社会还没有做好"足够的社会心理准备",所以决定了这一阶段的反腐败斗争比较被动,防御性强。党的十六大后,中国已经摸索出一套适合处于社会主义初级阶段的、还不完全成熟的市场经济条件下的反腐败指导思想,总结出一套比较完整的、比较成熟的反腐败理论框架。因此,中国反贪重点战略实现以下"四个转变":一是由依赖举报和移送、等案上门,转变为增强职业敏感性,依法主动出击、摸排线索,从新闻媒体、街谈巷议中发现线索,及时捕捉国家重大改革措施实施中有可能发生的新型犯罪;二是由突出查办发生在国有企业、金融系统等传统高发领域的案件转变为重点查办发生在司法和行政执法等部门,交通、基本建设投资等资金高密集领域,文教卫生等关系人民群众切身利益的行业及电力、电信等垄断行业的案件;三是由就事论事、就案办案,转变到举一反三,深挖细查,在挖窝案、串案上下功夫,在挖窝查串、行业治理上下功夫;四是由传统的办案模式转变到依法运用高科技手段来发现、揭露和证实犯罪,提高运用现代科技查办案件的能力。

从 2010 年开始,最高人民检察院反贪污贿赂总局积极运用挖窝查串、行业治理的方法开展办案工作。在深入调查研究基础上,每年确定若干贪污贿赂犯罪高发的行业、系统,作为办案的重点领域,总结犯罪规律和案件侦破方法,指导各地深入查办窝案串案,取得了明显效果。这既解决了案件线索来源不足问题,又提高了各地侦破贪污贿赂犯罪窝案串案的能力,有助于深化侦查改革,形成整体合力。针对贪污贿赂犯罪跨地区案件多、窝案串案多及突破难度大、干扰阻力大等现象,大力推进侦查工作一体化机制改革,强化上级院对办案工作的侦查指挥,有效整合侦查资源,打破行政区域限制,形成反贪污贿赂工作整体合力。各级检察机关充分发挥侦查一体化机制的实战功能,成功突破了一大批贪污贿赂犯罪大案要案;部署开展专项工作,集中查处重点领域案件。

2010年以来，全国检察机关反贪部门认真贯彻中央决策，按照最高人民检察院的工作部署深入开展治理商业贿赂专项工作和工程建设领域突出问题专项治理、查办和预防涉农惠民领域贪污贿赂等职务犯罪专项工作。最高人民检察院反贪污贿赂总局在专项工作中先后组织集中查处医药购销领域、城镇建设领域商业贿赂犯罪和工程建设领域贪污贿赂等职务犯罪，进一步突出办案重点，凝聚办案力量，形成强劲的办案声势，取得显著成效，有力推动了全国检察机关反贪办案工作深入开展。以上的历史实践证明，在对贪污贿赂犯罪特点、规律的调查研究基础上，实行符合侦查规律的改革，必将取得辉煌的成果。

2. 在宏观指导上，表现在办案前景的预测、疑难问题的排解、工作方向与机制的调整和运用方面

上级院发挥对下一级检察机关反贪部门的指导作用，科学规划，排忧解难，组织指挥，把握方向，有助于整合侦查资源，形成一定地域内的整体合力。发挥上下一体、整体作战的效能，消解因行政区域限制、地区经济发展水平差异等因素对办案工作带来的不利影响，提高排除干扰、突破案件的能力，提升办案力度，带动办案工作整体推进，增强办案效果。

一是明确指导责任。在对当前形势进行充分分析论证的基础上，提出反贪综合考评办法，科学规划办案工作思路，对反贪工作目标、工作进度进行分解，明确目标责任，突出各个不同阶段的工作重点，有助于合理把握办案节奏，使反贪工作稳步开展。在部署全局办案力量、工作目标时，将综合指导工作一并部署，对基层院实行分片定点对口指导，可以使业务指导工作不仅体现在宏观方面，而且还落实到具体的案件中，增强业务指导的针对性、实效性。

二是加强工作督导。要高度重视反贪开局工作，领导深入基层院，亲临一线，听取反贪工作情况汇报，研究办案工作新思路、新举措，解决疑难问题，筛查案件线索，督办开局工作。同时，应加强日常督导，采取多种形式加强与基层工作联系，随时随地掌握各地工作

动态，想基层所想，急基层所急，尽力帮助解决实际困难，排除干扰阻力，为基层办案工作创造良好的环境和条件。

三是强化组织指挥。上级院加大组织指挥办案力度，利用一体化机制的优势，整合两级院侦查资源，上下一体，整分结合，统筹安排。坚持挖窝查串、行业治理的工作方法，通过对相关系统案件线索深入分析和研判，按照基层院办案特长和办案情况，打破地域限制，统筹分配线索，采取交办、督办、参办、指定异地办等多种形式，带动基层院工作的开展。

3. 在个案办理上，表现在线索审查梳理、侦查方案确定、侦查力量调配、侦查策略及时调整和转换等方面

一是线索的审查梳理。通过纷繁复杂的现象发现案件，并通过这些现象揭示出犯罪的本质，有助找准、抓稳优质的案件线索，对于评估线索的成案可能性、深挖可能性，正确决策，从侦查工作初始阶段，提高查办案件的成案率意义重大。

二是侦查方案的确定。即在接到举报后，确立目标、确定行动方案的行为，通俗地说，就是预先决定侦查什么，如何侦查以及什么时间去侦查，由谁去侦查等。

三是侦查力量调配。侦查计划的实施要靠其他人的共同合作，应根据侦查工作的要求与侦查人员的特点，进行合理的分工，实现对侦查力量、侦查装备的统一调度使用，明确各自职责，形成纵向指挥有力，横向协作紧密，运转高效有序的侦查运行机制。

四是侦查领导。计划和组织工作后，要保证侦查目标的实现，就要有领导进行协调，指导侦查人员的行为，沟通侦查人员之间的信息，增强相互的理解，统一人们的思想和行动，激励每个下属为了共同的目标而共同努力。

五是侦查策略的调整和转换。也称侦查控制，侦查计划是控制的标准，为了保证侦查活动符合计划，侦查领导者必须及时取得计划执行的信息，并将有关信息和计划进行比较分析，结合内外环境的状态变化情况，发现问题，分析原因，及时采取有效的纠正措施，并制止

非法的侦查行为。

六是侦查创新。侦查活动中，要针对每个案件不同的具体情况而使用不同的侦查方法，除了遵循一般的侦查规律以外，还要进行积极的探索，在合理的情况下进行大胆想象。

4. 对一定时期、某个行业或领域贪污贿赂犯罪趋势进行预测

2010年，全国检察机关全面推行预防职务犯罪年度报告制度，将检察机关预防工作融入惩防腐败体系建设总体工作格局中，促进社会矛盾防范化解和社会管理创新。这一制度有利于党委、人大、政府和有关部门全面掌握职务犯罪发生的特点规律、变化趋势，从总体上研究部署、推进党风廉政建设和反腐败工作；有利于建立完善各系统、各行业内控机制，推动系统性地落实预防措施，促进依法行政，加强廉政建设。预防职务犯罪年度报告应从特定地区查处案件总体走势、人员区域分布、案件罪名分布、案件行业分布、人员群体分布等几个方面对查办职务犯罪案件的基本情况进行系统深入研究，从中分析出该地区职务犯罪的新动态。

侦查部门应该坚持"一案一总结"工作制度，反贪、反渎部门侦查的案件材料要归类到预防部门，而且每起案件结束后，侦查部门、预防部门都要进行分析。针对一个时期或某一类型案件，预防部门每隔一段时间要作出分析报告。案件办理完结后，要举办有侦查部门上级领导参加的案件剖析会，要有检察建议、自我剖析及上级评议。侦查部门、预防部门提供的风险研判报告和检察建议，应当提交当地党委政府，并作为采取专项行动的依据。通过以上措施的采取，延伸检察工作的职能，使检察机关的工作更加有利于创新社会管理。有条件的检察机关还应建立信息库，包括案件信息库、行业信息库、省重点工程建设信息库、行贿犯罪档案和侦防信息库。

四、分析、掌握犯罪特点和规律应处理好的关系

（一）个别现象与一般规律的关系

个别，是指单个事物的发展过程，及其区别于其他事物的个性、

特殊性；一般则是指同一类事物发展过程中的共性、普遍性。个别与一般不同，但其相互依存，共处于一个统一体中，在一定条件下还可以互相转化。认识和把握好个别与一般的关系，对提高分析和掌握犯罪特点规律的能力具有重要的指导意义。贪污贿赂犯罪案件具有其内在的一般规律，主要表现为作案手段的隐蔽性和智能性、逃避侦查的对抗性和长期性。但是，案件不同，表现形式也各不相同，犯罪特点和规律也表现出一定的差异性。犯罪嫌疑人抗拒侦查、逃避法律追究的心理是共同的，具有一定的规律性，但在不同犯罪嫌疑人中的表现和不同案件的侦查过程中，乃至同一案件侦查过程中的不同阶段，则会表现出明显的个性特征。作为侦查人员，只有正确地认识和处理好一般规律与个别现象的关系，才能做到准确分析、判断发案部位、环节和方向，为启动侦查工作创造条件。

1. 侦查人员对犯罪特点、规律的认识与长期积累的分析掌握能力，要与具体的案件相结合才具有指导意义

在长期的侦查工作中积累和形成的分析掌握能力，是对贪污贿赂犯罪客观规律的把握和总结，对侦查工作具有普遍的指导意义。但是，案件不同，办案人员对犯罪特点规律的把握和分析的内容与方式也不尽相同。只有通过对具体问题进行具体分析，才能在掌握规律的基础上找出案件的实质和个性特点，将自己的经验转化为具体的决策思想。

2. 要善于从个别现象中掌握侦查工作的方向

从微观上讲，侦查人员所接触的只是整个案件的局部或个别现象，无法将这些个别现象综合起来，形成对整个案件情况的认识和把握。只有将侦查人员所面对的个别现象综合起来形成一个有机整体，明确犯罪的特点规律，才能推动侦查工作有步骤、按计划地进行，并根据案情的变化，随时调整侦查方向和侦查部署，以达到最佳的侦查效果。从宏观上讲，单个案件所反映的信息是具体的、零碎的，但是，其有可能代表着一定的趋势，或者说体现着某种共同的方向。侦查人员要善于从一般与个别的关系入手，从具体的案件中寻找或总结

带有规律性的问题,并以此引导、确定侦查工作的大方向。

(二) 可能与现实的关系

现实,是指包含内在根据的、合乎必然性的客观存在;可能是指包含在事物中的、预示事物发展前途的种种趋势。从纷繁复杂的现实中抓住唯一或最佳的可能就是成功;抓不住,自然是失败。可能与现实是对立统一的关系,二者既相互联系,又可相互转化。当然,将可能转化为现实需要一定的主客观条件,其中主观条件的影响尤为突出。正确处理可能与现实的关系,对于提高分析掌握犯罪特点和规律具有一定的启示作用。

1. 可能与现实存在于犯罪及侦查过程的各个环节和阶段

主要表现为案情的发展变化与侦查人员能够掌握的特点规律之间的关系;犯罪嫌疑人实施犯罪的行为和侦查人员能够收集到的证据,或能够查证属实之间的关系等。

2. 可能与现实之间是可以相互转化的

侦查人员的任务就是从分析犯罪特点入手把握作案规律,在对犯罪特点规律的把握中寻找突破口或成案的可能,并将这种可能转化为现实。这个过程可能是单一的,也可能是不断循环往复的。侦查人员应当站在成案的高度全面分析把握犯罪特点和规律,为挖掘线索的潜力和证据的证明力服务,只有这样,才能突破案件并不断扩大战果。案件线索和已经获取的初步证据,是客观存在的现实,在这种现实的背后往往预示着某种可能的存在。侦查人员应善于从现实与可能的角度出发,拓宽视野,多角度、全方位地收集犯罪特点和规律,将一般性的案件办成有影响、震动性的大案,把小案办成大案,把个案办成窝案、串案。

(三) 表象与实质的关系

实质,是事物的根本性质,是组成事物各基本要素的内在联系;表象,是事物的表面构成,是事物的外部联系。二者共同揭示了事物的外部表现和内部联系之间的相互关系。正确处理二者之间的关系,最重要的则是要善于透过表象抓住本质,不要被犯罪和案件的表象所困惑，这对于提高分析掌握犯罪特点规律的能力具有重要的指导意义。

案件的实质，是通过构成案件的各个环节和细节而表现出来的。犯罪由单个事实与细节或多个事实与细节组成，侦查人员的任务是：把这些细节和事实完整地组合起来，以便从支离破碎的表象中正确把握和认定案件的实质，并在把握案件实质的基础上找出侦查的切入点和突破口。只有经过由表及里、去伪存真的不断反复，才能使侦查人员对案件事实、适用法律和应采取的侦查措施，有一个完整的认识和判断，为侦查工作的开展创造条件。

侦查人员的另一个重要任务，就是要围绕犯罪的特点规律，即案件的实质组织侦查工作。犯罪的特点规律即实质决定了侦查工作的重点和方向，抓住了案件的实质，就等于掌握了侦查工作的主动权，案件就能够顺利突破；抓不住案件的实质，侦查工作就会迷失方向，丧失主动权。因此，侦查人员要善于通过抓住犯罪的特点规律，即案件的实质，来把握侦查工作的全局，使侦查工作始终沿着正确的方向前进，防止"各行其是"、"令出多门"现象影响和干扰办案工作，避免盲目性和反复性。

(四) 主要矛盾和次要矛盾的关系

主要矛盾是在事物的发展过程中起主导和决定作用的矛盾，次要矛盾是在事物的发展过程中起辅助作用、占据次要位置的矛盾；主要矛盾和次要矛盾相互依存、相互关联，在一定条件下还可以相互转化。正确认识和处理主要矛盾与次要矛盾的关系，不要被犯罪中的次要矛盾所制约，对于提高分析掌握犯罪特点规律的能力，具有重要的指导意义。

侦查过程中的主要矛盾就是能够推动侦查工作开展的人或事以及关键的证据，它决定着侦查工作的方向和重点、侦查对策和谋略的运用、侦查措施和手段的使用。侦查过程的不同阶段和环节都有其各自的主要矛盾。如初查阶段的主要矛盾就是通过分析犯罪特点和规律发现和收集能够证明犯罪嫌疑人犯罪事实存在的关键证据，以解决立案问题；预审阶段的主要矛盾就是通过分析犯罪嫌疑人的心理特点和处事规律，攻破其对抗侦查的心理防线，以解决犯罪嫌疑人的供述与其他证据的印证问题；当翻供串供等情况制约侦查工作的开展时，深刻地把握翻供串证的特点规律，就成为侦查工作的主要矛盾；当犯罪嫌疑人外逃影响侦查工作顺利进行时，针对犯罪嫌疑人出逃的特点、遵循追捕抓逃的一般规律，尽快将犯罪嫌疑人抓获归案就成为侦查工作的主要矛盾；当多个侦查的突破口和切入点并存时，通过分析、比较案件的最主要的特点，便可以选择最佳的突破口和切入点，就等于抓住了主要矛盾。

犯罪和案件中的主要矛盾和次要矛盾，在一定条件下发生转化时，侦查人员的职责就是要紧紧把握住矛盾双方的变化，主动创造条件，促进矛盾朝着有利于掌握犯罪特点规律的方向转化，以打破僵局、掌握主动权。

五、当前一些重点领域、环节贪污贿赂犯罪的特点和规律研究

（一）工程建设领域贪污贿赂犯罪的特点和规律

工程建设是国家资金投入密集领域，也是贪污贿赂犯罪易发、多发的领域，抓住了工程建设领域，也就抓住了反贪侦查工作的突破点。从反贪侦查工作办案实践分析，工程建设领域贪污贿赂犯罪主要有以下几个特点和规律：

1. 涉及范围广，涉案人员多

工程建设项目从立项审批到竣工验收，要经过规划审批、环境影响评价、土地开发利用、招标投标、资金拨付、质量监管、费用交纳结算等多个环节步骤，涉及多个工程建设主管、监管、实施部门。以上每一个环节、部门都不同程度地存在诱发贪污贿赂等职务犯罪的条件，而一些环节、部门职务犯罪也易发、多发，影响面非常广。从涉案人员看，既有国家公务员，也有国有公司、企业、事业单位工作人员；既有直接审批、管理工程建设项目的工作人员，也有单位、部门领导，特别是一些党政领导干部违法插手工程建设项目比较普遍。

2. 贿赂犯罪多发，"潜规则"普遍

从发案趋势看，工程建设领域职务犯罪主要表现为贿赂犯罪。在个别地方，利用工程建设项目收取贿赂呈现半公开化状态，不给钱不办事，给了钱乱办事，权钱交易较为普遍。发包工程按工程量比例收受贿赂，采购物资账外收取回扣，工程审批索贿受贿等已成为工程建设过程中的不成文的"行规"，双方处于"不行贿心中无底，不受贿深感委屈"的状态。这使得行贿人把送礼、打招呼作为取得工程项目的必经之路，受贿人也把收受他人钱财替人办事当成一种理所当然的事情，严重破坏了正常的市场秩序。

3. 涉案金额大，危害后果严重

由于工程建设项目资金投入量大、涉及产业链广、获取利润高，其中的开发竞争也较为激烈，特别是在工程承包、土地出让、房地产开发、资金拨付管理等过程中，工程项目的每一个细微调整都可能会对开发商的利益产生巨大影响，开发商也往往为实现利益最大化，而不惜重金拉拢腐蚀国家工作人员。有的国家工作人员抵制不住巨额经济利益的诱惑，大肆贪污受贿，涉案金额动辄就达几十万元、几百万元，个别受贿人累计贪污受贿金额甚至多达几千万元。从实践看，通过非法手段取得建设工程的施工单位或个人，为了达到"堤外损失堤内补"的目的，经常采取虚报额外工程量、抬高决算造价、降低工程质量等方法谋求利益最大化，直接损害国家利益、社会公共利益和建设单位的合法权益，危害后果严重。

4. 作案手段隐蔽，新型受贿犯罪突出

由于工程建设领域市场化程度较高，监管制约法律制度相对较为完善，犯罪分子为避免犯罪行为暴露，往往采取一些隐蔽的方式进行反侦查，致使职务犯罪手段更趋隐蔽，形式多样化。具体表现为国家工作人员利用手中的权力和内幕信息，采取暗中授意、串通作假等方式进行"暗箱操作"、权钱交易，并且常常在"一对一"的情况下，假借"信息费"、"咨询费"、"辛苦费"等名义收取贿赂；或者建立账外账、私设"小金库"等方式进行贪污挪用犯罪活动，企图欺骗

视听，逃避法律惩处。而且，近来利用特定关系人收受贿赂、收受干股、强行入股、低价购房、高价卖房、挂名领取薪酬等新型受贿手段也越来越突出。

5. 窝案、串案多，部门集体腐败严重

由于工程建设各个环节制约性强、参与人员多，受不同主管部门管理权力的限制，单独实施贪污贿赂犯罪往往难以得逞或者容易被发现，犯罪分子必须打通工程建设管理的各个环节才能确保实现其非法目的，这导致多个经手管理人员相互勾结、上下串联、共同作案等现象突出，主要表现为行受贿犯罪呈现网状结构。一些建筑商为谋取不正当利益，往往要向多个国家工作人员行贿，一个国家工作人员也往往多次收受同一人贿赂或收受多人贿赂，以致窝案、串案较多，突破一案后，顺藤摸瓜，可以深挖出一串、带出一窝。

6. 贿赂犯罪与渎职犯罪交织发生

工程建设领域职务犯罪的受贿人员在收受他人财物后，往往不履行或不认真履行职责，利用手中的权力为行贿人大开方便之门，行为与自身职责严重背离，从而导致贿赂犯罪与玩忽职守、滥用职权、非法批准征用、占用土地、非法低价出让国有土地使用权等渎职犯罪行为交织发生。特别是在土地出让、矿业权审批、费用减免等过程中，在失职、渎职背后往往隐藏着贿赂犯罪，两者相互交织在一起，一人涉嫌数个罪名情况较多。

7. 重点环节犯罪突出，规律性强

在工程建设领域，贪污贿赂犯罪主要发生在招标投标、规划审批、土地出让等重点环节。各个重点环节的贪污贿赂犯罪手段又有其自身的特点，规划审批环节主要是利用审批权，违法修改变更规划，从中索贿受贿；土地出让环节主要是在土地出让招拍挂、费用减免缓交过程中索贿、受贿，以及贪污挪用土地整理资金、拆迁补偿金等；矿产资源开发环节主要是利用矿山监管权索贿受贿；招标投标环节，主要是违法透露内幕信息，为不具备投标资格或投标人的围标、串标行为提供帮助，从中收受贿赂；资金管理环节主要是通过控制资金拨付进度索贿受贿；物资采购环节主要是暗中收受回扣；质量安全管理环节主要是利用监管管理和竣工验收的职务便利收受贿赂。

(二) 涉农惠民领域贪污贿赂犯罪的特点和规律

近年来，国家不断加大对"三农"的资金、政策扶持力度，惠民支农资金投入逐年增加，有力促进了农村的发展。但是一些腐败分子在涉农资金管理使用中，大肆贪污受贿，严重危害了农村的和谐稳定，无疑是反贪侦查工作的重点打击对象。从反贪侦查工作办案实践分析，涉农惠民领域贪污贿赂犯罪主要有以下几个特点和规律：

1. 犯罪类型以贪污案件居多

涉农贪污贿赂犯罪多发生在国家加大投入力度的农村基础设施建设、生态环境保护等领域，土地出让、征地补偿、移民拆迁等资金量大、监管薄弱的环节，以及社会保障等农村改革试点工作中。在这些项目或工程的实施过程中，一些农村基层组织工作人员伙同乡镇管理部门工作人员，采取虚报的形式骗取国家资金。

2. 犯罪主体以农村基层组织工作人员居多

涉农贪污贿赂犯罪案件绝大多数发生在县以下基层单位，主要是农村基层组织工作人员、乡镇站所国家工作人员等，但也有个别案件发生在中央部委和省级部门。

3. 涉案部门和领域十分广泛

涉农贪污贿赂犯罪除主要涉及农业管理、林业水利等部门外，还经常涉及土地城建、民政社保、交通、扶贫、医疗教育等部门，犯罪分布广泛。

4. 涉案金额多在 5 万元以下，但也有不少案件数额巨大

因农村经济社会发展相对落后，大部分涉农贪污贿赂犯罪案件个案金额不大。但是，随着我国经济社会发展，涉农贪污贿赂犯罪大案数量和比例呈增多趋势，有些案件数额巨大，百万元以上的案件时有发生。

5. 群体性犯罪突出，窝案、串案多

涉农贪污贿赂犯罪共同犯罪较多，往往是多名村干部共同贪污受

贿；一些骗取国家涉农资金的案件，大多是有关政府部门、乡镇站所工作人员上下勾结或者与农村基层组织人员内外勾结、共同作案。检察机关通常是"查一件，挖一窝，带一串"，有的地方群体性犯罪情况比较严重。

6. 许多案件情节恶劣，危害十分严重

涉农贪污贿赂犯罪影响国家"三农"政策部署的贯彻落实，妨碍农村改革发展，直接损害农民切身利益，有些案件情节恶劣，引发群众集体上访，影响社会和谐稳定，社会危害十分严重。

（三）医疗卫生领域贪污贿赂犯罪的特点和规律

医疗卫生与人民群众的生命健康紧密相关，人民群众对医疗卫生领域的贪污贿赂犯罪深恶痛绝，必须予以严厉打击。从反贪侦查工作办案实践分析，医疗卫生领域贪污贿赂犯罪主要有以下几个特点和规律：

1. 犯罪主体以国有医院及其部门负责人居多

我国的医药销售主要集中在医院，而国有医院占其中大多数。国有医院院长、主管副院长、药剂科科长、器械科科长、业务科室负责人等因具有药品、医疗设备采购决定权，医药供应商或者销售人员为使自己的产品进入医院销售，便以这些人为目标，大肆行贿，导致大量贿赂犯罪发生。另外，少数负责医药产品审批、生产流通监管、药政管理的行政机关工作人员和疾病控制中心有关人员，在行使职权过程中，也存在收受贿赂，违法审批管理药品器械等现象。例如，某省检察机关查办的该省疾病控制中心贿赂犯罪窝案、串案10件10人，涉案金额达2240余万元。

2. 贿赂现象比较普遍

由于医药生产和医疗服务行业具有很强的垄断性，大部分药品和医疗设备、器械产品利润率高，加之近年来行业竞争明显加剧，通过商业贿赂手段推销药品、医用耗材和医疗设备现象相当普遍，在有的地方甚至已经成为一种"潜规则"，大量生产企业、医疗机构和医务人员牵涉其中。有些地方大多数医院的医生都存在开方提成的现象，有的甚至由专人负责收取药品回扣,然后再发放给有关人员。

3. 窝案、串案突出,以单独犯罪为主

从药品销售流程看,一种新药进入医院,要经过药剂科推荐安排试用、临床科室提出用药申请、医院药事委员会审批、药品采购进货、药品价格结算等主要环节;药品进入医院后,需要通过医生开处方才能最终完成销售。要实现药品或者医疗器械的销售,就需要医院多个部门人员的参与,只有每一个环节都"疏通",才能达到长期且隐蔽的作案目的,从而决定了窝案、串案容易发生。不过,在不同环节的贿赂交易都是单独进行的,大家彼此心照不宣,不需要具备共同实施的意思联络。因此,尽管医药购销领域窝案、串案多,但绝大多数都是单独犯罪,鲜有共同犯罪现象。

4. 贿赂的主要方式是回扣

在药品和医用耗材购销中发生的商业贿赂犯罪案件,大量的都是采取回扣的方式。一般由生产商对回扣规定统一的比例,往往药品的销售价与成本价的差额越高,同类药品的竞争越激烈,回扣的比例越高。回扣金额的统计、发放形成了固定的流程,根据药品使用量每隔一段时间兑现一次回扣。回扣支付方式多种多样,有的利用"小金库"、"账外账"收受药品回扣;有的医疗机构巧立名目,以宣传费、促销费、广告费、材料费、劳务费、科研费等入账,记入其他应付款、销售收入、科研费用等;有的虚构事实、做假账;有的药厂、医药公司通过中介公司走票;有的采用免费旅游的方式,等等。

5. 作案环节主要集中于药品、医疗设备器械的购销环节

医药购销领域发生的商业贿赂犯罪,主要是医疗卫生单位的负责人、具有药品和医疗设备采购决定权的部门负责人或经办人员,以及医院具有行政管理职权的业务科室负责人、医师等,在药品、医疗设备采购活动和为病人开具处方推销特定药品、医疗器械的过程中,与药品和医疗设备生产单位的推销人员互相勾结,实施贿赂犯罪行为。

第七章 准确应用法律和政策的能力

严格遵守宪法和法律，自觉以党和国家政策为指导，是反贪工作必须始终坚持的基本准则。法律政策应用水平的高低与案件质量和最终处理效果紧密相关，是反贪侦查工作稳步健康向前发展的关键环节。不断提高反贪侦查干警准确应用法律和政策的能力与水平，既是有效应对贪污贿赂犯罪新情况、新问题的必然要求，也是顺应社会主义法治建设、强化人权保障的必然要求。为此，必须进一步采取有效措施，不断提高反贪侦查干警准确应用法律和政策的能力。

一、准确应用法律和政策能力的内涵

准确应用法律和政策的能力是指反贪侦查人员在查办贪污贿赂犯罪案件过程中，以党和国家关于反腐败的刑事方针、政策为指引，突出办案重点、规范办案程序、确保办案质量、注重办案效果，熟练掌握并运用法律专业知识的各种技能和素养的综合反映。它是一项综合能力，同时也是反贪侦查人员全面、公正、高效履职所必需的一项基本素质。结合能力的功能分类，对于反贪侦查人员准确应用法律和政策能力的内涵，可从以下三个层面进行划分：

（一）准确理解法律精神和反腐败刑事政策实质的认知能力

准确理解法律精神和反腐败刑事政策，是反贪侦查人员必须具备的一项基本素质，只有通过对法律精神和反腐败刑事政策实质全面深入的学习、透彻的领悟，才能为准确应用打下良好的基础。培养良好的认知能力要求办案人员，一是要系统地学习法律条文和相应的司法解释，全面掌握反腐败刑事政策的核心与关键；二是要透过法律和政策本身，重点关注每一项法律、政策修订出台的社会、政治、经济、文化背景和历史渊源，进一步厘清立法意图与政策导向；三是要有意识地协调法律与反腐败刑事政策之间的关系，充分发挥二者在反贪工作中的最大效用。

（二）在司法实践中正确适用法律与反腐败刑事政策的执行能力

从形式上看，法律本身是一些枯燥的条文，比较机械、呆板，如果简单机械执法有时难以体现法律谦抑和人文关怀的精神；刑事政策原则性、灵活性比较强，实际贯彻过程中相对需要比较高的技巧和驾驭能力，脱离了法律谈政策可能会让执法人员处于无所适从的境地。正确适用法律与反腐败刑事政策，一是要全面准确地理解和运用法律与政策武器，学会透过现象看实质。二是要熟练掌握侦查技能，不断丰富办案经验与侦查谋略，反贪办案工作是法律实施与政策落实的基础，只有熟练地掌握侦查技能，灵活地运用侦查谋略，才能够不断地推进反贪办案工作，不致使法律与政策的实施成为空中楼阁。三是要学会灵活运用反腐败的政策与策略。每一起贪污贿赂犯罪案件成功查处，无不是侦查人员灵活运用政策与策略的结果。四是要严格遵守最高人民检察院及上级检察机关制订的内部工作规定。检察机关所制定的各种内部工作规定，是根据当前党中央关于惩治与预防腐败的政策与精神，结合反贪实践的经验与教训所作出的前瞻性决策，是党中央对新时期反贪工作高标准、严要求的具体体现。严格遵守这些规定，是使法律与刑事政策在反贪工作中得到正确贯彻执行的基本保证。

（三）保障法律与反腐败刑事政策最佳实施效果的协调能力

惩治和预防腐败是一项系统工程，我国确立了"党委统一领导，党政齐抓共管，纪委组织协调，部门各负其责，依靠群众的支持和参与"的反腐败领导体制。检察机关是其中的重要组成部分，要取得反腐败最佳效果，必须做到：一是坚持党对反贪工作的领导，积极主动地向党委汇报，取得党委和政府的支持；二是加强与各职能部门的联系，增进反贪工作的合力；三是要学会善于做深入细致的群众工作，及时化解工作过程中发现的各种社会矛盾，以实际行动赢得人民群众的真心拥护；四是要善于统筹各项检察工作，整合反贪资源，使反贪队伍始终保持旺盛的工作热忱。

二、准确应用法律和政策能力建设的意义

准确应用法律和政策能力是新时期、新形势、新任务对反贪侦查干警提出的新要求,只有熟练掌握和准确应用法律政策,才能更好地服从服务于国民经济建设,维护国家的繁荣稳定,实现构建社会主义和谐社会的宏伟目标。

(一) 社会主义市场经济科学发展的需要

社会主义市场经济体制是指在社会主义国家宏观调控下,使市场在资源配置中起基础性作用的经济体制,是社会主义生产关系借以实现的具体形式。社会主义市场经济是市场机制与公有制为主体、多种所有制并存的所有制结构相结合的市场经济,不是建立在私有制基础上的市场经济。在总结社会主义市场经济发展过程中的经验教训的基础上,为了防止市场经济发展过程中出现的盲目性、无序性,党中央提出了"坚持以人为本,树立全面、协调、可持续的发展观,促进经济社会和人的全面发展",按照"统筹城乡发展、统筹区域发展、统筹经济社会发展、统筹人与自然和谐发展、统筹国内发展和对外开放"的要求推进各项事业的改革和发展。

科学发展观是一种方法论,也是中国共产党的指导思想。标志着中国共产党对社会主义建设规律、社会发展规律、共产党执政规律的认识达到了新的高度,标志着马克思主义的中国化,标志着马克思主义和新的中国国情相结合达到了新的高度和阶段。马克思主义政治经济学指出,经济基础决定上层建筑,上层建筑反过来又影响和促进经济基础的发展。由此,可以说社会主义市场经济催生了科学发展观的形成;在科学发展观的指导下,我们应该善于学会运用政治的、经济的和法律的各种手段,维护和促进社会主义市场经济的健康发展。

准确应用法律和政策的能力是在当前形势下,党和国家要求反贪侦查干警所必须具备的一项基本素质。提高准确应用法律政策的能力,应在如下方面对社会主义市场经济发展发挥相应的职责和作用:

一是充分维护公有制为主体，多种经济成分共同发展的经济格局，促进国有企业转换经营机制，建立适应市场经济要求的科学、规范的现代企业制度；二是促进全国统一开放的市场体系的建立，实现资源的优化配置；三是进一步规范和完善政府和其他市场主体在社会主义市场经济的地位和行为；四是保证以按劳分配为主体，多种分配方式并存，兼顾效率与公平的个人收入分配制度和覆盖城乡的多层次的社会保障制度得以落实，防止出现两极分化，促进经济发展和保持社会稳定。

（二）社会主义法治理念的需要

社会主义法治理念是中国共产党作为执政党，从社会主义现代化建设事业的现实和全局出发，借鉴世界法治经验，对近现代特别是改革开放以来中国经济、社会和法治发展的历史经验的总结。它既是当代中国社会主义建设规划的一部分，同时也是执政党对中国法治经验的理论追求和升华，是马克思列宁主义关于国家与法的理论同中国国情和现代化建设实际相结合的产物，也是中国社会主义民主与法治实践经验的总结，是中国特色社会主义理论在法治建设上的体现。它包含依法治国、执法为民、公平正义、服务大局、党的领导五个方面的基本内容，相辅相成，体现了党的领导、人民当家作主和依法治国的有机统一。它是体现社会主义法治内在要求的一系列观念、信念、理想和价值的集合体，是指导和调整社会主义立法、执法、司法、守法和法律监督的方针和原则，系统地反映了符合中国国情和人类法治文明发展方向的核心观念、基本信念和价值取向。

检察机关反贪部门身处反腐败的第一线，担负着维护政权肌体健康，维护社会公平正义的神圣使命，依法办案、准确应用法律和政策，对于在全社会倡导依法治国的理念有着重大而深远的意义，具有十分重要的示范效应。每一位反贪侦查干警都要把提高准确应用法律和政策的能力，作为践行社会主义法治理念的实际行动。

（三）社会科学文化发展的需要

当今世界科技迅猛发展，互联网技术的突破使知识信息传播速度已经极大地超越了时间和地域的限制，人类对自然和自身的认识也达到了前所未有的高度。市场经济的发展，使人类社会进一步成为一个相互依存的世界，经济发展在社会各阶层形成了多元化的利益格局，文化发展也呈现出一个多元化的态势。社会科学文化发展表现在司法实践领域，是人民群众的利益诉求更加复杂，对司法机关的执法办案水平寄予了更高的期许。刑事司法作为维护社会公平正义的最后一道防线，对人们在社会树立正确的人生观、世界观和价值观起着十分重要的警示和引导作用。

反贪侦查工作针对的是国家工作人员这一特殊群体，提高反贪工作中准确应用法律和政策的能力，有利于在全社会树立积极、健康、向上的廉政文化，从而进一步形成风清气正、务实进取的社会文化氛围，为社会主义和谐社会建设打下良好的人文基础。

（四）现阶段中国国情的需要

发展是当代世界的主题，也是当代中国的主题。从全人类的角度看，发展是世界范围内实现现代化的过程。从中国的特殊国情看，发展是一个实现社会主义现代化的过程。党的十八大报告指出，当前"城乡区域发展差距和居民收入分配差距依然较大；社会矛盾明显增多，教育、就业、社会保障、医疗、住房、生态环境、食品药品安全、安全生产、社会治安、执法司法等关系群众切身利益的问题较多……综观国际国内大势，我国发展仍处于可以大有作为的重要战略机遇期。我们要准确判断重要战略机遇期内涵和条件的变化，全面把握机遇，沉着应对挑战，赢得主动，赢得优势，赢得未来，确保到二〇二〇年实现全面建成小康社会宏伟目标"。

提高准确应用法律政策的能力，有利于保护社会主义市场经济中新生的生产力和生产关系，实现我国经济发展方式快速转变；有助于及时有效地化解社会生活中的各种矛盾，为推动经济社会发展、全面建设小康社会营造一个稳定的社会环境。

（五）尊重和保障人权的需要

人权是人为之作为人应该享有的权利，是现代社会的道德和法律对人的主体地位、尊严、自由和权益的最低限度的确认。人权来源于人的理性、尊严、自由和利益，之所以被宣布或确认为权利，不仅是因为它们经常面临着被侵犯、被否定的危险，需要社会道德的支持和国家强制力量的保护，而且是因为人权是社会文明进步的标尺和动力。现代法律就是保护人权的一种制度安排和强制力量。正是人权体现了现代法律的精神，正是人权保障奠定了现代法律的合理性基础。党的宗旨是为人民服务，尊重和保障人的基本权利、发展充实人权的基本内容和实现形式，使人类最终获得自由和解放，不论是在革命时期还是社会主义建设时期，这始终是我党孜孜以求的奋斗目标。

但是，由于长期受封建专制主义思想的影响，干部队伍中的一些人还存在重政权轻民权的观念，不能正确认识政权与民权的关系，对人权的尊重与保护不够。表现在刑事司法领域，一些执法人员还存在重打击犯罪、轻人权保障的观念，习惯于有罪推定，忽视刑事司法的人权保障功能。提高准确应用法律和政策的能力，就是切实落实罪刑法定、无罪推定原则的具体体现。提高准确应用法律和政策的能力，需要树立全面辩证分析问题的思想，从习惯于调整阶级对立关系角度思考解决问题，转变到学会辨别和保护社会利益多元化格局下的合法的政治关系、经济关系、财产关系和人身关系等权利义务关系上来。

（六）实现司法公正的需要

司法公正是法治的具体表现，一般来说法治有两项最基本的要求，一是要有制定得良好的法律，二是这种法律得到普遍的服从。所谓"良好的法律"，就是体现社会公平和正义的法律。所谓"普遍的服从"，就是法律的实体正义和程序正义都得到全面的实现。现代法治既是公平正义的重要载体，也是保障公平正义的重要机制。公平正义，就是社会各方面的利益关系得到妥善协调，人民内部矛盾和其他社会矛盾得到正确处理，社会公平和正义得到切实维护和实现。公平正义是人类社会文明进步的重要标志，是社会主义和谐社会的关键环节。社会主义立法要体现全社会对公平正义的要求和愿望，使正义的要求法律化、制度化，使实现正义的途径程序化、公开化。

社会主义司法制度的根本任务就是要保障在全社会实现公平正义。随着市场经济的发展，社会结构的变动，利益关系的多元化，社会公平问题日益凸显出来。由于法律固有的稳定性，使其很难适应快速发展变化的社会形势。提高准确应用法律政策的能力，就是要认识到当前形势下法律手段解决问题的局限性，学会在政策指导下调整办案重点和方向。提高准确应用法律政策的能力，也要在反贪侦查实践中树立程序公正与实体公正并重的观念，切实防止片面追求事实真相，重口供、轻证据，防止违反法定程序，甚至刑讯逼供、超期羁押等现象的发生，从根本上杜绝冤、假、错案的发生。

（七）反贪工作自身长远发展的需要

反贪工作是整个社会惩治和预防腐败工作体系中十分重要的环节，党和人民群众对反贪工作都寄予了殷切的希望。社会科学文化的发展、公民个体权利意识的觉醒、人民群众对社会公平正义的期盼，都对新时期的反贪工作提出了更新、更高的要求。反贪办案质量、办案水平直接影响着检察机关在人民群众心目中的形象。准确应用法律和政策直接决定着反贪办案的质量与效果，从这个意义上讲，准确应用法律和政策能力是每个反贪侦查干警所必须具备的一项基本素质。同时，深入地解读法律和政策、准确应用法律和政策，有助于正确辨别和从容应对反贪办案过程中遇到的各类法律问题和社会问题，有利于反贪工作准确定位，从而防止反贪侦查权的不当行使和滥用。

三、准确应用法律和政策能力建设中存在的问题

从反贪侦查工作实践看，反贪侦查干警在准确应用法律和政策方面能力不高的问题仍然突出，在一定程度上制约和限制了反贪侦查工作的深入健康发展，归纳下来主要有以下几个方面：

(一) 割裂法律与刑事政策的有机联系，存在单纯办案、就案办案的观念

单纯办案、就案办案的观念是指反贪侦查人员在查办贪污贿赂犯罪案件过程中，只注重个案本身的证据收集、法律适用、处理结果等问题，而对与办案活动相关联的其他问题则漠不关心的一种思想态度。辩证唯物主义强调要用普遍联系的观点、发展的观点来认识事物发展运动的规律，否则就会出现"只见树木，不见森林"的情况。长期从事反贪侦查工作通常会使侦查人员目光局限于案件本身，而不能用更开阔的视野看待办案工作与全社会惩治和预防腐败工作体系整体上的联系；对办案工作认识仅仅停留在完成法律事务的层面，而不能全面认识其与社会政治、经济、文化等方面存在的普遍联系，不适当地强调或弱化反贪工作的职能作用。由此势必出现机械办案、简单粗暴执法的情形，忽视了因反贪办案工作而形成联系的一些基本的社会责任与义务，使法律本身谦抑和具有人文关怀精神的一面被人为抹杀，甚至将法律置之于神坛，让人们感觉到它是一个冷血的事物，从而使其本身应有的教育引导功能被削弱。摒弃单纯办案、就案办案的观念，能够使我们正确认识在建设中国特色社会主义的过程中，法律与政策在调整社会关系、平衡社会利益、化解社会矛盾等方面各自都发挥着不可替代的作用，从而自觉提高准确应用法律和政策的能力。

(二) 不能准确理解应用法律、政策，案件质量有待进一步提高

办案质量是反贪侦查工作的生命线，案件质量实际上也反映着反贪侦查人员应用法律和政策的能力与水平，体现着检察机关队伍素质和形象，案件质量直接关系着惩治和预防贪污贿赂犯罪的效果。从当前的反贪侦查实践看，反贪无罪判决案件始终没有得到彻底根绝，改变定性案件时常发生。这些问题的出现有证据发生变化引起的事实性改变，但更多的是由于反贪侦查人员理解应用法律政策不准确所致。如有的反贪侦查人员不能准确理解法律规定的内涵，在把握一些法律争议问题、复杂疑难问题时作出错误判断；有的不能有效应对贪污贿赂犯罪新特征带来的新问题，认定处理新型贪污贿赂犯罪能力不足、

水平不高；还有的干警对刑事政策理解不透，试图用刑事政策取代刑事法律的规定，不当运用刑事政策，等等。对此，每个反贪侦查人员都要本着对历史负责、对人民负责和对当事人负责的精神，准确理解应用法律、政策，把每一起案件都办成经得起历史检验的"铁案"，确保不枉不纵。

四、提高准确应用法律和政策能力的措施

（一）准确把握法律与政策的相互关系

提高准确应用法律和政策的能力，要正确处理法律与反腐败刑事政策的关系，保障案件的正确办理。刑事政策与刑事法律之间有着非常密切的联系，可以说是"同源、同质、同值"。"同源"是指刑事政策和刑事法律都是以犯罪为源头，都是建立在对犯罪规律的认识和对犯罪态势的正确分析上；"同质"表现在两者本质是一致的，都是上层建筑的组成部分，通过打击和预防犯罪，维护社会秩序，保护公民权利，服务经济基础，服务社会主义建设；"同值"表现在两者在价值上目标的一致性，它们都是以"自由、秩序、正义"为价值目标。对此，须把握如下两点：

1. 刑事法律的执行要因应刑事政策的调整

当前我国正处于社会体制深刻变革、社会结构深刻变动、利益格局深刻调整、思想观念深刻变化的关键时期，由于法律具有高度的稳定性，使它很难适应快速发展变化的社会形势。刑事政策是党根据我国社会不同发展阶段，人民群众对政法工作的要求所作出的指导性意见，因此它的灵活性、适应性和针对性都非常强。因应刑事政策的调整，就能够及时调整反贪办案重点、工作方向，使反贪工作更好地服从和服务于国家的建设和发展，促进社会管理创新，化解社会矛盾，实现廉洁公正执法。

2. 刑事政策的落实不能逾越刑事法律的尺度

法津规范具有一定的严肃性、稳定性，其制定、修改和废止都有严格的程序规定。在面对社会日新月异的发展时，法律规范往往出现

一定的滞后性。尽管如此，我们必须保持法律实施的连续性、统一性，不能任意地对法律规范采取实用主义的解读，否则就是践踏法治，也不利于树立法律的权威。因此，刑事政策的落实必须在法律规定的范围内进行调整，而不能超越法律本身，这既是法律与政策的一致性决定的，同时也是建设社会主义法治国家的必然要求。

(二) 准确把握常见贪污贿赂犯罪疑难法律政策问题

贪污贿赂犯罪包含贪污罪、挪用公款罪、受贿罪、单位受贿罪、行贿罪、对单位行贿罪、介绍贿赂罪、单位行贿罪、巨额财产来源不明罪、隐瞒境外存款罪、私分国有资产罪、私分罚没财物罪、利用影响力受贿罪等。限于实践和篇幅等原因，本书仅分类选取几种常见的贪污贿赂犯罪中的疑难法律政策适用问题进行论述。

1. 贪污犯罪疑难法律政策问题的把握

国家工作人员利用职务上的便利，以侵吞、窃取、骗取等手段非法占有公共财物的，是贪污罪。受国家机关、国有公司、企业、事业单位、人民团体委托管理、经营国有财产的人员，利用职务上的便利，侵吞、窃取、骗取或者以其他手段非法占有国有财物的，以贪污论。以上贪污罪的概念不难理解，但在查办贪污案件过程中需要注意和把握下列问题：

一是如何把握受委托管理、经营国有财产的人员。《刑法》第93条规定，国家工作人员是指国家机关中从事公务的人员，国有公司、企业、事业单位、人民团体中从事公务的人员和国家机关、国有公司、企业、事业单位委派到非国有公司、企业、事业单位、社会团体从事公务的人员，以及其他依照法律从事公务的人员，以国家工作人员论。《刑法》第382条将贪污罪的主体扩大为，受国家机关、国有公司、企业、事业单位、人民团体委托管理、经营国有财产的人员。对该类人员如何把握，实践中仁者见仁、智者见智。对此，首先必须明确受委托管理、经营国有财产的非国家工作人员仅仅是针对贪污罪的特殊规定，并不能以此推导出其（可以）成为受贿罪、挪用公款罪的主体。实践中，对委托管理、经营国有财产的人员一般理解为因承包、租赁、临时聘用等管理、经营国有财产的。对此，2003年《全国法院审理经济犯罪案件工作座谈会纪要》中将其明确为，因承包、租赁、临时聘用等经营、管理国有财产的人员，但不包括国有单位正式、长期聘用的人员，对国有单位正式、长期聘用的人员应当认定为国有单位中从事公务的人员。

二是如何把握贪污罪的犯罪对象。贪污犯罪侵害的对象是公共财物，不具备公共财物性质的不能成为贪污犯罪的对象。结合刑法有关规定，贪污罪侵害对象包括：国有财产；劳动群众集体所有的财产；用于扶贫和其他公益事业的社会捐助或者专项基金的财产；在国家机关、国有公司、企业、集体企业和人民团体管理、使用或者运输中的私人财产。根据刑法相关条文规定，上述范围之外的非公共财物也可以成为贪污罪侵害的对象。如国家工作人员被委派到非国有单位中从事公务，利用职务之便进行贪污犯罪活动，其侵害对象就不是严格意义上的公共财物。刑法其他条文中也有类似情形，在实践中必须引起注意。

三是如何把握贪污罪的既遂与未遂。贪污罪是直接故意犯罪，客观上存在未遂形态，在理论上没有太大争议。但是在查办贪污贿赂犯罪实践中，很少有针对贪污未遂进行查办的案例，即使个别未遂问题被认定为犯罪，也无一例外的从属于其他犯罪事实中，带有比较明显的试探性或保底性。为便于在实践中统一把握认定标准，《全国法院审理经济犯罪案件工作座谈会纪要》把行为人是否实际控制财物作为区分既遂与未遂的标准。据此，在查办贪污案件过程中，特别是对于房产、汽车等具备物权性质的财物，并不需要是否进行权属变更为要件。这一点，《关于办理受贿刑事案件适用法律若干问题的意见》已经作了明确规定，可作参考。

2. 受贿犯罪疑难法律政策问题的把握

国家工作人员利用职务上的便利，索取他人财物的，或者非法收受他人财物，为他人谋取利益的，是受贿罪。从概念看认定受贿罪十分简单，但实践中受贿情形千差万别，给准确把握受贿犯罪证据带来诸多困惑。综合多年来的司法实践，主要有以下几种情形：

一是如何把握利用职务上的便利。传统理论观点大多认为，利用职务上的便利是指利用本人职务上主管、负责或者承办某项公共事务的权力所形成的便利条件。但在实践中却存在两种情形，一种是仅指利用本人职务上的便利条件，另一种是指通过本人职务利用他人职务上的便利。《刑法》第388条将"利用本人职权和地位形成的便利条件"作为斡旋受贿犯罪的要件，把利用职务上的便利限制为利用本人职务上的便利条件。《关于人民检察院直接受理立案侦查案件立案标准的规定（试行）》，把利用职务上的便利明确界定为利用本人职务范围内的权力，即自己主管、负责或者承办某项公共事务的职权及其所形成的便利条件。利用职务上的便利实质上应该体现为国家工作人员本人职务所形成的对于一定范围内公共事务以及公职人员的管理、制约关系。国家工作人员利用与其本人在职务上有隶属、制约关系的国家工作人员的职权，实质上也是利用其本人的职权。

二是如何把握受贿罪的共同犯罪。受贿罪属于国家工作人员职务犯罪，非国家工作人员不能单独构成受贿罪，但非国家工作人员作为共犯而构成受贿罪不容质疑。非国家工作人员是否构成受贿共犯，取决于双方有无共同受贿故意和行为。实践中受贿形式多种多样，对于认定共同故意和共同行为有相当难度。所谓共同故意，是指各行为人在主观上都明知收受他人财物具有非法性，且在国家工作人员利用职权为他人谋取利益上存在内心沟通。所谓共同行为，是指行为人各方均实施了受贿罪客观方面的某种行为，如参与收受、为他人谋取利益、代为转达谋利事项等。非国家工作人员中，比较常见的是与国家工作人员有财产共有关系的人，主要是配偶、子女、情人等特定关系人。根据有关司法解释规定，国家工作人员特定关系人向国家工作人员代为转达请托事项，收受请托人财物并告知国家工作人员，或者国家工作人员明知其特定关系人收受他人财物，仍按照特定关系人要求利用职权为他人谋取利益，对该国家工作人员应认定为受贿罪，其特定关系人以受贿罪共犯论处。需要注意的是，国家工作人员收受他人财物后交给特定关系人保管，只要特定关系人没有代为转达请托事项等行为，不能按照受贿犯罪的共犯处理，构成其他犯罪的按照其他犯罪处理。

　　三是如何把握为他人谋取利益。受贿罪的典型特征是权钱交易，行贿人之所以向受贿人行贿，完全是因为受贿人能够利用职务上的便利为其谋取利益。刑法规定受贿罪必须具备为他人谋取利益要件，正是基于权钱交易的特征。国家工作人员收受他人财物，但没有利用职务之便为他人谋取利益，不构成受贿罪。如何把握为他人谋取利益，在理论上和司法实践中存在较大争议，限于篇幅不再展开论述。《全国法院审理经济犯罪案件工作座谈会纪要》认为："为他人谋取利益包括承诺、实施和实现三个阶段的行为。只要具有其中一个阶段的行为，如国家工作人员收受他人财物时，根据他人提出的具体请托事项，承诺为他人谋取利益的，就具备了为他人谋取利益的要件。明知他人有具体请托事项而收受其财物的，视为承诺为他人谋取利益。"据此，对于没有实际为行贿人谋取利益的，只要有证据证明国家工作人员承诺在其职权范围内为他人谋取利益，就可以按照犯罪处理。

　　3. 行贿犯罪疑难法律政策问题的把握

　　行贿和受贿具有较强的对合性，行贿是受贿之因，受贿是行贿之果。实践中，相对于查办受贿犯罪人数看，各地立查行贿犯罪案件明显不具备对应性，因行贿犯罪追究刑事责任的人数更是少之又少。这不仅不利于有效遏制贿赂犯罪案件的发生，而且严重违背了社会主义法制原则，严重影响了国家法律的严肃性，严重危害了党和国家的廉政建设。

　　一是对原因的准确把握。在查办贪污贿赂犯罪中对行贿犯罪打击不力，既有主观方面的原因，也有客观方面的因素。主观方面是对查办行贿犯罪认识不足。部分反贪部门和侦查干警片面认为，行贿的发生往往基于受贿人的刁难或勒索，且受社会不正之风影响"随大溜"而行贿，情有可原；从立法上看，行贿犯罪"不正当利益"要件要求严格。不正当利益可分为实体性不正当利益和程序性不正当利益。

对于实体性不正当利益，诸如偷税漏税、非法经营等比较容易认定，但对于认定程序性不正当利益则十分困难，因担心无罪判决对立案查行贿犯罪慎之又慎；客观方面是受制于贿赂案件的特殊情况。受贿犯罪手段隐蔽，既没有犯罪现场可供勘查，更没有第三方现场证人。认定直接收受现金的受贿案件，主要靠行受贿双方当事人的言词证据，明显呈现为"一对一"特点。为换取行贿方证言，实践中往往滥用"行贿人在被追诉前主动交代行贿行为的，可以减轻处罚或免于处罚"的刑事处罚政策，对涉嫌行贿的嫌疑人不立案、不查处，在一定程度上放纵了行贿行为的发生。

二是如何认定"谋取不正当利益"。行贿、受贿的客观事实比较容易查明并得以认定，实践中难以把握的是行贿犯罪中的不正当利益要件。为准确适用法律，1999年3月最高人民法院、最高人民检察院《关于在办理受贿犯罪大要案的同时严肃查处严重行贿犯罪分子的通知》规定，"谋取不正当利益"是指谋取违反法律、法规、国家政策和国务院各部门规章规定的利益，以及要求国家工作人员或有关单位提供违反法律、法规、国家政策和国务院各部门规章规定的帮助或者方便条件。2010年8月最高人民法院、最高人民检察院在《关于办理商业贿赂刑事案件适用法律若干问题的意见》进一步明确规定为，"谋取不正当利益"是指行贿人谋取违反法律、法规、规章、政策规定的利益，或者要求对方违反法律、法规、规章、政策、行业规范规定提供帮助或者方便条件。此外，2012年12月最高人民法院、最高人民检察院出台《关于办理行贿刑事案件具体应用法律若干问题的解释》，其第12条进一步明确，"谋取不正当利益"是指行贿人谋取的利益违反法律、法规、规章、政策规定，或者要求国家工作人员违反法律、法规、规章、政策、行业规范的规定，为自己提供帮助或者方便条件。违背公平、公正原则，在经济、组织人事管理等活动中，谋取竞争优势的，应当认定为"谋取不正当利益"。《通知》、《意见》和《解释》的规定明了、清楚，为准确把握不正当利益要件提供了法律依据。

司法解释将不正当利益明确分为两种情形，即实体性不正当利益和程序性不正当利益。司法实践中，对实体性不正当利益比较容易把握认定，理论界和实务部门普遍没有疑问，不再详细论述。对于程序性不正当利益的内涵，司法实践中有观点认为，只要是通过行贿手段获取的利益都应认定为不正当利益，即获取利益的手段不正当。该观点必然导致对所有行贿人，只要达到数额标准就会被追究刑事责任，显然与法律规定相悖。对此，我们认为手段不正当应当指受贿人帮助行贿人谋取利益的手段不正当，而不是指行贿人获取利益的手段不正当。程序性不正当利益是指行贿人采取行贿手段并且要求提供违反法律、法规、政策、规章和行业规范规定的帮助或方便条件所取得的利益。从更深的角度分析可分以下几个层次：一是行贿人向国家工作人员提出某种帮助或方便条件；二是要求国家工作人员提供帮助或方便条件，可以是该作为而不作为，或者不该为而为之；三是行贿人明知国家工作人员提供的帮助或方便条件，违反法律、法规、规章、政策和行业规范的规定；四是行贿人所获取的实体利益不需区分是否合法。其实质意义在于，行贿人并不要求对方直接为其提供某种利益，而是要求对方为其提供帮助或方便条件，提供这种帮助或者方便条件为自己创造条件，对最终获取的利益具有积极作用。

4. 挪用公款罪疑难法律政策问题的把握

挪用公款罪的定性问题，可以说是查办贪污贿赂犯罪中最为疑难的问题之一。最高司法机关先后出台多个司法解释，但未能从根本上解决问题，甚至在最高司法机关之间产生了相互对立的分歧意见，立法机关不得不专门针对挪用公款犯罪作出解释，这在刑法立法中十分罕见。针对如何认定挪用公款"归个人使用"的问题，全国人大常委会《关于〈中华人民共和国刑法〉第三百八十四条第一款的解释》规定："有下列情形之一的，属于挪用公款'归个人使用'：将公款供本人、亲友或者其他自然人使用的；以个人名义将公款供其他单位使用的；个人决定以单位名义将公款供其他单位使用，谋取个人利益的。"关键是如何把握"以个人名义"、"个人决定以单位名义"以及

"谋取个人利益"等问题。

"以个人名义将公款供其他单位使用",首先是将公款供自己使用,然后自己再给其他单位使用,公款所有单位与公款使用单位没有实质性权利义务关系,公款使用单位针对挪用人履行还款责任。"个人决定以单位名义将公款供其他单位使用",可以理解为个人将公款作为谋取利益的手段,本质上仍然属于挪用公款"归个人使用"。"个人决定"既包括行为人在职权范围内决定,也包括超越职权范围决定。"谋取个人利益"既可以是主观上想谋取个人利益,也可以是客观上为获取利益而积极实施,至于是否实际获取利益并不重要,也不需要考虑所获利益是否正当。

(三)准确把握程序性法律标准

根据修改后的刑事诉讼法规定,反贪侦查相关工作不同环节具有不同法律标准,在此仅就立案、逮捕、起诉等如何把握法律标准进行阐述。

1. 对立案标准要求的把握

立案是查办贪污贿赂案件的启动程序,立案后可以采取各项侦查措施获取证据。对被查对象采取强制措施,查封、扣押、冻结被查对象财产,则必须以立案为前提条件。受初查措施限制,贪污贿赂案件立案前难以获取充分证据,刑事诉讼法对立案标准要求标准相对较低。修改后的刑事诉讼法规定,人民检察院对报案、控告、举报、自首的材料进行审查,认为有犯罪事实需要追究刑事责任的时候,应当立案。据此,对贪污贿赂犯罪立案的条件是,检察机关认为有犯罪事实需要追究刑事责任。受撤案即为错案等陈旧执法观念限制,各级各地反贪部门变相提高了对贪污贿赂犯罪立案的门槛,把有证据证明有犯罪事实作为立案的条件。而有证据证明有犯罪事实,是采取逮捕强制措施的条件。贪污贿赂案件立案门槛的提高,导致各项侦查措施使用不充分,初查难以获取证实犯罪的充分证据。

2. 如何把握逮捕必要性

修改后的《刑事诉讼法》第 79 条规定:"对有证据证明有犯罪

事实，可能判处徒刑以上刑罚的犯罪嫌疑人、被告人，采取取保候审尚不足以防止发生下列社会危险性的，应当予以逮捕：（一）可能实施新的犯罪的；（二）有危害国家安全、公共安全或者社会秩序的现实危险的；（三）可能毁灭、伪造证据，干扰证人作证或者串供的；（四）可能对被害人、举报人、控告人实施打击报复的；（五）企图自杀或者逃跑的。对有证据证明有犯罪事实，可能判处十年有期徒刑以上刑罚的，或者有证据证明有犯罪事实，可能判处徒刑以上刑罚，曾经故意犯罪或者身份不明的，应当予以逮捕。被取保候审、监视居住的犯罪嫌疑人、被告人违反取保候审、监视居住规定，情节严重的，可以予以逮捕。"根据上述规定，采取逮捕强制措施要具备三个条件：一是有证据证明有犯罪事实；二是可能判处有期徒刑以上刑罚；三是采取取保候审措施尚不足以防止发生社会危险的。实践中，对前两个条件比较容易掌握，难以把握的是第三个条件，即逮捕必要性问题。最高人民检察院明确要求，对贪污贿赂犯罪嫌疑人审查逮捕，必须对"逮捕必要性"问题进行审查。与普通刑事犯罪案件相比，对贪污贿赂犯罪嫌疑人更需要采取逮捕强制措施。其原因一是相当部分贪污贿赂犯罪嫌疑人存在抗拒侦查现象，二是办案安全需要，三是深挖犯罪需要。为准确把握逮捕条件，必须重视对逮捕必要性的研究。最高人民检察院修订的《人民检察院刑事诉讼规则（试行）》第139条规定，有逮捕必要的表现形式主要有：可能实施新的犯罪的；有危害国家安全、公共安全或者社会秩序的现实危险的；可能毁灭、伪造证据，干扰证人作证或者串供的；企图自杀或逃跑的；有一定证据证明或者有迹象表明可能对被害人、举报人、控告人实施打击报复行为的。

准确把握逮捕必要性问题，应注意以下方面：一是要严格把握贪污贿赂犯罪的逮捕条件。凡是符合"有证据证明有犯罪事实，可能判处有期徒刑以上刑罚，采取取保候审措施尚不足以防止发生社会危险的"条件的，该逮捕的提请逮捕。二是要全面强化证据意识，要充分利用初查不受时间限制的有利时机，全面收集犯罪证据，在立案前确保锁定一至两笔犯罪事实，在实体上不能存在证据缺陷。三是要加强与侦查监督部门沟通。沟通中，要客观全面地向侦查监督部门介绍案件证据情况和发展趋势，增强侦查监督部门作出逮捕决定的决心，对侦查监督部门提出的建议和意见要认真对待。四是要注意收集体现逮捕必要性的证据。对于可能发生的问题，如可能自杀、潜逃、串通伪造证据，要用已经发生的事实来证明将来是否可能发生，用一个已知的事实来推导出一个未知的事实。因此，要注意对案发前已经形成的转移赃款、订立攻守同盟等证据的收集。

3. 正确把握起诉和不起诉标准

在侦查终结移送审查起诉或移送审查不起诉工作中，严格依法掌握起诉的标准，要充分考虑提起公诉的必要性，可诉可不诉的不诉。对于初犯、从犯、预备犯，具有自首、立功等情节具备不起诉条件的，可以依法移送不起诉。确需移送起诉的，要本着对事实、对法律负责的态度，在起诉意见书中如实反映认罪态度以及自首、立功等依法减轻从轻的情节，认真考量，兑现政策。对于国家工作人员利用人事权、司法权、行政审批权、行政执法权进行权钱交易、充当黑恶势力"保护伞"、重大安全责任事故所涉及贪污贿赂犯罪，对于放纵制售伪劣商品、企业改制、征地拆迁、资源审批和社会保障等工作中侵害国家利益和人民群众切身利益的贪污贿赂犯罪，对于发生在基层或者社会关注的行业以及人民群众反映强烈的贪污贿赂犯罪，对于罪行严重、拒不认罪、拒不退赃或者负案潜逃以及进行串供、毁证等妨害诉讼活动的，要坚决提起公诉，依法严惩。

（四）认真贯彻落实宽严相济刑事政策

1. 宽严相济刑事政策的本质内涵

宽严相济刑事政策的核心是区别对待，目标是促进社会和谐稳定，关键是要做到该宽则宽、当严则严、宽严相济、罚当其罪。宽严相济作为一项基本刑事政策，具体到查办贪污贿赂案件实践，主要是以对经济政治社会形势和贪污贿赂犯罪现状的科学判断，针对具体贪污贿赂犯罪案件和犯罪嫌疑人的不同情况，综合运用法律和政策分别采取从宽和从严手段进行处理，做到既打击和震慑贪污贿赂犯罪，又能化消极因素为积极因素，最大限度实现法律效果、政治效果和社会效果的有机统一。

2. 宽严相济刑事政策的适用原则

一是法治原则。法律是查办贪污贿赂犯罪适用宽严相济政策的根本界限，无论宽严都必须以现行法律基本原则和具体规定为限，严禁脱离法律论宽严，严禁法外施恩或法外施暴，任何违法办案都与宽严相济宗旨相违背。二是全面把握原则。宽严相济政策中的宽与严是一个有机统一的整体，必须全面理解，全面落实。既要防止重宽轻严，又要防止重严轻宽，禁止从一个极端走向另一个极端。在具体适用时，要以事实为根据、以法律为准绳。依法行使自由裁量权不能超过法律的幅度，在法律规定的幅度内当宽则宽，该严要严，宽严有度，宽严得当。三是注重效果原则。查办贪污贿赂犯罪工作贯彻宽严相济政策的目的，在于为促进社会经济发展建立良好的法治环境，促进社会和谐有序。在适用宽严相济政策时，要注意追求法律效果和政治效果、社会效果的统一。要坚持教育和挽救相结合，通过运用宽严相济政策，最大限度地分化瓦解腐败犯罪分子，对初犯、偶犯、从犯等依法从轻处理，对主动坦白、自首、立功的严格兑现政策；要坚持公平正义，对于群众反映强烈，严重侵害民生民利等有影响的案件，经教育拒不悔改的坚决予以打击。

3. 贯彻宽严相济刑事政策的具体措施

宽严相济是我国的基本刑事政策，也是检察机关反贪部门发挥职能作用化解社会矛盾，促进社会和谐的重要途径。在反贪工作中，对宽严相济刑事政策的运用策略可以概括为"严适度、宽到位、重化解、讲效果"。

一是要准确区分罪与非罪。贪污贿赂犯罪严重危害着国家的政权基础和改革发展稳定的大局，在最高人民检察院2006年出台的《关于在检察工作中贯彻宽严相济刑事司法政策的若干意见》和最高人民法院2010年出台的《关于贯彻宽严相济刑事政策的若干意见》中，都明确把这类案件纳入到了从严的范围中来。对于贪污贿赂犯罪案件的查办，检察机关反贪部门必须旗帜鲜明、态度坚决，那就是：加大查处力度，提高侦破率、降低漏网率，有效遏制、震慑犯罪。但同时，绝不能片面强调严的一面，还要贯彻"一要坚决，二是慎重，务必搞准"的原则，严格区分罪与非罪，实现对贪污贿赂犯罪的精确打击。特别是要把普通的经济利益纠纷、国有企业改制过程中的探索创新等民事、刑事法律界限相对模糊的行为与贪污贿赂犯罪区分开来；在处理涉案人员较多的案件时，对主观恶性不重、犯罪数额较小又能够主动配合检察机关办案的人员，不轻易作为犯罪来处理，以保证在严厉查办大案要案的同时，减少对立面、降低办案风险，也防止引发和激化社会矛盾。例如，某省检察院反贪局在指挥查办一起医药购销领域商业贿赂系列案件时，发现省内多家大型医院的医生涉嫌非法收受药品回扣，如果全部立案查办，可能会造成全省医疗卫生行业的混乱，影响群众就医秩序。该院反贪局在认真研究后，遂建议省政府和卫生主管部门组织开展行业内部自纠行动，发动涉案人员投案自首、返还赃款，并在法律允许的范围内，给予宽大处理。这一举措的实施，促使几十家医疗机构的医护人员主动交代了问题，返还赃款数百万元。检察机关对此案的查办，打击了一小撮、挽救了大多数，不仅有效遏制了省内医疗机构和从业人员非法收受医药回扣的现象，也保持了医疗系统的稳定，得到政府和群众的认可。

　　二是要依法、合理使用侦查强制措施。目前，受检察机关科技装备水平的限制，侦查工作仍然高度依赖于逮捕等强制措施的使用。但是，对强制措施的使用必须以依法、合理为原则，不能超越必要的限度。办案过程中对于拘传、拘留和逮捕等限制人身自由的强制措施的使用要适度。在省以下检察机关职务犯罪审查逮捕权上提一级后，要探索更多地运用取保候审、监视居住等措施来达到保障侦查工作正常进行的目的；对查封、扣押、冻结等限制财产的侦查措施，要准确掌握适用的时间和范围，对可能影响企业正常运营的经营账簿、流动资金、不动产和重要的合同文件、工商、税务登记等物品的查封、扣押、冻结，应当事先征求企业和主管部门的意见，并做好应急的预案，避免因查办案件造成企业停产破产、工人失业下岗、合同债务纠纷等严重的社会问题。

三是要稳妥做好案件处理。查办贪污贿赂犯罪案件是一项系统工程，要取得好的效果，除了做好侦查阶段的工作外，后续的处理工作也要做精做细。一要协助做好案件起诉、审判工作。修改后的刑事诉讼法赋予了侦查人员出庭说明情况以排除非法证据的义务，这意味着侦查部门职责的延伸。案件移送起诉后，反贪部门的职责没有终结，要积极配合公诉、法院等部门和单位，做好起诉、审判工作，使每一起案件都得到公正的审理，经得起历史和法律的检验。二要认真做好积存案件的处理。由于历史和客观原因，反贪工作中还存在一部分积案，超出了法定的侦查时限，却迟迟没有结论。对于这些案件，除确有侦查价值的和特别重大的外，应当按照从旧兼从轻和疑罪从无的法律原则进行处理，该撤案的撤案、该中止的中止、该不诉的移送不诉，依法保障犯罪嫌疑人的合法权益。三要依法做好涉案款物的处理。查封、扣押和冻结是侦查措施而不是处理结果，反贪部门对涉案的物品没有处置权。反贪工作中，要依法严格做好涉案款物的管理，坚决杜绝丢失、损坏、私分、滥用现象的发生，切实维护执法行为的公信力，防止出现涉案上访等问题。

第八章 依法办案和服务大局的能力

依法办案与服务大局是做好反贪办案工作必须遵循的基本原则，是一个事物的两个方面，不可偏废。依法办案是反贪工作的法律属性决定的，它要求侦查办案的每一个步骤、环节都遵守法律的规定，重点在于保持程序性、原则性；服务大局是反贪工作的政治属性决定的，它要求办案工作必须紧紧围绕党和国家的中心工作来开展，切实保障改革发展稳定，关键是要处理好灵活性、政策性。从实践看，只有切实加强反贪侦查干警依法办案和服务大局的能力，深刻理解好、处理好两者的关系，才能真正实现办案力度、质量、效率、效果和安全的有机统一。

一、依法办案和服务大局概述

（一）依法办案和服务大局的基本内涵

1. 依法办案

依法办案是坚持依法治国的内在要求，又是履行反贪侦查职能的基本形式和主要途径。我国《宪法》第5条规定："中华人民共和国实行依法治国，建设社会主义法治国家。"宪法的这一规定，确立了依法治国的基本方略，阐明了维护法制统一和尊严的极端重要性。依法治国的基本要求是有法可依、有法必依、执法必严、违法必究。法治首先要有法可依，有法可依是有法必依、执法必严、违法必究的基础。改革开放以来，经过30多年的努力，中国特色社会主义法律体系已经形成,各个方面实现有法可依。① 但是立法只是法治的最初要求,法治最重要的是保证一切社会主体都严格依法办事,保障法律的遵守。检察机关作为宪法授权的国家法律监督机关,负有维护国家法律的统一正确实施,保障法律被遵守的重要职责。

依法治国,重在依法治权、依法治吏。权力法治化是依法治国的组成部分和前提,也是依法治国的难点和关键。实现权力法治化要求权力赋予法治化、权力行使法治化、权力监督法治化。我国宪法和法律赋予检察机关对贪污贿赂犯罪行使侦查权,是为防止国家工作人员滥用国家权力,促使其严格执法、廉政勤政,维护国家法律的统一正确行使,其本身具有法律监督的性质,是权力监督法治化的重要体现,也是依法治国的必然要求。检察机关履行查办和预防贪污贿赂犯罪职责,最基本的途径和要求就是依法办案。

2. 服务大局

何谓"大局",《现代汉语词典》对"大局"的解释是"整个的局面、整个的局势"。反贪工作所服务的"大局",特指党和国家大局。我国宪法规定国家的根本任务是沿着中国特色社会主义道路,集中力量进行社会主义现代化建设……把我国建设成为富强、民主、文明的社会主义国家。可见,"中国特色社会主义事业"这一关系广大人民群众根本利益、关系党和国家前途命运的核心利益的党和国家根本任务,就是党和国家大局之所在。

政法工作是党和国家工作的重要组成部分,必须在党和国家工作大局下开展,为党和国家工作大局服务。需要进一步指出的是,社会主义法治作为党治国理政基本方式,其使命是推动实现党和国家的根本任务和共同目标。这就决定了法治、政法工作都必须服从服务于党和国家大局,为保障国家和人民的利益服务。查办和预防贪污贿赂犯罪是我国检察机关的重要职责,是党风廉政建设和反腐败斗争的重要

---

① 参见吴邦国:《形成中国特色社会主义法律体系的重大意义和基本经验》,载《求是》2011年第3期。

组成部分。检察机关反贪部门和反贪侦查干警作为中国特色社会主义事业的建设者、捍卫者，是社会主义法治的实践者和推动力量，必须坚持法律为社会主义现代化事业服务的方向，必须立足职能，把反贪工作放到中国特色社会主义事业发展全局来谋划、来推进，服务大局，自觉为完成社会主义法治所肩负的重要使命而奋斗。

3. 依法办案与服务大局相统一

按照马克思主义法律观，法律是整个社会的一个组成部分，是社会的上层建筑，它根源并服务于社会经济基础。如果脱离社会这样一个大局，认为法律可以独立于社会而存在，认为法律可以决定一切，从思想认识上说是本末倒置，是马克思多次批判过的"法学家的幻想"。"社会不是以法律为基础的。那是法学家们的幻想。相反地，法律应该以社会为基础。法律应该是社会共同的、由一定物质生活方式所产生的利益和需要的表现，而不是单个的个人恣意横行。"[①] 综观我国社会主义法治实践的历史与现实，法治的目的和任务是为党和国家不同时期所确立的根本任务和发展目标服务，也就是为大局服务。

我国《宪法》序言明确规定："中国各族人民将继续在中国共产党领导下，在马克思列宁主义、毛泽东思想、邓小平理论和'三个代表'重要思想指引下……不断完善社会主义的各项制度，发展社会主义民主，健全社会主义法制。"这个规定，确立了中国共产党在我国政治体制中的领导地位，决定了包括检察机关在内的一切国家机关都必须在党的领导下行使职权。在我国，党既要领导人民制定法律，也要领导人民实施法律。宪法、法律本身就是全国人民意志的体现，检察机关反贪部门依照法律行使对贪污贿赂犯罪的侦查权本质上就是依照人民的意志办事，就是服从大局。

依法办案和服务大局是有机统一的。依法办案，既是检察机关反

[①] 参见马克思、恩格斯：《马克思恩格斯全集》（第6卷），人民出版社1961年版，第291—292页。

贪部门运用宪法、法律赋予的职权独立进行法律监督活动的过程，又是在党的领导下实现国家意志、服务工作大局的过程。服务大局作为社会主义法治基本理念，是检验、评价反贪工作成效的客观标准，也是反贪工作所追求的最高价值目标。离开服务大局只谈依法办案，就会陷于法律机械主义的泥沼；而离开依法办案空谈服务大局，也必将走上法律工具主义的歧途。这两种片面倾向与社会主义检察制度是相背离的，更是与我国的国体、政体和基本国情相违背的。

反贪侦查工作的政治属性和法律属性决定了检察机关反贪部门必须坚持在党的领导下，通过依法办案，充分发挥职能作用，服务和保障国家经济社会发展大局。这是坚持中国特色社会主义检察制度的必然选择，是反贪侦查事业的发展之源。依法办案是反贪侦查干警必须恪守的职业道德和操守，服务大局是反贪侦查干警必须保持的政治道德和宗旨，两者相辅相成，缺一不可。

（二）检察机关反贪部门依法办案服务大局的历史发展

改革开放30多年来，全国检察机关反贪部门深入贯彻落实科学发展观，紧紧围绕党和国家工作大局，认真贯彻党中央关于反腐败斗争的总体部署，依法履行查办和预防贪污贿赂犯罪职责，维护了改革发展稳定大局和社会公平正义，促进了社会和谐。据初步统计，仅2006年至2012年11月，共立案侦查贪污贿赂犯罪案件181884件231060人，其中立案查办大案124845件，县处级以上16359人，所办案件中由人民法院作出有罪判决173670人，办案质量、效率稳步提高，撤案、不诉率下降，起诉率、有罪判决率上升，有力震慑了腐败犯罪分子，昭示了党和国家惩治腐败的决心。

近年来，面对严峻复杂的经济形势，反贪部门认真贯彻落实中央的重大决策部署，积极开展治理商业贿赂、治理工程建设领域突出问题、查办涉农职务犯罪等专项工作，有力打击和遏制了商业贿赂和涉农、工程建设等领域的贪污贿赂犯罪。面对国际金融危机对我国经济造成严重冲击的严峻形势，围绕中央"保增长、保民生、保稳定"的决策部署，反贪部门及时调整办案重点，改进办案方式、方法，依法妥善处理涉及企业的案件，注重法律效果、政治效果和社会效果的有机统一，为经济社会发展大局做出了积极贡献，得到各级党委、政府和社会各界的充分肯定。

这些年来，各级检察机关反贪部门适应形势发展，立足职能服务大局，积极开拓创新，创造和积累了不少宝贵经验。归纳起来主要有：必须坚持以执法办案为中心，紧紧围绕党和国家大局，抓住贪污贿赂犯罪易发多发领域，有效运用挖窝查串、行业治理的方法开展专项行动，以办案的实际成效检验反贪工作；必须深入贯彻落实科学发展观，坚持办案力度、质量、效率、效果和安全相统一，保证反贪工作健康科学发展；必须牢固树立社会主义法治理念，坚持"三个至上"，做到理性、平和、文明、规范执法；必须坚持把强化自身监督放在与强化法律监督同等重要的位置，切实强化对办案活动的监督制约，保障职务犯罪侦查权依法正确行使。这些基本经验，体现和深化了对反贪工作服务大局的规律性认识，并在实践中不断丰富发展。

实践充分证明，查办和预防贪污贿赂犯罪工作只有坚持服务大局，才能把握工作方向，提高工作水平，推动工作发展；脱离服务大局，工作成效与自身发展就会受到影响，最终就会偏离方向、迷失目标。

（三）新时期检察机关反贪部门依法办案服务大局面临的形势与任务

当今世界正处于大发展大变革时代，我国经济持续快速发展，改革开放不断深化，民主法制建设日益完善，我国社会主义事业正处在可以大有作为的重要战略机遇期，既面临难得的历史机遇，也面对诸多可以预见和难以预见的风险挑战。由于我国正处于经济体制深刻变革、社会结构深刻变动、利益格局深刻调整、思想观念深刻变化和各种矛盾凸显的历史时期，滋生腐败现象的土壤和条件难以在短期内消除，贪污贿赂犯罪等腐败现象依然易发多发。一些国家工作人员特别是少数领导干部贪污受贿、腐化堕落，严重损害了国家和人民利益，影响了经济发展、社会稳定乃至党的执政地位和基础，危害党和国家工作大局，反腐倡廉形势依然严峻、任务依然繁重。如何在这种形势下把握好大局，服务好大局，是对检察机关反贪部门和广大反贪干警新的考验和挑战。

　　同时，还应清醒地看到，目前在一些地方、一些反贪部门的领导和干警，在实际工作中贯彻服务大局的观念还存在一些问题，以致影响了查办贪污贿赂犯罪工作的发展，削弱了服务大局的效果。主要表现在：有的片面理解或割裂反贪工作与大局的关系，缺乏大局观念和围绕大局、服务大局的意识，存在单纯业务观点，认为依法办案与大局无关，或者关系不大，导致机械办案，机械追求法律效果，不重视社会效果、政治效果，甚至造成"案子办了，企业垮了"等不良影响；有的把服务大局单纯理解成只讲服从，忽视反贪工作和法治实践自身规律、原则及发展创新，消极被动，无所作为，不敢理直气壮地依法办案，不能全面正确发挥职能作用，甚至恶意规避法律，放弃职责履行，该管的不管，该查的不查，该受理的不受理，该立案的不立案，导致牺牲法治权威，损害反贪队伍的形象，损害党和政府的威信，最终影响、妨碍大局；有的把地方、部门的局部工作和利益置于党和国家工作大局和整体利益之上，在执法办案中搞利益驱动或者搞特殊保护，借口服务地方经济发展设置执法"禁区"；有的党政领导和反贪干警不能全面把握立足职能服务大局精神实质，把服务经济建设片面理解为服务经济利益，在工作内容和政绩评价上出现偏差，给反贪部门下达招商引资、罚没创收等经济指标，导致个别地方反贪办案工作混乱，出现乱扣、乱罚现象。

　　应对新形势新要求，解决现实中存在的问题，正确处理好依法办案和服务大局的关系，最关键、最迫切的是必须进一步正确认识和把握大局，牢固树立服务大局观念，紧紧围绕科学发展这个主题、加快转变经济发展方式这条主线，更加自觉地把反贪工作融入党和国家工作全局来谋划、来推进，放在改革、发展、稳定的大棋盘中加以考量，以更高的站位、更开阔的视野，找准反贪工作服务大局的切入点、结合点和着力点，努力提高依法办案服务大局的能力与水平。

二、依法办案和服务大局的基本原则

（一）坚持党的领导，维护法制统一，防止大局小局化

反腐败斗争和反腐倡廉建设取得的成就，是在中国共产党的领导下取得的，党的领导是查办贪污贿赂犯罪工作发展的根本政治保证。在建设社会主义法治国家的新的历史时期，反贪工作面临着新的压力和挑战。坚持党的领导，自觉接受党的领导，不仅有助于检察机关反贪部门正确贯彻党的路线、方针和政策，保证反贪工作紧紧围绕党和国家的中心工作，防止工作出现偏差；更有利于发挥党的"总揽全局、协调各方"的核心力量，有利于排除各种干扰，确保依法独立公正地行使对贪污贿赂犯罪的侦查权。检察机关反贪部门应自觉接受党在政治上、思想上和组织上的领导，坚决维护党的领导权威，正确处理坚持党的领导与依法独立行使职务犯罪侦查权的关系，严格执行要案党内请示报告制度，及时向党委请示汇报工作过程中遇到的困难和阻力，争取党委在政策、策略和保障上的支持，把党的主张和人民意志落实到具体的反贪工作中去。

大局作为总的格局，是由一系列"小局"构成的。全国的大局是由地方的"小局"构成的，而地方的"小局"在各个地方又构成了地方的大局。服务大局，自然包括服务地方的大局，为地方经济社会发展做贡献，如果离开地方党委和政府的工作大局，服务大局就失去了抓手，就会成为一句不着边际的空话。服务大局要求维护全局利益，局部利益要服从全局利益，眼前利益要服从长远利益，地方或部门的大局要服从党和国家的大局。法律是人民共同意志的体现，代表着人民群众的共同愿望和整体利益。坚持法制的统一，维护法制的权威，就是维护全局利益。宪法规定了人民检察院的"国家性"，检察机关必须为党和国家工作大局服务。反贪部门必须坚持法制的统一性原则，坚决防止和克服执法办案中的地方和部门保护主义，绝不能为了某个地方或部门的局部利益、暂时利益，置全局利益和法制统一于不顾，搞执法特殊化，破坏社会主义法治，妨碍和影响大局。

(二) 坚持统筹兼顾，注重"三个效果"，防止司法片面化

反贪侦查干警是国家法律的执行者，其执法办案对具体对象的权利义务关系作出相应调整的同时，还会对社会其他相关方面产生一定影响，并受到执法对象以及社会各个方面的监督和评价。这就决定了任何一个执法行为，都会产生法律效果、政治效果、社会效果。查办贪污贿赂犯罪案件中法律效果是指通过查处犯罪，使法律关系得到修复；政治效果是指通过执法活动，弘扬了正气、维护了法律的尊严，赢得了人民的拥戴；社会效果是指在稳定社会秩序和促进经济发展方面所产生的影响。政治效果是法律效果和社会效果的基础，法律效果是政治效果和社会效果的保障，社会效果是检验政治效果和法律效果的标准。没有政治效果，检验反贪工作的法律和社会效果就会变得盲目和无所适从，既失去了政治性，也失去了人民性。没有法律效果，反贪工作的政治、社会效果就失去了保障的条件，失去了应有的体现载体和依托。没有社会效果，政治效果、法律效果就失去了衡量的标准。[①] "三个效果"有机统一，具有内在一致性。

任何时候，查办贪污贿赂犯罪都应当追求法律效果、政治效果、社会效果的有机统一，坚持依法办案，在追求法律效果的同时，必须注重政治效果、社会效果。要讲政治，注重执法活动的社会评价和导向作用，自觉接受人民群众和社会各方面的监督与评判，尤其是面对重大复杂疑难案件时更要慎重。要善于把具体案件置于大局中审视和判断，注意把握办案时机，讲究策略，改进方式、方法，坚持宽严相济，慎用强制措施，最大限度地减少执法办案可能带来的负面影响，最大限度发挥执法办案保障发展的积极作用，真正做到办案不忘发展、办案服务发展、办案促进发展。特别是随着经济发展方式的快速转变和工业化、城镇化建设的深入推进，涉及公司企业的案件在一定时期内将会增多，必须依法妥善处理、规范执法、文明办案，坚决防

[①] 参见崔伟：《推动检察工作科学发展需要正确把握和处理的几个关系》，载《人民检察》2011年第10期。

止"查办一个案件，垮掉一个企业，下岗一批职工"，努力实现法律效果与社会效果、政治效果的有机统一。例如，某省检察院反贪局在查办该省电力系统系列案中，涉案地厅级干部4人，县处级干部8人，涉及职工3万余人，涉案资金5.5亿元，且涉及"西电东送"战略实施，稍有不慎就会影响企业运转甚至社会稳定和发展大局，该省检察机关反贪部门在办案中坚持从有利于促进企业生存发展、有利于保障企业职工生计、有利于维护社会和谐稳定出发，慎重选择办案时机，慎重采取强制措施，慎重扣押冻结款物，确保企业正常运营，确保职工情绪稳定，确保国家政策实施，取得了三个效果的有机统一。

（三）坚持法治原则，立足检察职能，防止履职非法化

服务大局的重要手段和前提是依法正确履行职责，不能离开法定的职能去"服务大局"。全国人大在其颁布的人民检察院组织法、刑事诉讼法等法律中具体规定了检察机关行使对贪污贿赂犯罪侦查权的范围，这既是检察机关反贪部门行使对贪污贿赂犯罪侦查权的法律渊源，也是查办和预防贪污贿赂犯罪工作的运行轨道，检察机关反贪部门不得行使法律没有赋予的权力。

反贪工作的范围和方式是法定的，也是有限的，即仅限于在反腐败格局中承担惩治和预防贪污贿赂犯罪的职责：一方面直接行使职务犯罪侦查权，依法惩治腐败，维护法律尊严和权威；另一方面结合查办案件提出检察建议，开展法制教育，化解社会矛盾，促进社会管理，积极预防腐败，而不是介入行政机关日常的权力运行，也不是对其日常行政行为一般意义上的合法性和合理性进行监督。不能借口服务大局大包大揽，甚至违法做一些超出法定职能、超出本职工作的事，以致与检察机关的法定职责相违背。

要坚决防止和纠正把服务大局单纯理解成只讲服从，不讲严格依法办案，违反法律胡乱作为、滥用权力，违法插手经济纠纷、立假案、乱扣押、乱冻结，或者恶意规避法律，职责懈怠，消极被动，甚至放弃职责履行，有法不依、执法不严、违法不究等不利于保障和服

务大局的错误思想和做法。要善于通过汇报工作、提出检察建议等方式，使党委、政府的决策和指令与反贪部门职责要求相一致，尽量避免一些不合法、不正确、不恰当的工作任务和要求，确保正确服务大局而不是非法服务、妨碍大局。

（四）坚持严格规范公正文明执法，保人权促公正，防止执法失职化

公正是司法的生命，司法公正才有司法公信。维护社会公平正义是反贪工作的生命线，反贪部门不仅自身要公正执法、文明办案，还要监督其他执法机关严格依法办事，维护法制的统一正确实施。强化自身监督是反贪事业的发展之基，不重视对自身的监督，就不可能解决好反贪工作中存在的突出问题，执法办案就没有公信力，最终将会损害反贪事业的发展。反贪部门要按照严格规范公正文明执法的要求，始终坚持立检为公、执法为民，坚持忠于事实、忠于法律，坚持实体公正与程序公正、惩治犯罪与保障人权并重，严格依法办案，规范文明执法，全面正确地行使法律赋予的权力。应坚决摒弃机械执法、简单办案的观念和陋习，坚决杜绝刑讯逼供、超期羁押、久侦不结、受利益驱动办案等违法违规、侵犯犯罪嫌疑人诉讼权利的问题。

办理每一起案件，都要坚持"一要坚决，二要慎重，务必搞准"的办案原则，严把初查关、立案关、起诉关，从实体、程序、时效上体现维护社会公平正义的要求，真正做到严格执法、公正司法。要在办案过程中做到"三个考虑到"，即办案前要考虑到运用何种方式不至于影响经济发展环境，办案中要考虑到使用何种手段才能保证生产发展正常运行，办案后考虑到如何尽可能挽回犯罪造成的各种损失，为恢复发展创造条件；把握"六个要"，即对不利于经济发展和社会稳定的案件，要特别慎重，注意避免因查办案件造成经营困难和群众不满；初查一般要秘密进行，调查取证时，不开警车，不穿警服，不轻易到办公地点传人，不发表有损形象和声誉的言论；对发案单位财产进行查封、冻结要严格审批，不影响正常生产经营活动；追缴赃

款、赃物应注意准确性，注意保护合法财产，对该返还的要及时返还；对不立案、撤案、不批捕、不起诉等案件，要认真听取有关方面意见，深入细致做好解释工作；对查否的被举报人，要积极推行"正名制"，在一定范围内消除影响，给予正名，依法保护无辜者，支持改革者。不仅要坚持依法文明办案，还要充分考虑矛盾化解，把化解矛盾纠纷，前移到案前的事态控制，配合控告申诉等部门将可能激化的矛盾，化解在萌芽状态；贯穿到执法办案的各个环节，严格规范执法，防止办案引发新的社会矛盾；延伸到案后的释法说理和权利救济，促进社会和谐。

反贪侦查工作具有很强的保密性，又是社会各界普遍关注的热点。只有坚持把反贪工作置于人民监督之下，自觉接受人大代表、政协委员、人民群众和社会各界的监督，才能确保职务犯罪侦查权依法正确、规范地行使，才能以公开促公正，以透明赢公信。

（五）坚持科学发展观，围绕服务大局履职，防止工作形式化

保障和服务大局是反贪部门和反贪干警依法履行职责的根本目标，不能不顾大局去"发挥"职能。大局是历史的、发展的，它会随着时代的发展、社会的变迁和时势的迁易而变化。反贪工作要为大局服好务，必须紧紧围绕不同时期、不同阶段中央和地方的发展大局，从服务大局出发研究、谋划自身工作。结合不同时期、不同地区贪污贿赂犯罪发案特点分析研究，不难发现贪污贿赂犯罪具有较强的规律性，其易发、多发部位往往随着国家、地方建设重点的转移、经济发展状况的变化而相应地转变。

当前，中央作出推进西部大开发、东北地区等老工业基地振兴、中部地区崛起、东部地区率先发展、支持少数民族和民族地区加快发展等一系列重大决策。检察机关反贪部门要贯彻落实好这些决策部署，为党和国家工作大局服好务，就必须把反贪工作置于服务大局的背景下、统筹于服务大局在整体上开展与谋划，认真开展调查研究，分析掌握本地经济社会发展总体格局、特点、主要矛盾问题，摸准反贪办案服务大局的切入点、着力点。

诸如基础设施建设投资较大地区，要特别重视查办公路、铁路、桥梁、电站、水库等重大基础设施、民生工程建设和项目资金使用中发生的贪污贿赂犯罪；农业占经济比重较大的地区，要更加注重涉农检察工作，严厉打击各种危害农村稳定、侵害农民权益、危害农业生产的贪污贿赂犯罪，强化涉农法律监督，切实保障国家"三农"政策的有效实施；资源储备较为丰富的地区，要更加注重对能源资源、生态环境的司法保护，大力查办乱砍滥伐、非法开采、破坏环境、矿群纠纷等现象背后的贪污贿赂犯罪，促进能源和生态文明。此外，必须密切关注大局发展，根据发展变化的形势要求，及时、全面、深入地了解掌握服务大局工作中出现的新情况、新问题，总结新经验，研究新思路，确定新重点，适时调整策略方法，增强反贪工作服务大局的针对性、实效性，努力为经济社会发展提供全方位、多角度、立体式服务，确保在服务大局中有更大作为。

三、加强依法办案和服务大局能力建设

服务大局不仅是一个法治理念问题，更是一个实践问题。反贪工作能否履行好服务大局的重大政治任务，关键在于依法办案的成效。依法办案是一项专业性很强的检察活动，这就要求反贪队伍具备相应的执法能力。

（一）依法办案和服务大局能力的含义

依法办案和服务大局的能力就是检察机关反贪部门依法履行查办和预防贪污贿赂犯罪职责，维护法律权威和尊严，服务党和国家大局的能力。具体讲，依法办案和服务大局的能力由两部分构成：其一，要精通法律法规，具备法律素养，树立法治观念，坚持严格执法，模范遵守法律，自觉接受监督，维护法律的权威和尊严；其二，要有大局意识，了解大局，有为大局服务的自觉性，做到理性、平和、文明、规范执法，充分发挥反贪工作服务经济发展、化解社会矛盾、促进社会管理创新、维护社会和谐稳定的作用。

(二) 依法办案和服务大局能力建设的重要性

1. 依法办案和服务大局的能力是坚持社会主义法治理念的必然要求

社会主义法治理念作为在建设中国特色社会主义历史进程中形成的法治理念，是确保我国司法坚持正确政治方向、实现司法公正的思想保障，其主要由依法治国、执法为民、公平正义、服务大局、党的领导构成，五个方面相互补充、相互支持、有机统一。其中，依法治国是社会主义法治的核心内容，服务大局是社会主义法治的重要使命。反贪工作是社会主义法治建设的有机组成部分，坚持社会主义法治理念必然要求反贪部门加强依法办案和服务大局的能力。

2. 依法办案和服务大局的能力是新形势下履行好反贪职责的客观需要

能力是生产力，能力建设出战斗力。在规范执法、保障人权、公开透明的要求越来越高的新形势下，反贪部门要履行好宪法和法律赋予的职责，实现反贪办案程序公正与实体公正统一，法律正义与社会正义统一，法律效果、政治效果与社会效果统一，对法律负责、对党和国家负责、对人民负责，应对好各种新的挑战和考验，必须把加强依法办案和服务大局的能力建设摆在更加突出的位置。

3. 依法办案和服务大局的能力是反贪部门执法能力建设的重要组成部分

依法办案是反贪工作的基本形式和根本要求，服务大局是反贪工作的价值追求和衡量标准。依法办案和服务大局是查办和预防贪污贿赂犯罪的出发点和落脚点。有序健康科学推进反贪工作，必须将服务大局的终极目标贯穿始终。依法办案和服务大局的能力建设作为反贪侦查"八大能力"建设之一，既是其他能力建设的基础，又是反贪侦查能力建设的综合体现。依法办案和服务大局的能力高低，直接作用并反映反贪工作效果，是反贪部门能力建设的重中之重。

（三）依法办案和服务大局能力的基本要求

1. 依法办案能力的基本要求

一是要树立法律权威。树立法律权威是依法办案的前提。反贪干警要牢固树立社会主义法治理念，忠于党、忠于国家、忠于人民、忠于宪法和法律，始终坚持"三个至上"、"四个在心中"，确保查办和预防贪污贿赂犯罪工作始终保持正确的政治方向。

二是要精通法律政策。全面准确熟练掌握法律、政策，是做好反贪工作的基础和前提。反贪干警要精通法律规定，将中国特色社会主义法律体系纳于心中，熟悉实体法、程序法以及反贪办案程序规定；熟练掌握刑法、刑事诉讼法和熟悉经济法、民法、民事诉讼法、行政诉讼法、国家赔偿法、检察官法等法律知识。此外，还要具备对政策理解与运用的素质。反贪干警要深刻学习、准确把握党和政府关于反腐败的政策，并将其切实运用于办案实践工作中。

三是要维护法律尊严和统一。就反贪部门而言，维护法律尊严和统一就是正确行使对贪污贿赂犯罪侦查权、确保国家法律的统一正确实施。维护法律尊严和统一是依法办案的目的和价值追求，具体包括执法办案的合法性、独立性两项基本内容。所谓合法性就是反贪部门必须在法律规定的职权范围内，按照法律规定程序行使对贪污贿赂犯罪侦查权，侦查活动必须具备程序合法性和实体合法性，严格遵守程序法、实体法规定，准确执行法律，防止职权滥用、误用；所谓独立性是指由宪法、法律明确规定的检察机关行使对贪污贿赂犯罪侦查权，并由其对职权行使的过程和结果承担责任，行政机关、团体、个人不得非法干涉。

2. 服务大局能力的基本要求

一是要胸怀大局。胸怀大局是服务大局的前提，不谋全局者，不足以谋一域。首先，要打牢反贪工作服务大局的思想基础。正确认识和把握大局，认真学习和深刻领会党的路线方针政策，以及党中央、国务院和各级党委、政府在不同时期的重大决策部署，牢牢把握深化改革开放、加快转变经济发展方式，保持经济平稳较快地发展，着力保障和改善民生，加快推进惩治和预防腐败体系建设等大局工作的主要内容和基本要求，随时了解掌握新形势新任务对反贪工作的新要求，始终脑里想着大局、心里装着大局，不断增强服务大局的自觉性和坚定性；其次，要善于围绕大局筹划部署反贪工作。反贪部门要学会从大局出发，从大局着眼，自觉地把反贪各项工作特别是专项工作融入大局之中来思考、谋划和部署，紧密围绕大局、顾全大局、配合大局，在大局下面行动，把服务大局真正落实到反贪办案工作中；再次，要善于结合实际创造性地开展反贪工作。服务大局既是一种思想和实践的指导，也是一种认识和思维的方法，为我们正确认识反贪工作形势、组织推进反贪工作提供了科学的方法论。反贪部门特别是领导干部必须既全面认真地贯彻中央、最高人民检察院重大决策部署，又科学、清醒地认识本地的发展基础、优势条件、制约因素等，切实做好反贪工作与大局结合的"文章"，创造性地开展工作，提高服务大局能力。

二是要立足本职。立足本职是服务大局的基础。服务大局不是空洞的、抽象的概念，而是具体的、实在的要求。服务大局的要求落实到部门、个人，就体现为具体的职能任务和岗位职责要求。就反贪部门和反贪干警而言，把本职工作干好，把查办和预防贪污贿赂犯罪的职责履行好，就是服务大局。也只有把本职工作干好，把职责履行好，把职能发挥好，才能真正为大局服好务。

三是要正确履行职责。正确履职是服务大局的关键。服务大局不能离开法定职责，撇开本职工作。职责履行不好、作用发挥不好，不但会影响服务大局的效果，甚至可能适得其反，影响和妨碍大局，甚至给大局添乱。反贪部门只有全面、正确履行好查办贪污贿赂犯罪职责，把服务大局的要求贯彻落实到反贪办案工作的全过程和各个环节，才能正确有效地服务大局，取得好的效果。同时，既要坚持服务大局的原则性，又要注重从实际出发的灵活性，不能生搬硬套，更不能搞"一刀切"。反贪工作中要正确履职，必须处理好服务大局与依法办案的关系，法律与政治的关系；全局利益与局部利益的关系，法律效果与政治效果、社会效果的关系。

（四）依法办案和服务大局能力建设的主要途径

加强反贪部门依法办案和服务大局能力的建设，既是一项战略任务，又是一项系统工程。各级检察机关反贪部门要适应新形势，立足实践，以岗位练兵和学习教育活动为载体，以队伍专业化建设为重点，以提升反贪办案服务大局整体水平为目标，在真抓实干、务求实效上下功夫。

1. 加强政治业务学习

坚持政治理论学习和检察业务学习并重，通过领导带头学、集体组织学、干警自觉学，营造浓厚的学习氛围，提高干警的思想政治素质，增加知识存量，改善知识结构。坚持学以致用，认真研究反贪工作中的重大问题，着力破解难点问题，积极探索依法办案服务大局的方法创新，不断提高科学把握党和国家工作大局以及反贪工作为大局服务的能力。

2. 加强岗位实战练兵

要在工作中学习，在学习中工作，通过不断学习和实践，丰富社会阅历，积累办案经验，提高办案技能。结合办案实践，大规模开展岗位练兵、业务培训和侦查技能竞赛，促进反贪干警执法水平的提高。

3. 加强侦查队伍建设

拥有高素质的侦查人才队伍，是反贪队伍专业化的重要标志，也是反贪部门依法办案服务大局能力建设的重要体现。要大力加强侦查人才队伍建设，进一步完善侦查人才的选拔、培养和使用机制，结合检察业务专家、业务标兵评选工作，选拔、组建反贪侦查专家队伍，加快培养一批具有精深法律功底、丰富工作经验的业务尖子和办案能手，加强市县两级侦查骨干队伍建设。

四、新时期依法办案和服务大局的主要措施

党的十八大后，我国进入全面建成小康社会的关键时期和深化改革开放、加快转变经济发展方式的攻坚时期。面对新形势、新任务、新要求，检察机关反贪部门要全面准确把握当前经济形势发展变化的特点及其对反贪工作的影响，切实增强政治意识、大局意识和责任意识，切实把思想和行动统一到中央对形势的分析判断和对工作的决策部署上来，继续把保持经济平稳较快发展作为服务大局的首要任务，紧紧围绕中央扩大国内需求、推进经济结构调整等重大决策部署，充分发挥职能作用，更加积极主动、更加扎实有效地做好保增长、保民生、保稳定的各项工作，不断提高反贪工作服务经济社会科学发展的能力和水平，努力为经济社会发展营造和谐稳定的社会环境、廉洁高效的政务环境、诚信有序的市场环境、公平正义的法治环境。

(一) 着力查办危害民生民利的贪污贿赂犯罪，努力营造和谐稳定的社会环境

民生问题关系党和国家事业发展全局，始终是我们党和国家工作的重点。党的十八大报告突出强调反对腐败、建设廉洁政治，坚持以人为本，强调保障和改善民生。贪污贿赂犯罪等腐败行为与社会矛盾相伴而生，许多大规模信访和群体性事件背后往往隐藏着严重腐败。这就要求我们必须深入贯彻落实中央关于反腐败的部署要求，切实把保障和改善民生作为服务党和国家工作大局的一项重要任务，把反贪工作的重点对准危害民生、侵犯民利的贪污贿赂犯罪。

要坚持以人为本、执法为民，围绕解决人民群众最关心、最直接、最现实的利益问题，着力查办发生在安全生产、医疗卫生、食品药品、征地拆迁、社会保障、企业改制、抢险救灾、就业就学、司法执法、环境保护等民生领域的贪污贿赂犯罪，积极开展查办和预防涉农惠民领域贪污贿赂等职务犯罪专项工作，坚决查办涉及农民集体利益、改制职工集体利益的贪污贿赂犯罪，重大事故、集体上访、群体性事件和国家工作人员充当黑恶势力"保护伞"背后的贪污贿赂犯罪，以及其他发生在群众身边、侵害群众切身利益的贪污贿赂犯罪，促进党和国家保障和改善民生各项政策措施的落实。

要牢固树立群众利益无小事的理念，对危害民生、影响社会和谐

的贪污贿赂犯罪案件,优先办理、优先审查、优先办结。特别是把有力惩治和有效预防涉农职务犯罪摆在重要位置来抓,着力查处发生在农村基础设施建设、土地征用补偿、土地承包经营权流转、退耕还林(草)等领域和社会保障等农村改革试点工作中的涉农职务犯罪案件,努力保障社会主义新农村建设顺利进行,切实维护广大农民群众切身利益。

(二)着力查办利用公权力谋取私利的贪污贿赂犯罪,努力营造廉洁高效的政务环境

随着改革开放不断向纵深推进,国家管理社会事务、配置经济资源、调控经济发展的方式发生了很大变化。与此相应,贪污贿赂犯罪的发案规律也在逐渐演变,腐败现象正在向一些关键领域渗透,向一些社会领域扩散,国家机关工作人员和领导干部犯罪问题更加突出,涉案金额越来越大,犯罪行为日趋复杂化、隐蔽化、智能化。十八届中央纪委二次全会指出,要严肃查办发生在领导机关和领导干部中的贪污贿赂犯罪等案件。要保持惩治腐败高压态势。坚持有案必查、有腐必惩。这就要求检察机关立足职能,采取更加有力的措施查办案件,坚决遏制一些领域腐败现象易发多发势头,决不让腐败分子逃脱党纪国法惩处。

党中央的决策部署,为反贪工作明确了形势任务,指明了目标方向。反贪部门要坚决贯彻党中央反腐倡廉的重大决策部署,深入查办国家工作人员特别是领导干部利用行政审批权、行政执法权、组织人事权等公权力谋取私利的贪污贿赂犯罪,以及领导干部配偶、子女和其他特定关系人利用其职权和职务影响谋取不正当利益的贿赂案件;着力查办利用组织人事权买官卖官、权钱交易的贪污贿赂案件;着力查办国家机关及其工作人员在证照颁发审验、项目审批、土地征用、矿产管理、城镇建设、工商管理、税收征管、贷款发放等行政审批、行政执法过程中索贿受贿案件,形成依法打击贪污贿赂犯罪的高压态势,发挥查办贪污贿赂犯罪的特殊预防效果,促进国家工作人员依法办事、廉洁从政。

在坚决惩治腐败的同时，要更加注重治本、更加注重预防、更加注重制度建设，注意以案释法，警示、教育、挽救干部；注意从案件中发现制度管理方面的缺陷和漏洞，积极向发案单位和有关部门提出预防对策建议，促进社会管理创新和体制机制完善，为经济社会发展创造廉洁高效的政务环境。

（三）着力查办破坏市场经济秩序的贪污贿赂犯罪，努力营造诚信有序的市场环境

国际金融危机给我国经济社会发展带来了一系列新情况、新挑战，对坚持科学发展是个重大考验，对反贪工作也是个重要考验。着眼于保增长、保民生、保稳定的大局，立足贪污贿赂犯罪侦查职能，为经济社会发展创造诚信有序的市场环境，是反贪工作的基本出发点和落脚点。

反贪部门要正确把握破坏市场经济秩序的贪污贿赂犯罪的行业特点和发案规律，着力查办发生在工程建设、房地产开发、土地管理和矿产资源开发、国有资金管理经营、金融证券等重点领域、重点行业的贪污贿赂犯罪案件，保障中央各项重大决策部署，特别是保增长、扩内需、调结构的政策措施真正落到实处。要继续深入推进工程建设领域突出问题专项治理和治理商业贿赂专项工作，坚决查办官商勾结、权钱交易，严重干扰市场经济秩序的商业贿赂案件，保障各类市场主体公平竞争和市场秩序正常运行。

在坚决惩治受贿犯罪的同时，要进一步加大对行贿犯罪的查处力度，积极推行行贿犯罪档案查询系统，强化廉洁市场准入，推进诚信体系建设，从源头上预防贪污贿赂犯罪。要不断加大对行政执法活动的监督力度，深化和完善行政执法与刑事司法相衔接的工作机制，防止有罪不究、以罚代刑，促进依法调节经济关系。在执法办案中，要注意正确区分和处理好改革探索失误与贪污贿赂犯罪的界限、执行国家政策谋发展出偏差与钻改革空子实施犯罪的界限、企业资金合理流动与徇私舞弊造成国有资产流失的界限、企业股份制改革中出现的正常欠款及呆账等经济纠纷与挪用公款犯罪的界限，对罪与非罪界限不

清的，不轻易作犯罪处理，最大限度地保障国家投资安全，维护企业合法权益，维护市场经济秩序。

（四）着力查办执法不严、司法不公背后的贪污贿赂犯罪，努力营造公平正义的法治环境

当前，司法不公是人民群众反映强烈的突出问题之一。司法不公的现象的产生，相当一部分是由于司法权运行缺乏有效的监督制约所导致，司法人员滥用权力、徇私舞弊、侵犯人权，甚至权钱交易、贪赃受贿。司法机关是维护社会公平正义的最后一道防线，司法公正是社会公平正义的标志，是社会主义公平价值体系的基础，也是"司法为民"原则的具体体现。如果司法机关丧失了起码的公信力，打破了人们对司法机关的信任底线，就会带来严重的社会后果。反贪部门要充分履行法律监督职能，强化对刑事诉讼、民事审判和行政诉讼活动的法律监督，坚决查处司法领域的贪污贿赂犯罪，切实使诉讼监督由"软"变"硬"，保障司法权的正确行使。要围绕促进公正廉洁执法，把监督纠正诉讼中的违法情况与查办司法人员贪污贿赂犯罪结合起来，注意透过有案不立、有罪不究、重罪轻判等现象特别是冤错案件，深挖背后司法人员贪赃枉法、徇私舞弊等职务犯罪，切实解决人民群众反映强烈的执法不严、司法不公问题，有效促进公正廉洁执法，不断提高司法的公信力和权威，维护社会公平正义。

第九章　秉公执法与公正办案的能力

秉公执法、公正办案是反贪侦查工作指导思想的出发点和归宿，是办案人员必须遵守的最基本的行为准则，是正确行使反贪侦查权的根本保证。因此，以社会主义法治理念为指导，加强反贪侦查干警秉公执法、公正办案的能力建设，确保秉公执法、公正办案的理念内化于心、外践于行，对促进反贪侦查工作健康深入发展具有重要意义。

一、秉公执法、公正办案的内涵

（一）秉公执法、公正办案的概念

检察机关反贪部门最主要的工作是执法办案，忠诚、公正、清廉、文明是检察官职业道德的基本要求。字典中"秉"字的意思有：拿着，握着；掌握，主持；古代容量单位等意。古人也曾对公、正下过定义："兼度无私谓之公，反公为私"、"方正不曲谓之正，反正为邪"。"秉公执法"中的"公"，即为公正。公正，作为对执法的要求表现为两种形态，一是程序公正，二是实体公正。公正是指在执法办案工作中，对待群众和案件当事人所表现出来的公道正直，平等待人，合法合理，不偏不倚的态度和行为。对检察机关反贪部门而言，秉公执法、公正办案就是指执法办案要以事实为根据，以法律为准绳，对人、对事一视同仁，公正地执行法律，不徇私情，不受外力挟持，不逢迎权势，不屈从强暴。

秉公执法、公正办案具有鲜明的道德色彩，不仅表现为贯穿执法过程始终的对反贪干警外在执法行为的规范和要求，而且包括对反贪干警内在职业品格的塑造和养成。其具有以下特征：

1. 秉公执法、公正办案是一项道德实践。公正是检察官职业道德的核心内容,是评判检察执法的基本标准。在汉语里,公正即正义、公平。公平与正义是一个具有高度抽象性的概念,历史上对何谓公平与正义曾有种种观念与阐述。有人认为正义指一种德行,有人认为正义意味着一种对等的回报,还有人认为正义指一种形式上的平等,等等。① 就检察机关执法公正而言,其源于社会公正、法律公正,是社会公正、法律公正在检察工作中的具体体现,同时又与社会公正、法律公正存在区别。

一方面,检察机关执法公正与社会正义具有亲和关系。反贪执法办案的过程和结果必须体现社会正义的要求,才能取得社会公众信任和认可,从而赢得执法公信力。执法公信力来源于严格、规范、公正、文明执法。反贪办案过程和结果不仅接受法律评价,而且要接受社会评价,特别是社会生活经验和一般道德观念的评价。检察机关执法公正应当是经得起常识检验的公正,是与公众道德情感相适应的公正。"常识和正义要求我应该判原告败诉……因为法律、正义和常识并非是毫无联系的概念。"② 反贪执法办案以追求检察职业公正为目标,并最终导向社会公正的实现。

另一方面,检察机关执法公正与社会正义也存在区别。检察机关执法公正是有限正义,只能在制度框架和司法资源限度内追求正义,而不能始终满足正义的全部要求。检察机关执法中的公平正义是按照法律的既定标准来判断的特定公平正义,公平正义问题一定程度上被转换为合法性问题,检察官按照法律标准来判断正义与不正义,并按照合法性标准处理争议、分配利益和不利。因此,检察机关执法中的公平正义是以合法性为存在前提。在此过程中,还形成了对司法公正的独特追求方式:实体真实固然重要,但还需兼顾程序合法。遵守法律施加的限制,而非摆脱法律寻求公正,是对反贪人员执法办案的要

---

① 参见张文显:《法理学》,法律出版社1999年版,第251—252页。
② [英] P. S. 阿蒂亚:《英国法中的实用主义与理论》,清华大学出版社2008年版,第72页。

求，也是导向公平正义的正确途径。如修改后的《刑事诉讼法》第50条规定，严禁刑讯逼供或者使用威胁、引诱、欺骗以及其他非法的方法获取供述。在实践中，采取非法方式可能有助于获取口供或证据，但反贪办案人员坚决不能采取此类方式，以免违背法治要求，损害检察机关的执法公信力。因此，秉公执法、公正办案是一种特殊的道德实践，较一般道德实践更为复杂，其本质是审慎权衡法律所追求各项价值而做出判断的适度品质。

2. 秉公执法、公正办案是一项规范实践。秉公执法、公正办案不仅是检察职业道德的要求，也是诸多检察职业法规和规范的要求。如《检察官法》第8条第2款规定："履行职责必须以事实为根据，以法律为准绳，秉公执法，不得徇私枉法。"对检察官而言，秉公执法、公正办案不仅是道德义务，更是一项法律义务。违反秉公执法要求的徇私枉法行为，将受到相应惩戒处分乃至承担刑事责任。

与此相适应，存在一系列检察工作规范和工作机制，如执法规范化机制、反贪案件质量保障机制等来保证秉公执法、公正办案的要求在办案工作中得到落实。这使得对检察执法过程中公平与否、正义与否的价值判断有了明确、具体且可操作的评判标准。也要求在有规范的地方，反贪干警必须恪守行为规范，履行相关工作规范和工作机制要求，以此约束自身执法行为。可见，与其他行业职业道德相比，检察官职业道德具有重大的责任性、独特的表率性、更大的强制性、更强的自律性等特点。

3. 秉公执法、公正办案具有严格的多重评价标准。反贪工作追求法律效果、政治效果与社会效果的有机统一，在具体案件的办理中，不仅要考虑法律效果，还要考虑政治效果、社会效果。因此，检察机关执法公正具有评价主体多元和评价标准多元的特点。首先，从政治层面，检察机关执法公正体现在党委对检察工作的评价上，表现为对党委政府中心工作、经济社会发展的保障和促进；其次，从法律层面，检察机关执法公正体现在执法者对法律的尊崇和执行上，表现为对执法办案过程是否依法、规范、文明的界定；最后，从社会层面，检察机关执法公正体现在人民、社会对检察执法的接受与认可上，检察机关执法公正的程度取决于检察机关在履行自己的职能中是否以及在多大程度上回应了人民群众的问题关注，满足了人民的合理预期。检察机关执法公正是特定政治需求下社会公正、法律公正的有机统一。

（二）秉公执法、公正办案的基本构成

秉公执法、公正办案既蕴涵了价值判断，又承载了执法办案行为，并体现为办案效果的具体实践。

1. 秉公执法、公正办案的核心是具有司法良知

社会的治理主要是对人的治理，人的治理说到底是人心的治理，司法公正要求执法办案人员必须具备司法良知。古人云："徒法不足以自行。"法律本身不能主动地维护社会公平正义，这个任务最终要落实到具体的人身上，最终还是具体的人在操作法律。因此，秉公执法、公正办案最终有赖于执法主体对司法公正的主动追求，而非对规则的被动遵守，而这最终取决于司法良知的养成。某种意义上，执法人员的司法良知比法律知识更重要。只有具有司法良知的人，才能真正做到秉公执法、公正办案。

司法良知是司法人员在其法律职业实践中审慎地趋向司法公正的品质，是一种自觉的道德选择。秉持司法良知意味着对公正这一价值经过理性考虑后的认同和追求，并表现为在司法活动中长期、持久地依其良心履行职务。司法良知的形成取决于检察人员所受的社会教育和自我教育，取决于个人的性格和气质、个人的生活体验等复杂因素，但根本上还是取决于个体对道德主体性的弘扬。执法办案人员是否具有司法良知，关系到其对法律的信仰与忠诚。对于缺乏司法良知的人而言，越是精通法律越危险，因为他们越容易操纵法律牟取私利，破坏正义，危害社会。对反贪干警而言，司法良知是最起码的要求，是最基本的道德底线。

在执法办案过程中，反贪干警要自觉意识到自身肩负的职责，从而培育其司法良知并展现职业人格魅力。同时，随着司法实践的开展

与反贪干警对司法公正理解的深入，司法良知还会向更高的层次发展，演进为对追求司法公正自觉的道德责任。司法良知的发达程度、渗透程度和效果程度也就成为衡量主体自觉性程度的重要尺度，成为衡量其职业道德意识成熟和完善程度的重要标志。越是具有完善的职业人格，主体司法良知发达程度也就越高。

司法良知一旦形成，又会进一步按照一个较高道德标准自觉地塑造反贪干警自我认知，通过持续促使其思考和认识何为司法公正、如何实现司法公正，以及如何避免不公正等职业伦理问题。司法良知从内心深处为司法官员提供其成为公正的司法官员的样本，激发其趋向司法公正的道德责任感，从而承担了对司法官员司法活动的指引、监督和评价作用。

2. 在反贪侦查行为上，应当做到实体公正、程序公正与执法效率的有机统一

执法行为的公正性是检察机关执法公正的核心，是检察机关执法公正的最佳载体。衡量检察执法行为的公正与否包括两个方面：

一是构成要素是否齐备。一般而言，执法行为公正包括实体公正、程序公正、执法效率三个要素，三者缺一不可。所谓实体公正，是指检察执法活动就当事人的实体权利和义务关系所作出的裁决或处理是公正的，体现为实质正义。所谓程序公正，是指检察执法活动的过程对有关人员来说是公正的，体现为"看得见的正义"。所谓执法效率，是指检察执法活动的及时性，及时办案，及时结案，确保办案效率。

二是把握好两对关系，即实体公正与程序公正的关系、程序公正与执法效率的关系。要做到实体公正与程序公正并重。实体公正和程序公正是构成检察执法公正的两个基本要求，在实体正义观念下，检察执法行为之正当性来源于实体结果之正确性；在程序正义观念下，检察执法行为之正当性来源于程序之正当性。实体公正应该是检察职业公正所追求的根本目标，程序公正则是实现实体公正的措施和保障。程序要件的满足可以使决定变得容易为失望者所接受；程序要件不充分的决定，即使目的是正当的，也容易引起争论，从而造成贯彻

执行的阻碍。公正的程序在相当程度上强化了法律的内在化、社会化效果。实践经验证明，单纯追求实体公正不仅会导致漠视甚至践踏诉讼参与者的正当权利，而且也会导致司法公正观念的扭曲。当然，片面追求程序公正也是一种误区。

因此，检察执法公正应当坚守实体公正与程序公正并重，要做到程序公正与执法效率并重。程序公正与执法效率都是司法应当促成的价值，这两种价值可以和谐共存，但又经常处于紧张对立之中。对执法效率的注重在一定程度上限制了程序公正的实现，对程序公正的追求必然要受到执法效率的制约。一般情况下，程序公正的增强会在一定程度上导致执法效率的降低。在检察执法过程中，必须要把握好程序公正与执法效率的关系，应坚持以公正为基础，效率为关键，坚持程序公正与执法效率并重并行。"迟来的正义为非正义"，程序公正应当在合理的期限内实现，否则就是非正义。在程序公正基础上，执法效率成为实现检察职业公正的关键因素。

3. 在反贪侦查效果上，应当实现法律效果、政治效果和社会效果的统筹兼顾

执法效果是评判检察机关执法公正与否的直接标准，包括政治效果、法律效果和社会效果。政治效果是指执法行为对社会政治稳定产生的影响和结果，主要体现为"合于正确的政治方向"。政治效果如何，主要看执法行为是否有利于党的路线方针政策的贯彻落实，是否有利于巩固党的执政地位，是否有利于维护国家的长治久安。检察机关坚持党的绝对领导、坚决贯彻党的意志，服务科学发展、推进和谐建设，便体现出最好的政治效果。法律效果是指执法行为对法律制度本身所产生的影响及结果。主要体现为"合于法律制度的公正"，即执法的过程、结果与法律规范是否契合及契合度。检察机关严格依照法律规范对司法个案进行处理，该案便体现出最好的法律效果。法律效果是检察职业公正的最客观的衡量尺度。社会效果是指执法行为在社会生活、社会公众中产生的影响和结果，主要体现为"合于社会意识的公正"，即执法的过程及结果是否被民众、当事人认同、信

赖、支持及其程度。个案的处理过程及结果如被诉讼各方及社会完全认同、支持,则该案件便体现出最好的社会效果。

从理论上讲,检察执法的法律效果、政治效果与社会效果应当保持一致,而且也能做到相互契合。因为法律是党的意志、人民意志的集中反映,而政治效果、社会效果是党和人民对法律适用的评价。但在司法实践中却时常出现法律效果与政治效果、社会效果相冲突的情形。如出现了同类案件不同处理,甚至是同案不同判的现象;在贪污贿赂犯罪侦查中,对一些案件严格按照法律规定予以定罪处刑,在法律上没有任何问题,但政治效果、社会效果并不好,不利于社会的和谐稳定,会造成检察执法的公信力不足,权威性不高。因此,检察机关执法公正是检察执法的法律效果、政治效果与社会效果统筹兼顾基础之上的公正。

二、秉公执法、公正办案中存在的问题及原因

(一)秉公执法、公正办案中存在的主要问题

秉公执法、公正办案作为执法办案工作的基本原则和要求,应当贯穿于反贪部门实际执法办案的整个过程中。总体来说,近年来,各级检察机关和反贪部门对秉公执法、公正办案是高度重视的,反贪工作取得了良好成效,受到人民群众和各级党委政府的充分肯定。但是不可否认,反贪部门在秉公执法、公正办案方面也存在一些问题,有的地方、有些问题甚至还比较突出或有一定的普遍性。主要体现在:

1. 检察权的行使受到一定影响

我国宪法规定:"人民检察院依法独立行使检察权,不受行政机关、社会团体和个人的干涉。"但从我国现行政治体制来看,检察机关受行政领导和行政干预的程度较深,多年来检察机关很难就某一具体的社会或者组织目标要求,作出相对独立的、有效的和实质性的反应。这种固有的刚性特征,是影响检察机关反贪干警秉公执法、公正办案的组织障碍。从财政保障上看,检察机关财务保障不独立。我国目前实行的财政制度是地方各级检察机关的经费主要依靠地方财政供

给，供给的额度和时间没有明确的标准和必要的保障。在很多地区检察机关和反贪部门为解决本单位经费紧张问题，对自己查处的有关案件，片面强调运用经济手段加以处理，甚至有的以罚没非法所得来代替追究犯罪嫌疑人的刑事责任，具体说就是以"牺牲"公正为代价，以换取某一组织或者某些个人工作和生活的正常运行以及改善。

从与地方党委、人大的关系来看，按照宪法和人民检察院组织法的规定，我国检察机关的领导体制是实行"垂直领导、横向监督"的体制，即下级检察机关受上级检察机关领导，并受同级权力机关监督。检察机关行使法律监督权，检察权在权力本位上应是法律监督权。[①] 但在实践中，对于检察权行使具有直接影响和切身利害关系的人事权、财政权等，实际掌握在地方党委、政府手中。由于长期封建制度的历史影响，以及我国社会传统的伦理道德习惯，形成了错综复杂、盘根错节的社会关系网，导致少数地方领导往往打着服务大局的旗帜干预甚至左右案件的查处，而检察机关在缺乏制度保障的情况下，迫于地方压力，有时被动的甚至是无奈地放弃了检察权的正当行使。

2. 徇私舞弊以权谋私

在改革大潮的冲击下，西方资本主义的一些不良思潮不同程度地影响着反贪干警的思想，侵蚀着反贪队伍的健康肌体。所谓"理想，理想，有钱就想；前途，前途，有钱就图"、"不给好处不办事；给了好处乱办事"就是这种被扭曲的职业道德观的真实写照。极少数反贪干警不能正确对待社会负面现象，把市场经济中等价交换、唯利是图引入执法活动，抵制不住各种诱惑，崇尚自由主义、分散主义、拜金主义、享乐主义和极端个人主义；不讲原则讲交情、拉关系；执法不公，为检不廉；致使有法不依，执法不公、不严，该立案的不立案，不了了之；该报捕的不报捕，降格处理，办人情案、关系案、金钱案，为犯罪嫌疑人、被告人通风报信，帮助其隐匿、毁灭、伪造证

[①] 参见樊崇义：《一元分立权力结构模式下的中国检察权》，载《人民检察》2009年第3期。

据；甚至极个别干警道德失衡、腐化堕落、以权谋私，严重损害党的威信和检察机关的形象。

3. 重实体轻程序

实体法与程序法各有分工，在定罪量刑时，实体法是唯一的价值尺度，而在诉讼活动中，一定要遵照程序法的有关规则进行。① 检察机关反贪部门侦查办案必须强化证据意识，以证据为中心，严格依照程序法的规定搜集和固定证据，才能确保所办理的案件做到公平正义。执法公正包括实体公正和程序公正，两者是辩证统一的。

目前，有的干警思想中不同程度地存在"重打击轻保护"、"重专政职能、轻人权保障"、"重实体轻程序"甚至"程序虚无主义"的观念，存在重打击贪污贿赂犯罪轻保障涉案人员合法权益、重实体轻程序、重言词证据轻实物证据等传统的办案执法做法。这样做的结果，不仅达不到实体公正，而且还损害了法律的权威和检察机关的形象，甚至导致冤假错案的发生。"人权概念里的人，是权利主体。"② 因此，必须切实提高程序意识，严格遵循法定程序，有效保障执法公正。为维护程序公正的严肃性，必须加强对违反程序规定的行为的监督、纠正和责任追究力度。

4. 利益驱动违规办案

当前执法中的利益驱动问题仍然存在，是执法活动中的突出问题之一。一些地方政府或部门，以服务大局为名，以牺牲整体利益为代价，要求执法机关行使地方和部门保护主义之实，严重地影响执法机关公正形象。还有的地方为解决经费问题，采取以收定支、赃款上缴后按比例返还等财政拨款政策。虽然这一政策对缓解办案经费困难，发挥了作用，但也为利益驱动的存在和发展提供了土壤，导致有的地方检察机关受利益驱动，越权查案，乱扣押、乱没收等。利益驱动与

---

① 参见张大为：《浅谈检察机关落实执法为民理念的基本途径》，载《当代法学》2008年第5期。

② [美] 博登海默：《法理学——法律哲学与法律方法》，邓正来译，中国政法大学出版社2004年版，第171页。

秉公执法、公正办案是格格不入、水火不容的。人民检察院作为国家的法律监督机关，是代表国家对执法机关进行公正性的国家干预的机构，其任务之一就是对执法机关不当行使执法权进行国家干预。[①]

　　检察机关要从社会主义法制建设的大局出发，正确对待经费困难问题，认真贯彻落实"收支两条线"的规定，用合法的手段和途径解决经费困难问题。对受利益驱动违法办案的，要严肃查处，坚决予以纠正。

　　5. 执法行为不规范

　　经过近年来的不间断的教育整顿工作，检察机关反贪部门和反贪干警的执法作风有了明显改观。但是，仍有少数反贪干警群众意识淡薄，特权思想严重，方法简单，对群众敷衍推诿，甚至蛮横霸道，损害了检察机关在人民群众心目中的形象。在执法办案中，少数干警用语不文明不规范、讯问时间超时、不认真落实全程同步录音录像规定、证据收集不全面、办案手续不齐备、审核不严格、涉案财物扣押、处理不规范，简单执法、机械执法、粗暴执法现象仍然存在。还有些干警工作上不负责任；缺乏事业心和责任感，精神状态懈怠，工作没斗志、没干劲，动作缓慢，消极怠慢，粗枝大叶，无所用心，甚至不正确履行职责，造成了不良的社会影响。执法行为不规范、不文明，不仅造成案件质量不高、效果不好，而且一旦发生涉案人员安全事件，就可能激化社会矛盾，引发群体性事件，甚至被一些别有用心的人所利用，造成极其恶劣的影响。

　　因此，各级检察机关反贪部门必须牢固树立规范执法意识，严格落实办案纪律，严格执行法律法规的有关规定，确保执法行为依法规范，确保办案工作不出任何问题。

　　（二）秉公执法、公正办案中存在问题的原因

　　秉公执法、公正办案是我国司法改革所要实现的重要目标之一，也是当前我国检察机关反贪部门在执法办案中所亟待解决的重要问

---

① 参见黄若君：《论执法中的地方保护主义》，载《广西社会科学》2003年第11期。

题。从当前检察机关反贪部门执法的实践来看，尽管影响秉公执法、公正办案的因素是多种多样的，但主要还在于执法理念、法律素质、执法监督等方面不适应新形势下反贪工作的要求。

1. 执法理念存在误区

理念决定思路，思路决定出路。反贪侦查工作的执法理念和工作思路，直接关系反贪干警能否秉公执法、公正办案，决定反贪工作能否实现科学发展。近年来，全国各级检察机关反贪部门采取了一系列行之有效的措施，坚持一手抓业务建设，一手抓队伍建设，队伍的整体素质和执法水平有了明显提高。

尽管如此，仍有少数干警的执法思想和执法观念还陈旧、落后、僵化，"理性、平和、文明、规范"执法理念尚未落到实处，精神状态懈怠、执法行为软弱，在很大程度上制约和影响了反贪工作的深入健康开展。主要表现为：一是执法思想不纯正。一些反贪干警对秉公执法、公正办案理解不深、认识不透，没有从思想上彻底转变观念。官本位主义、特权思想严重，执法不公、不严，甚至办关系案、人情案、金钱案。二是执法理念滞后。经验主义、人治大于法治等惯性思维作怪，只注重突破案件，无视程序和人权。三是认识存在偏差。个别干警服务大局的主动性、自觉性不强，仍然存在机械执法、就案办案等单纯业务观念，办案中存在重实体轻程序、重打击轻保护、重法律效果轻社会效果等现象。有的认为强调规范执法，片面追求程序上公正，降低了反贪工作的查处力度，打击了办案干警的工作积极性、束缚了手脚。凡此种种，说明执法理念、执法思维问题仍然是阻碍秉公执法、公正办案的首要问题。

2. 执法能力存在不足

法律和制度要靠人来制定，也要靠人来具体执行和遵守。所以，人的素质非常重要。反贪工作能否坚持秉公执法、公正办案，虽然要受各种因素的影响，但其中最重要的是取决于人的素质，取决于办案干警的基本素质。

在检察机关反贪部门执法实践中，不少案件久拖不决，无法做到及时高效的处理，往往是由于办案干警执法能力不足，办案水平不高造成的。如明明可以理清的线索，却往往理不出头绪；明明可以及时发现的问题，却始终找不出问题所在；明明可以直接作出的决断，却不敢采取任何措施。少数干警对新颁布的法律法规理解不深，此罪与彼罪的区别把握不准；有的干警对贪污贿赂犯罪的新情况、新特点思考不多，新办法、新对策研究不透，在证据的收集、审查与判断上，没有达到深入、细致、严格的要求，直接影响了执法办案的法律效果和社会效果；还有些干警做群众工作的意识和主动性不够，作风懒散，精神懈怠，责任心不强，在精神状态上存在问题，满足于得过且过，干工作节奏缓慢、拖拉疲沓，缺乏做好工作的激情和紧迫感，缺乏追求卓越的进取精神，致使在个别案件上因取证不足或不到位而造成案件质量问题，甚至引发涉检上访，造成很坏的社会影响。办案干警的素质和执法能力常常成为制约秉公执法、公正办案的重要因素。

3. 反贪干警职业精神缺失

良好的品行是反贪干警忠实履行职责，坚持秉公执法、公正办案的内在动力。一名优秀的检察官，不仅要有深厚扎实的法律素养，而且还必须具有优良的品行和高尚的道德情操。一些反贪干警道德素质不高、职业精神缺乏。个别干警在理论学习和思想政治教育上走过场，缺乏针对性，理想、道德、信念和敬业精神在干警中得不到进一步弘扬；计较个人荣辱，瞻前顾后，明哲保身，从而丧失了精神追求，丧失了对物欲和利诱的警惕。此外，由于市场经济趋利性的影响，使拜金主义、唯利主义和享乐主义在个别检察干警的思想中有所滋生，尤其在干警的收入不能完全体现自身价值，与社会上一部分高收入的单位和部门相比反差甚大情况下，个别干警因想不通而心理失衡，进而误入"一切向钱看"的怪圈，大搞权钱交易，权情交易，在利益驱动下实施了违法、违纪行为，以致最终锒铛入狱。

反贪干警职业精神的养成，取决于反贪干警内心对法律的信仰，需要从内因层面启发和加强反贪干警的自律能力，通过对现代司法理念的学习、领会达到加强反贪干警职业道德修养的目的，帮助反贪干警确立正确的责任意识和态度，树立崇高的职业信仰，以及敢于坚持真理、敢于承担责任的心态，养成忠于法律，信仰法律，愿为神圣的法律献出一切的意志品质。

4. 监督机制不到位

从权力制衡原理来看，有权必有责，用权必监督，滥用必追究，任何公权力的行使都必须受到监督制约，检察权也不能例外。[①] 强化自身监督，抓好自身监督制约，是检察机关反贪部门秉公执法、公正办案的重要条件。

在现实中，一些检察机关和干警对强化自身监督制约的意义认识不明，思想认识上没有走出"误区"，对加强自身监督与秉公执法、公正办案的平衡制约关系认识不清，对权力制约权力的法制社会权力运行的基本要求和客观法则缺乏理性认识，表现为不规范执法，滥用权力，粗暴执法和特权思想严重。在内部监督方面，检察机关的内部业务部门在对自侦案件的监督上既有监督不到位又有制约监督过度的问题，这也是一个机制体制的问题。在办理自侦案件时，有的只强调协作配合，而忽视相互监督、制约。有的则注重监督、强化制约但缺少配合。所有这些都严重影响了反贪工作健康深入发展。

三、秉公执法、公正办案对反贪侦查工作的具体要求

秉公执法、公正办案，是党和国家以及人民群众对检察工作的基本要求，是反贪工作的生命线，两者相辅相成，辩证统一。秉公执法、公正办案就是要求检察机关反贪干警始终做到严格执法、公正执法、廉洁执法、文明执法。其中，公正是核心，是最高价值追求；严格、廉洁、文明是保障公正得以实现的前提。换言之，严格执法是秉公执法、公正办案的前提和基础；公正执法是秉公执法、公正办案的目标和灵魂；廉洁执法是秉公执法、公正办案的保障和途径；文明执法是秉公执法、公正办案的表现和要求。只有坚持秉公执法、公正办

[①] 参见王天旺、董亚娟：《论法律权威的树立与维护》，载《福建论坛》2009年第8期。

案才能体现出检察机关反贪部门执法办案的公正性和法律的严肃性，才能体现出反贪干警的时代精神，才能为反贪工作注入生机和活力。

(一) 严格执法

严格是指程序规范，与随意性相对而言。一部法律立法意图再好、结构再严谨、规定再具体、条文再完善，如果在现实中得不到严格执行，就等于一纸空文。当遇到各种各样的社会问题时，不是认真查询现有的法律法规，在现有的制度框架内促进问题的圆满解决，而是盲目呼吁立法，认为立法可以包治百病，以至于法律不断出台，相关问题却并未根本好转。[①] 严格执法就是要使执法不因时间、地点、条件、领导人的主观意志的变化而变化，保持执法的稳定性，克服执法时紧时松、有法不依、执法不严的现象，确保法制的严肃性和执法的权威性。严格执法要求检察机关不能有意控制案件的查办，形成人为的起伏。要坚持有案必查，有案查好，就要克服越权办案、不规范执法。

当前，有的地方在办案中出现的初查随意性较大、违法查封、扣押、冻结，该立不立、越权办案不该立而立、超期羁押、刑讯逼供、作风粗暴等违法办案现象，无不与执法不严格有关。各级检察机关反贪部门要从"以事实为根据，以法律为准绳"的原则出发，坚持实体公正和程序公正并重的理念，严格遵守修改后的刑事诉讼法的规定，对定罪的依据进行全面审查，防止冤假错案的发生，做到有案必查、定性准确、有罪必罚。

(二) 公正执法

公正是指公平正义，是执法的最高价值追求，也是对反贪干警的基本要求。执法不公是法治社会最大的不公，直接侵害群众的利益、伤害群众的感情，最容易动摇和破坏整个社会和谐稳定的基石。公正执法要求反贪干警在执法活动中遵循法律面前人人平等的原则，对当事人的合法权益予以平等的保护，使违法者受到应有的惩罚。公正执法要求反贪干警应当牢固树立保障人权的观念，保障犯罪嫌疑人、被

---

① 参见古力：《关键在于严格执法》，载《法制日报》2005年7月23日。

告人获得律师及时帮助以及得到律师有力、有效辩护的权利；坚持重事实、重证据、重调查、重程序，认真核查犯罪嫌疑人、被告人的无罪辩解，切实保障犯罪嫌疑人、被告人的合法权益；严禁刑讯逼供、超期羁押以及体罚虐待犯罪嫌疑人、被告人，加强对检察工作中侵犯人权的违法犯罪行为的查处和责任追究；认真贯彻非法证据排除规则，坚决把以刑讯逼供、诱供等非法方法取得的证据排除在指控犯罪和定案的证据之外。如果检察机关对该处罚的不处罚，对该从重处罚的从轻处罚，对不该处罚的却给予处罚，那么，其执法不仅不能体现公正的要求，达不到执法的目的，而且其结果会如同18世纪意大利学者贝卡里亚在其《犯罪与刑罚》一书中所提的那样："如果让人们看到他们的犯罪可能受到宽恕，或者刑罚不一定是犯罪的必然结果，那么就会煽惑起犯罪不受处罚的幻想。"

(三) 廉洁执法

廉洁，即清廉、清白。"廉者，政之本也。"廉洁，既是一个人守住自我、成就事业的内在品质，更是一种能力的体现。如果缺乏廉洁能力，就会无所不取，进而无所不为，最终必然遭到人民群众的鄙视唾弃。"民不服我能而服我公，吏不畏我严而畏我廉"，"其身正，不令则行；其身不正，虽令不行"。反贪工作的职业特点决定了反贪干警随时面临形形色色的诱惑和腐败侵蚀的考验，能否守住清正廉洁这一道德底线，是反贪干警优劣的试金石。反贪干警唯有提高廉洁自律能力，秉公执法，廉洁执法，才能赢得人民群众的拥护和爱戴。"在依法治国深入推进、人民群众民主法治意识不断增强的今天，坚持公正廉洁执法对政法干警更具有重要的现实意义，它不仅关系到执法的公信力、党和政府的形象，更关系社会的和谐稳定和经济社会又好又快发展，还关系政法机关和政法干警的前途命运。"[①] 廉洁执法要求反贪干警必须把维护社会公平正义作为反贪工作的首要价值追

[①] 国家森：《公正廉洁执法是政法工作安身立命之本》，载《检察日报》2010年11月16日。

求，恪守职业情操，自觉抵制权力、关系、人情等各种因素的影响和干扰，自觉抵制各种腐蚀，不为金钱所动，不为利益所惑，依法正确行使法律赋予的职权，不办关系案、人情案、金钱案，不贪赃枉法，真正为人民掌好权、用好权。要坚决杜绝不给好处不办事、给了好处乱办事的行为，坚决杜绝以权谋私、吃拿卡要的行为。

（四）文明执法

文明是指素质形象良好，与野蛮、粗暴相对而言。文明执法是秉公执法、公正办案的本质要求和外在体现。文明执法要求反贪干警树立文明意识，坚持法治与德治并重，克服态度粗暴、方法简单、居高临下的做法，以人性化的方式对待诉讼参与人，充分展示反贪干警良好的执法形象和职业素养。要做到不卑不亢，有理有节，充分体现法治的人文精神和执法的人文关怀。要克服特权思想，做到言行文明、举止得当，讲礼貌、有修养，坚决摒弃特权思想和霸道作风，努力使执法办案行为能够为犯罪嫌疑人及其家属心悦诚服地接受。文明执法还要求反贪干警在执法过程中不受个人好恶和情绪波动的影响，不被外界环境所干扰，不被现场的各种情形所激怒，客观、冷静、正确地应对遇到的各种复杂问题，以理性的思维分析问题，以和谐的方式处理问题。要避免简单、机械执法，避免因态度粗暴、语言生硬而激化矛盾，努力做到及时化解矛盾、消除纠纷，努力减少和消除社会对抗，促进社会和谐稳定。

四、增强秉公执法、公正办案能力的措施和途径

检察机关作为法律监督机关，必须保证执法公正。要从弘扬职业道德、加强队伍建设和管理、完善执法机制、加强内外部监督制约等方面不断增强反贪干警秉公执法、公正办案的能力和水平。其中培养司法公正理念是反贪干警秉公执法、公正办案的前提，加强反贪队伍建设和管理是基础，完善执法机制是关键，强化内外部监督制约是保证。

(一) 培养树立社会主义法治理念

这是确保反贪干警秉公执法、公正办案的前提。实现公平正义，意味着对公平正义目标的内心追求和采取实现公平正义行动二者之间的统一。在执法办案中，实现公平正义的过程，也是检察干警内在道德意识和道德品质外化的过程。近年来，司法队伍中高学历人员比例不断增长，司法人员的法律知识水平与从前相比大有提高，但是为什么涉公检法信访案件还那么多，有的司法人员甚至贪污腐败、徇私枉法呢？除了社会环境的影响等因素外，一些司法人员尚未树立正确的执法理念和对法律的信仰是其中的重要原因。与外部约束相比，执法者的内心自我约束更为重要。所以，反贪干警要秉公执法、公正办案，首先要培养树立社会主义法治理念，加强职业伦理道德建设，建设高素质的反贪队伍。

1. 强化法律信仰，培育公正理念

公平正义是构建社会主义和谐社会的重要任务。反贪工作作为检察机关法律监督工作的重要组成部分，以维护公平正义为目标。反贪办案面临的社会环境极其复杂，不仅承受着来自方方面面的压力，而且会遇到种种诱惑。要在这样的环境中实现公平正义，仅仅依靠制度监督或纪律约束规范反贪干警外部行为是不够的，必须在检察职业道德建设中促使反贪干警切实树立法律信仰，引导反贪干警树立公平正义的社会主义法治理念，才能使反贪干警在内心确立对公正的追求，从灵魂深处忠于宪法法律，进而将此内心道德准则作为自身行为准则，在执法办案中自觉做到秉公执法。要努力引导检察官树立对检察事业的正确认识和强烈的集体荣誉感，强化检察职业道德修养，自觉把职业道德的要求转化为个人内心的信念，用秉公执法维护法律的尊严和检察官群体的良好形象。

2. 恪守职业道德，改善执法作风

反贪办案过程同时也是检察官职业道德的呈现过程。执法作风是体现秉公执法的重要方面，也是检察官职业素养的重要体现。检察机关查办贪污贿赂犯罪案件，要与社会方方面面打交道，反贪干警执法作风如何直接关系到群众眼中检察机关的形象,并影响到群众对检察机关是否秉公执法的认知和判断。良好的执法作风有助于开展群众工作,有助于增强执法公信力,有助于提升公众对执法公正的信任。反之,如果在执法过程中存在特权思想、霸道作风,办事拖沓、推搪阻塞,甚至蛮横粗暴,则势必令公众对检察机关是否秉公执法产生质疑。而且,案件处理过程中,反贪办案人员表现出的职业素养和执法作风,本身就是秉公办案的重要体现。办案人员能否严守法律程序和检察纪律要求,严格依法办事,与案件处理是否公正本身就息息相关。良好的执法作风本身就能反映出反贪办案人员认真负责的工作态度和客观公正的立场。特别是在一些案件中,必须吃透公平正义理念的精神实质,讲究执法方式,避免就案办案,孤立办案,真正做到公正办案,大力促进社会矛盾化解。

3. 秉持职业操守,遵守检察纪律

监督者更要自觉接受监督。对反贪干警而言,要恪守检察职业道德,必须重视职业操守的养成,在日常工作和办案中始终保持高尚的情操,并以此塑造自身公正的职业品质。与这一内在的自我塑造相对应,反贪干警必须切实践行检察职业纪律的要求,以此约束自身行为,绝不过线。恪守检察道德规范、体现检察职业价值同样离不开检察纪律的约束。

正确履行职责,遵守检察纪律要求做到:一是严肃办案纪律。在办案过程中严格执行最高人民检察院"十个依法、十个严禁"等有关检察纪律规定。二是保守案件秘密,包括涉案信息、举报人资料、机要信息等。要严格遵守保密法相关规定,杜绝通风报信、泄露案件机密、传播案件信息等泄密行为的发生。三是自觉遵守各项规章制度,包括上下班纪律、警车管理使用规定、禁酒令等,做到有令必行、有禁必止。要通过宣传营造良好氛围,宣传模范遵守纪律、实践职业道德的先进事迹,弘扬正气,激励广大干警向先进学习和看齐,提升反贪队伍整体道德水准。对个别违反职业道德的人员,要严肃查处,对严重违反纪律的人员,加以清除,以儆效尤,从而维护职业道德和职业纪律的权威性。

(二) 加强反贪队伍建设和管理

这是确保秉公执法、公正办案的基础。当前，反腐败斗争形势依然严峻，任务仍然艰巨，人民群众对惩治腐败的呼声强烈。大力加强检察机关反贪队伍建设和管理，对于强化法律监督职能，深入推进反腐败斗争具有重要意义。反贪队伍处于反腐败斗争的第一线，代表国家行使对贪污贿赂犯罪案件的侦查权，社会关注度高，政治敏感性强，容易成为腐败分子拉拢腐蚀的对象。这就要求反贪部门警钟长鸣，加强管理，努力建设一支政治坚定、业务精通、纪律严明、作风优良、让党和人民放心的高素质侦查队伍。

1. 坚持严管厚爱的治侦方针

切实采取严厉、管用的有效措施，促进侦查部门领导干部廉洁从检，坚决减少和杜绝违规、违纪、违法办案。坚持反特权思想、反霸道作风，充分运用正反两个方面的典型事例，加强教育引导，在思想认识上切实牢固树立立检为公、执法为民观念，切实解决"为谁掌权、为谁执法、为谁服务"问题，坚决摒弃特权思想和霸道作风。要通过实行责任追究制度，对队伍管理不力、发生干警严重违法违纪的，区分不同情形，分别追究检察长、主管副检察长、反贪局长的相关责任。

2. 推进反贪队伍分类管理

侦查工作的发展，必须有高素质、专业化的人才队伍作保证和支撑，必须把能力建设提到优先发展的战略高度。一是严格反贪办案人员的资格条件及教育培训。进入反贪部门要经过资格考试，从事反贪办案工作必须具备检察官资格，新进反贪部门的干警要进行岗前培训，做好传帮带，积极开展有针对性的培养，使反贪工作健康可持续发展。二是强化反贪侦查基本技能训练。从基本技能、基本功训练入手，强化分类培训，专题培训，增强主动发现线索的能力、秘密初查的能力、及时收集、固定、鉴别使用证据能力、运用侦查谋略突破案件能力、应对突发事件等能力。三是积极开展多种形式的岗位练兵活动。从侦查工作的实际需要和实战出发，按照不同类别、不同层次、不同岗位的要求，积极开展业务培训、技能比武、疑难案件研讨、庭审观摩、精品案件评选等多种形式的岗位练兵活动，促进执法办案水平的提高。四是注意加强总结研究。及时总结分析秉公执法、公正办案方面的成败得失，在总结分析中提升侦查水平。

（三）完善执法机制

这是确保秉公执法、公正办案的关键。秉公执法、公正办案，不仅有赖于检察官的正直人格和职业道德，还有赖于完善的执法办案工作机制保障，这其中最为重要的是执法规范机制和案件质量保障等机制。

1. 加强执法规范机制建设

要认真执行最高人民检察院有关初查工作、案件管辖等规定，进一步完善初查工作机制。对已获取的线索进行充分论证评估，分析线索来源、价值，围绕线索明确初查方向，制作初查计划，划定初查范围，制定有针对性的措施开展初查。要进一步规范调查取证工作。贪污贿赂犯罪证据的收集覆盖整个侦查阶段，应在侦查过程中按照各罪名认定的标准，提高证据质量，扩充证据数量，构建完整的证据体系。要进一步健全办案安全防范机制。办案安全是执法办案的底线，是办案效果的重要保证。在侦查过程中，要制定安全防范工作预案，明确安全防范责任分工，针对案件具体情况提出各个办案环节的安全防范措施。要加强安全防范情况督促检查。上级检察机关的有关业务部门和各级纪检监察部门要加强领导，对制度、规定和措施的执行情况，要进行经常性的监督检查，既要定期检查，又要不定期抽查；既要明查，又要暗访。检查中发现不符合法律规定的情况，要及时纠正。

2. 落实办案质量保障机制

办案质量不仅仅是单纯的业务问题，关系到检察机关的执法公信力，还关系到反腐败斗争的健康发展，是反贪办案工作的生命线。办案质量既体现在实体公正上，也体现在程序和效率上。每个反贪案件都应当做到办案程序合法、证据扎实可靠、适用法律正确。要建立案件质量管控机制。对办案各个环节的工作要求和标准，制定具体操作细则，使案件从受理、初查、立案、取证、强制措施的使用、侦查终结及出庭作证等法律程序的操作运用，到侦查分工、提押还押、犯罪嫌疑人在侦查各阶段权利义务告知，以及案件的归档整理都有条不紊地对照执行，减少办案中的随意性。一旦出现违规操作，既可以由办案人员自行纠正，也可以通过日常的监督检查及时纠正。应充分运用全程同步录音录像制度，形成完整的视听资料，如实反映和固定讯问犯罪嫌疑人、询问证人等侦查活动情况，监督侦查人员执行职务情况。要完善执法责任制和责任追究制。努力完善执法责任追究办法，确定各业务部门的执法责任、错案范围、追究程序，建立职责分明、统一规范的执法责任制度，做到有错必纠、有责必罚，确保执法办案责任追究得到贯彻落实。要认真执行《检察人员执法过错责任追究条例》，按照"谁分管、谁负责，谁办案、谁负责"的原则，对执法办案过程中出现的执法过错，严格按照责任追究办法追究相关责任人的责任，以确保案件质量，提高诉讼效率，杜绝和减少案件中的违法违纪行为。

3. 实行执法档案制度和办案廉政风险防控等机制

一是要全面建立、健全干警执法档案制度，定期进行考核，作为提拔使用干部的重要依据。二是要层层签订党风廉政建设责任书，重点加强对办案容易发生违法违纪问题的岗位和关键环节的风险分析评估和预警，加强对本部门反贪干警工作圈、生活圈、社交圈的监督和管理，防止和纠正在工作、生活、社交活动中存在不廉洁问题。三是要强化上级院反贪部门对下级院反贪部门的指导和监督管理。凡是下级院反贪干警发生违法违纪的，必须及时向上级院反贪部门报告情况。此外，要大力推行"阳光执法"，深化检务公开，推进检察门户网站、微博建设，完善新闻发布、公开审查、公开听证等制度，全面加强对检察机关领导干部和检察人员严格教育、管理和监督，对违法违纪行为严肃查处、决不姑息。对侦查办案活动，除法律规定保密以及侦查活动需要保密的内容以外，一般都应当向社会公开，切实保障人民群众对侦查办案活动的知情权、监督权。总之，通过建立、健全执法业绩档案制度、办案廉政风险防控机制以及检务公开、违法办案投诉、督察、查究、反馈机制，特别是人民群众对检察人员在办案中的投诉，做到发现问题及时查处、及时反馈，确保秉公执法、公正办案。

后 记

《反贪侦查能力建设》一书，是经报高检院领导同意出版的。本书在编写过程中，在高检院反贪总局陈连福局长的直接领导和副局长徐进辉、马海滨、孙忠诚、王利民等的大力支持下，由高检院反贪总局詹复亮同志具体负责，按照陈连福局长提出的加强反贪侦查"八大能力"建设的要求，起草写作大纲，并组织浙、粤、川、渝、皖、湘、冀、闽、京、豫、鲁、鄂、吉、黔、沪、苏全国16个省级院反贪局有关同志参与编写，历时一年多。初稿完成后，反贪总局业务指导处宗克华、曹希国、丁英华、王一鸣、彭艳霞、孙宏斌等同志参与修改、校勘及出版联络等工作。全书由詹复亮同志统稿、陈连福局长最终审定。具体分工如下——

第一章：詹复亮；第二章：欧阳乐、姜德安；第三章：梁田、王凌飞、郭丽；第四章：胡文利、单艳彬、宋献彬、瞿怡军、赵荣、宋学军、黄辉军；第五章：余学斌、林家森、张飚、林雪标、柴玉荣、朱克愚、于志强；第六章：吕永祯、王得欣、程茵；第七章：高光才、周文、周斌峰、樊磊；第八章：陈雪梅、钟贵荣、蒋奉飞、丁昕；第九章：周洁、朱秋卫、邓若迅、张亮、仇小东、陈超、胡绍宝。

《反贪侦查能力建设》一书是一项集体研究成果，聚集了全国检察机关反贪部门的智慧。由于编写本书是一项探索性工作，没有先例可循，其中疏漏及错误之处在所难免，恳请反贪战线的同志们及广大读者批评指正。在本书出版之际，谨向关心、支持和参加编写的有关省级院和各位作者表示诚挚的谢意，感谢中国检察出版社为本书出版所付出的辛勤劳动，最后特别感谢中央纪委常委、高检院党组副书记、副检察长邱学强同志为本书作序，给予莫大的鼓励和鞭策！

编　者

2013 年 1 月 18 日